Patrick Noll

Statistisches Matching mit Fuzzy Logic

VIEWEG+TEUBNER RESEARCH

Entwicklung und Management von Informationssystemen und intelligenter Datenauswertung

Herausgeber:

Prof. Dr. Paul Alpar, Philipps-Universität Marburg

Prof. Dr. Ulrich Hasenkamp, Philipps-Universität Marburg

Patrick Noll

Statistisches Matching mit Fuzzy Logic

Theorie und Anwendungen in Sozial- und Wirtschaftswissenschaften

Mit einem Geleitwort von Prof. Dr. Paul Alpar

VIEWEG+TEUBNER RESEARCH

Bibliografische Information der Deutschen Nationalbibliothek
Die Deutsche Nationalbibliothek verzeichnet diese Publikation in der Deutschen Nationalbibliografie; detaillierte bibliografische Daten sind im Internet über <http://dnb.d-nb.de> abrufbar.

Dissertation Philipps-Universität Marburg, 2009

1. Auflage 2009

Lektorat: Dorothee Koch | Britta Göhrisch-Radmacher

Vieweg+Teubner ist Teil der Fachverlagsgruppe Springer Science+Business Media.
www.viewegteubner.de

Umschlaggestaltung: KünkelLopka Medienentwicklung, Heidelberg
Gedruckt auf säurefreiem und chlorfrei gebleichtem Papier.
Printed in Germany

ISBN 978-3-8348-0836-3

Geleitwort

Statistisches Matching wurde ursprünglich zur Unterstützung der Marktforschung entwickelt. Um reichhaltigere Informationen über das Verbraucherverhalten gewinnen zu können, verschmolz man in den 1960er Jahren eine Erhebung zum Konsumverhalten mit einer Erhebung über Fernsehgewohnheiten zu einer einzigen Menge von Datensätzen, die dann Informationen zum Konsum- und Fernsehverhalten gleicher Objekte beinhaltete.

Ziel des statistischen Matchings ist es, weitere Informationen über Individuen zu erlangen, indem relevante Attribute ihrer sog. statistischen Zwillinge aus anderen Mengen von Datensätzen hinzugefügt werden. Traditionelle Matchingverfahren ermitteln die statistischen Zwillinge auf Grundlage der Distanzen zwischen den Ausprägungen der Datensätze in den sog. Matchingvariablen, die allen Datensätzen gemein sein müssen.

In der vorliegenden Arbeit wird eine Methode des statistischen Matchings mit Fuzzy Logic entwickelt. Der Autor nennt diese Methode statistisches Fuzzy-Matching. Durch die Verwendung der Theorie unscharfer Mengen zur Vorverarbeitung der Daten kann erstens eine neue Alternative zur Bestimmung der Distanzen zwischen Datensätzen entwickelt werden und zweitens wird die direkte Einbeziehung nominal und ordinal skalierter Variablen in den Matchingprozess ermöglicht. Insbesondere letzteres ist bei traditionellen Methoden nicht ohne aufwändige Vorverarbeitungen der Daten möglich. Die Umwandlung der Matchingvariablen in linguistische Variablen mit zugehörigen linguistischen Termen gestattet es, Distanzen zwischen Datensätzen auf Basis ihrer Zugehörigkeitsgrade zu einer Regelbasis zu bestimmen. Die Erstellung und der Aufbau der Regelbasis werden ebenfalls in dieser Arbeit gezeigt.

Statistisches Fuzzy-Matching dürfte u. a. in solchen Situationen den traditionellen Methoden überlegen sein, wenn kategorielle Variablen eine wichtige Rolle beim Matching spielen. Das in den Werten nicht enthaltene Anwenderwissen kann dann mit Hilfe von Zugehörigkeitsfunktionen eingebracht und für die Ermittlung der statistischen Zwillinge genutzt werden.

Neben der Entwicklung des theoretischen Ansatzes hat der Autor seine Methode auch programmtechnisch umgesetzt. In ausführlich dargestellten Anwendungsbeispielen werden detaillierte Vergleiche des statistischen Fuzzy-Matchings mit traditionellen Methoden gezogen. Gleichzeitig demonstrieren die Beispiele die Funktionsweise der Methode und verdeutlichen unterschiedliche Ansatzpunkte des statistischen Matchings. Beim Fuzzy-Matching ist zwar bei metrisch skalierten Matchingvariablen ein etwas höherer Aufwand erforderlich, um bspw. die Definitions- und Wertebereiche der linguistischen Terme festzulegen. Dafür kann die Matching-Güte besser ausfallen, für deren Bestimmung der Autor ebenfalls eine neuartige Alternative vorstellt.

In der Praxis kann das Verfahren zur Datenanreicherung von Datenbeständen im Rahmen von Business Intelligence eingesetzt werden, die zunehmend eine wichtige Rolle auch in kleineren Unternehmen spielt, oder um umfangreiche Kundendaten unter Beachtung des Datenschutzes nutzen zu können.

Paul Alpar

Vorwort

Die Idee zu dieser Arbeit entstand während eines Forschungsprojekts, als traditionelle Methoden des statistischen Matchings zum Einsatz kommen sollten, um Ausprägungen von Variablen aus mehreren Mengen von Datensätzen miteinander vergleichen zu können. Ich erkannte relativ schnell, dass Methoden, die statistische Zwillinge allein auf Grundlage der Distanzen zwischen den Ausprägungen der Matchingvariablen ermittelten, einige Nachteile hatten. Bereits zu dieser Zeit reifte in mir der Wunsch, mich mit den Methoden des statistischen Matchings intensiver auseinanderzusetzen und eine eigene, verbesserte Alternative der Identifikation statistischer Zwillinge zu entwickeln.

Um die von mir identifizierten Nachteile traditioneller Methoden des statistischen Matchings ausgleichen zu können, benötigte ich ein Verfahren, das es mir bspw. gestattete, identischen Distanzen zwischen den Ausprägungen von Datensätzen unterschiedliche Bedeutungen beimessen zu können. Ich musste also eine Möglichkeit finden, Abstände zwischen Punkten in bestimmtem Umfang selber definieren zu können und die keine gewöhnliche Transformation von Daten darstellte. Da ich mich bereits während meines Studiums recht intensiv mit Fuzzy Logic befasst und ihre Vorzüge kennengelernt hatte, lag der Schluss nahe, statistisches Matching mit der Theorie der unscharfen Mengen zu verknüpfen. Durch die Verwendung der Fuzzy Logic und der Fuzzyfizierung der Ausgangsdaten erreichte ich das von mir gewünschte Ergebnis: Die Methode des statistischen Fuzzy-Matchings erweiterte die Funktionalitäten traditioneller Methoden des statistischen Matchings und bot darüber hinaus einige weitere Funktionalitäten wie bspw. die differenzierte Betrachtung fehlender Werte oder die direkte Einbeziehung nominal skalierter Variablen in den Matchingprozess.

Die in dieser Arbeit vorgestellte Methode stellt meine Bemühungen dar, ökonomische Theorien mit Methoden der Wirtschaftsinformatik und Statistik zu verknüpfen, um sowohl den Anwendern des statistischen Matchings eine Alternative zu den bisherigen Lösungen anzubieten als auch bspw. Anstöße zum Überdenken der gewöhnlichen Anwendung statistischer Analysen zu liefern. Die beiden ausgeführten Anwendungsbeispiele sollen unterschiedliche Einsatzmöglichkeiten des statistischen Matchings aufzeigen und Ideen zur Unterstützung multivariater Analysen liefern.

Danken möchte ich an erster Stelle meinem Doktorvater Prof. Dr. Paul Alpar für die vielen Erfahrungen, die ich zusammen mit ihm in interessanten wissenschaftlichen Projekten und in der universitären Lehre sammeln durfte, für die Unterstützung während der Erstellung dieser Arbeit und für die notwendigen Freiheiten zur Umsetzung meiner Ideen. Herrn Prof. Dr. Karlheinz Fleischer danke ich für die Übernahme des Zweitgutachtens und die wertvollen Hinweise während des Entstehens der Arbeit.

Herzlich danke ich Dr. Markus Pfuhl, Dr. Steffen Blaschke und Dr. Sebastian Pickerodt für die fruchtbaren Diskussionen und Anregungen während der Erstellung dieser Arbeit. Nicht zuletzt danke ich allen Kollegen am Institut für Wirtschaftsinformatik der Philipps-Universität Marburg für die freundschaftliche Arbeitsatmosphäre.

Ganz besonders danke ich meiner Frau Sibille. Sie hat während der Entstehung dieser Arbeit zu jeder Zeit an mich geglaubt, mich in schwierigen Phasen immer wieder aufgebaut und — genauso wie meine Tochter Anastasia — oft auf mich verzichten müssen. Meinen Eltern danke ich für ihre umfangreiche Unterstützung während der gesamten Studienzeit.

Patrick Noll

Inhaltsverzeichnis

Tabellenverzeichnis

Abbildungsverzeichnis

1 Einleitung

Das Treffen wichtiger Entscheidungen erfordert die Nutzung aller relevanten und zugänglichen Informationen aus allen verfügbaren Datenquellen.[1] Qualitativ hochwertige Informationen bilden die Grundlage für faktenbasierte Entscheidungsfindungen.[2] Statistisches Matching kann dabei helfen, den Bedarf nach verlässlichen und widerspruchsfreien statistischen Informationen durch Kombination mehrerer Datenquellen zu stillen und Analysen zu ermöglichen, die auf Grundlage einzelner Datenquellen allein nicht möglich wären.[3]

Beim statistischen Matching werden Ähnlichkeiten zwischen Datensätzen bestimmt.[4] Traditionell werden dabei die Distanzen zwischen den Ausprägungen bestimmter Variablen (der sog. Matchingvariablen) betrachtet, die den zu vergleichenden Datensätzen gemein sind.[5] Generelles Ziel des statistischen Matchings ist es, Datensätze als sog. statistische Zwillinge zu finden, die sich hinsichtlich der Matchingvariablen möglichst wenig voneinander unterscheiden.[6] Der Nutzen des statistischen Matchings liegt darin, weitere Informationen über einen bestimmten Datensatz (resp. ein bestimmtes Individuum) zu erlangen, indem relevante Attribute seines statistischen Zwillings hinzugefügt werden.[7]

Durch die Kombination von Informationen aus unterschiedlichen Quellen werden vorhandene Datenbestände um zusätzliche Variablen erweitert.[8] Diese angereicherte Datenbasis kann als Grundlage für umfangreiche statistische Auswertungen und Anwendungen des Data Minings dienen. Darüber hinaus kann eine angereicherte Datenbasis die Verwendung bestimmter Data-Mining-Methoden ermöglichen, die mit den ursprünglichen Daten allein eventuell nicht eingesetzt werden könnten.[9] Data Mining stellt einen Schritt im Vorgehensmodell zur Wissensentdeckung in Datenbanken (Knowledge Discovery in Databases, KDD)[10] dar und

---

[1] Vgl. [KSM+07], S. 2.
[2] Vgl. [Pow00], S. 2.
[3] Vgl. [IOST00], S. 746 und [DZS01], S. 433.
[4] Vgl. [HIT97], S. 606ff.
[5] Vgl. [YA99], S. 2ff.
[6] Vgl. [RF98], S. 318.
[7] Vgl. [Sap00], S. 1.
[8] Vgl. [van00].
[9] Vgl. [KGG08], S. 594ff.
[10] Nach [FPSS96b] ist KDD „the nontrivial process of identifying valid, novel, potentially useful, and

bezeichnet die Anwendung spezifischer Algorithmen zur Extraktion von Mustern aus Daten.[11]

Bei der Suche nach Lösungen von bestimmten betriebswirtschaftlichen Problemen kann es vorkommen, dass die vorhandene Datenbasis zur Durchführung der notwendigen Analysen nicht umfassend genug ist.[12] Unternehmensexterne und / oder weitere unternehmensinterne Daten müssen zusätzlich in die Analysen einbezogen werden. Diese quantitative und qualitative Anreicherung der Daten kann helfen, unbefriedigende Ergebnisse des Data Minings auf Basis der ursprünglich vorhandenen Daten interpretierbar, interessant oder anwendbar zu machen.[13] Aus diesem Grund verlangt bspw. das Prozessmodell CRISP-DM (Cross Industry Standard Process for Data Mining) die Festlegung der Data-Mining-Ziele vor der Auswahl der Daten.[14] Betrachtet man den Data-Mining-Prozess nach Fayyad et al. (1996a) in Abbildung 1.1, so lässt sich die Datenanreicherung durch statistisches Matching sowohl im Schritt der Auswahl der Daten als auch in die Vorverarbeitung einordnen.

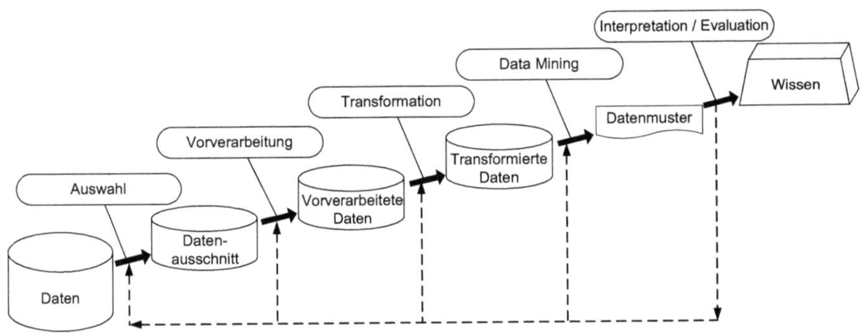

Abbildung 1.1: Schritte im Data-Mining-Prozess (vgl. [FPSS96a], S. 41.)

Im Schritt der Datenauswahl aus dem gesamten Datenbestand kann statistisches Matching eingesetzt werden, um die bestehende Datenbasis um zusätzliche Informationen zu erweitern. Durch das Hinzufügen relevanter Attribute der mit Hilfe des statistischen Matchings gefundenen statistischen Zwillinge aus anderen zugänglichen Datenquellen, kann die vorhandene Datenbasis vergrößert werden. Hir-

ultimately understandable patterns in data".

11 Vgl. [FPSS96a], S. 37 und [HK06], S. 5ff. Der Prozess der KDD wird auch Data-Mining-Prozess genannt. Vgl. [AN00], S. 4.

12 Vgl. [Pet05], S. 57.

13 Vgl. [Alp04], S. 1219f.

14 Vgl. [CCK+00] und http://www.crisp-dm.org.

ji (2001) schlägt zur Verbesserung von Data-Mining-Ergebnissen die Erhöhung der Dimensionalität der Datenbasis durch das Hinzufügen demografischer Daten und das Anwenden zusätzlicher Data-Mining-Algorithmen im sog. *Back End Data Mining* vor, das im Zentrum des von ihm entwickelten Data-Mining-Prozesses steht.[15] Neben dem Vorteil der vergrößerten Datenbasis für Data Mining kann durch das Hinzufügen zusätzlicher Attribute die Anwendung bestimmter Data-Mining-Methoden erst möglich werden. Verfügt die angereicherte Datenbasis im Gegensatz zur ursprünglichen Datenmenge bspw. über binäre Variablen (wie *Kunde: ja/nein* oder *Zweitbankverbindung: ja/nein*), so kann es gegebenenfalls erst auf Grundlage der angereicherten Menge von Datensätzen sinnvoll sein, einen Entscheidungsbaum zu erstellen.

Nach Miller und Han (2001) umfasst der Schritt der Vorverarbeitung der ausgewählten Daten aus dem gesamten Datenbestand im Data-Mining-Prozess die Imputation fehlender Werte, das Eliminieren von Duplikaten, das Anreichern der Daten durch die Kombination mehrerer Datenquellen und weitere notwendige Aufbereitungen der Daten.[16] Statistisches Matching kann neben der Anreicherung der Daten mit zusätzlichen Informationen, die im Schritt der Vorverarbeitung analog zur Erweiterung des gesamten Datenbestands zu sehen ist, zum Ersetzen fehlender Werte eingesetzt werden. Oft werden fehlende Werte in Datenbeständen durch Lagemaße wie den arithmetischen Mittelwert, den Median oder den Modus ersetzt, die direkt aus den Daten berechnet werden.[17] Nachteile dieses Vorgehens sind, dass durch das Ersetzen aller fehlenden Werte einer Variablen mit demselben Wert die Varianz verkleinert und nur durch Zufall ein inhaltlich passender Wert für jeden Datensatz gefunden wird.[18] Durch statistisches Matching werden fehlende Werte eines Datensatzes durch die Werte seines statistischen Zwillings aus der selben Menge von Datensätzen oder aus einer anderen Quelle ersetzt. Der erste Fall wird in der Literatur zur Behandlung fehlender Werte als *Hot Deck Imputation* und der zweite als *Cold Deck Imputation* bezeichnet.[19] Durch dieses Vorgehen wird die Varianz nur minimal verkleinert, da jedem Datensatz die Werte eines anderen statistischen Zwillings zugewiesen werden und nicht die fehlenden Werte aller Datensätze in einer Variablen mit demselben Wert oder einer Zufallszahl aus einer geschätzten Verteilung ersetzt werden.[20] Darüber hinaus wird die inhaltliche

---

[15] Vgl. [Hir01], S. 87ff.

[16] Vgl. [MH01], S. 7f.

[17] Vgl. [TH08], S. 265.

[18] Vgl. [von04], S. 106.

[19] Vgl. [Göt07], S. 127. Eine Übersicht von Verfahren zur Behandlung fehlender Werte findet sich ebenfalls in [Göt07].

[20] Vgl. [Höf04], S. 94.

Qualität der ersetzten Werte erhöht, da jedem Datensatz die Werte eines auf Basis der Matchingvariablen sehr ähnlichen anderen Datensatzes zugewiesen werden.

Ziel der vorliegenden Arbeit ist es, eine Methode des statistischen Matchings auf Basis von Fuzzy-Logic zu entwickeln, die gängige Matching-Methoden (wie bspw. Nearest-Neighbour-Verfahren auf Grundlage der euklidischen Distanz)[21] beinhaltet und darüber hinaus weitere Funktionalitäten bietet. Die erweiterten Funktionalitäten des statistischen Fuzzy-Matchings entstehen durch die Verwendung der in der Theorie der unscharfen Mengen (Fuzzy Logic) verwendeten linguistischen Variablen mit ihren zugehörigen linguistischen Termen. In Anlehnung an den Begriff „statistisches Matching" wird die zu entwickelnde Methode des statistischen Matchings mit Fuzzy Logic „statistisches Fuzzy-Matching" genannt.[22]

Beim traditionellen statistischen Matching werden die Distanzen zwischen den Ausprägungen der Matchingvariablen der zu betrachtenden Datensätze bestimmt und darauf aufbauend die statistischen Zwillinge identifiziert. Die beiden Datensätze, die die geringste (Gesamt-) Distanz zueinander aufweisen, werden zu statistischen Zwillingen. Beim statistischen Fuzzy-Matching werden die Ausgangsdaten nicht direkt zur Bestimmung der Distanzen verwendet. Sie müssen zunächst *fuzzyfiziert* werden, um ihnen Zugehörigkeitsgrade zu linguistischen Termen der linguistischen Variablen zuweisen zu können. Beim statistischen Fuzzy-Matching bilden Regelbasen die Grundlage zur Bestimmung der Distanzen zwischen Datensätzen. Ihre Erstellung soll in dieser Arbeit für auf Fuzzy-Logic basierende Verfahren gezeigt werden.[23] Dabei werden nicht die Distanzen zwischen den tatsächlichen Ausprägungen der Datensätze bezüglich bestimmter Variablen berechnet, wie es bei den traditionellen Methoden des statistischen Matchings der Fall ist, sondern die Distanzen zwischen den Zugehörigkeitsgraden der Datensätze zur Regelbasis. Jedem Datensatz wird ein Zugehörigkeitsgrad zu jeder einzelnen Regel der Regelbasis zugewiesen, die gemeinsam den Vektor der Zugehörigkeitsgrade zur Regelbasis bilden. Aufbauend auf diesen Vektoren der Zugehörigkeitsgrade

[21] Vgl. [TPT01], S. 255 oder [Pd00], S. 415f.

[22] Der Aufsatz von [ACA93] impliziert eine enge inhaltliche Überschneidung mit der vorliegenden Arbeit. Abdulghafour et al. verwenden die Theorie der unscharfen Mengen, um unvollständige Bilder verschiedener Sensoren mit jeweils unterschiedlichen Inhalten (wie bspw. Schatten, Farbtiefe, 3-D-Informationen usw.) zu einem einzigen Bild zu vereinen. Ein wesentlicher Unterschied zu der vorliegenden Arbeit ist, dass sich Abdulghafour et al. sehr stark an der Fuzzy-Regelungstechnik orientieren, indem sie lediglich drei festgelegte linguistische Terme zur Klassifikation der Qualität von Bildpixeln und ausschließlich „wenn-dann-Regeln" zur Fusion der Einzelbilder verwenden. Es handelt sich dabei nicht um statistisches Matching, wie die Verwendung des Begriffs „Data Fusion" im Titel des Aufsatzes nahelegt, da keine Distanzen zwischen Datensätzen bestimmt und keine statistischen Zwillinge identifiziert werden.

[23] Einen guten Überblick über Theorie und Anwendungen der Fuzzy Logic geben z. B. [Zad65b], [DP80], [Zim93], [Cox94], [Zim94], [BT99] und [BB07].

wird schließlich das statistische Fuzzy-Matching durch Identifikation der statistischen Zwillinge vollzogen.

In bestimmten Situationen (z. B. bei Vorliegen identischer Abstände zwischen den ursprünglichen Ausprägungen der Datensätze) können daher Entscheidungen über statistische Zwillinge getroffen werden, in denen traditionelle Methoden keine Entscheidung finden können. Identischen Abständen zwischen den Ausprägungen einer Variablen mehrerer Datensätze kann mit statistischem Fuzzy-Matching unterschiedliche Bedeutung beigemessen werden. Sie haben nicht mehr die gleiche Bedeutung für das Finden der statistischen Zwillinge.

Betrachtet man bspw. drei Individuen im Alter von 55, 60 und 65 Jahren: Der 55-Jährige und der 65-Jährige weisen zum 60-Jährigen jeweils den selben Altersabstand von 5 Jahren auf. Auf Basis der Altersabstände kann keine Aussage darüber getroffen werden, welches der beiden Individuen ähnlicher zum 60-Jährigen ist. Es ergeben sich erst Unterschiede, sobald der 55-Jährige einen Zugehörigkeitsgrad von z. B. $0,5$ zu einem linguistischen Term (z. B. „alt") der linguistischen Variablen „Alter" aufweist, der 60-Jährige den Zugehörigkeitsgrad von $0,8$ und der 65-Jährige den Zugehörigkeitsgrad von 1. Basierend auf den individuellen Zugehörigkeitsgraden kann eine Entscheidung zugunsten des 65-Jährigen getroffen werden, denn der 65-Jährige weist nun eine geringere Distanz $(0,2)$ zum 60-Jährigen auf als der 55-Jährige $(0,3)$.

Neben dem Vorteil des statistischen Fuzzy-Matchings, dass identischen Abständen in den Ausgangsdaten unterschiedliche Bedeutungen beigemessen werden können, erlaubt das statistische Fuzzy-Matching das Einbeziehen fehlender Werte in den Ausgangsdaten in die Bestimmung der statistischen Zwillinge. Zusätzlich zu fehlenden Werten durch Nichtbeantwortung einzelner Items enthalten empirische Erhebungen verweigerte Antworten durch Kennzeichnung von Fragen mit „keine Angabe" und Antworten wie „weiß ich nicht", die durch fehlende Informationen bzw. fehlende Kompetenz zur qualifizierten Antwort entstehen.[24] Mit Hilfe des statistischen Fuzzy-Matchings können diese Angaben differenziert betrachtet und für beliebig skalierte Variablen direkt in den Matchingprozess zur Suche nach statistischen Zwillingen eingebunden werden. Bei Verwendung eines einfachen statistischen Distanzmatchings auf Basis der standardisierten Ausgangsdaten können fehlende Werte dagegen nicht direkt in die Betrachtungen integriert werden.[25] Darüber hinaus können auch nominal skalierte Variablen, wie bspw. Angaben zum Familienstand oder zum Beruf mit der Methode des statistischen Fuzzy-Matchings leicht in die Berechnungen der Distanzen zwischen Datensätzen einbezogen werden, ohne den Daten dabei eine Rangordnung zu unterstellen, wie es bspw. bei

[24] Vgl. [Cle08], S. 25.

[25] Sieht man von den Möglichkeiten der Imputation fehlender Werte ab.

ordinal oder metrisch skalierten Variablen der Fall ist.

Im Folgenden wird der Inhalt der einzelnen Kapitel und deren Funktion im Kontext der Arbeit kurz erläutert. Im Kapitel 2 werden die theoretischen Grundlagen des statistischen Matchings dargestellt. Es werden der Kerngedanke des statistischen Matchings, der traditionelle Matching-Prozess und das sog. *Propensity Score-Matching* als eine Alternative zu den traditionellen Matchingverfahren auf Grundlage der Distanzen der Ausgangsdaten vorgestellt. In Kapitel 3 wird das notwendige mathematische Fundament der Fuzzy Logic, der „Theorie der unscharfen Mengen“, geformt. In diesem Kapitel werden zunächst scharfe und unscharfe Mengen voneinander abgegrenzt und Operationen und Eigenschaften unscharfer Mengen vorgestellt. Im Anschluss daran wird das Konzept der linguistischen Ausdrücke (linguistische Variablen und linguistische Terme) kurz vorgestellt, ehe die Möglichkeiten der subjektiven und objektiven Beschaffung von Zugehörigkeitsfunktionen betrachtet werden. Kapitel 3 endet mit der grundlegenden Betrachtung der Fuzzy-Regeln, die das Fundament zur Erstellung von Regelbasen liefern.

Die Kapitel 4, 5 und 6 bilden den Hauptteil dieser Arbeit und haben die theoretische (Kapitel 4) und praktische Ausarbeitung (Kapitel 5 und 6) des statistischen Fuzzy-Matchings zum Inhalt. In Kapitel 4 wird die theoretische Basis des statistischen Fuzzy-Matchings gelegt. Nach der einleitenden Motivation zur Entwicklung der Methode des statistischen Fuzzy-Matchings wird zunächst die Anpassung der linguistischen Ausdrücke an das jeweilige Matchingproblem beschrieben. Im Anschluss daran wird die Festlegung der Zugehörigkeitsfunktionen erörtert, die jedem scharfen Ausgangswert Zugehörigkeitsgrade zu linguistischen Termen zuweisen und die Ausgangsdaten fuzzyfizieren. Die linguistischen Terme aller linguistischen (Matching-) Variablen bilden die Grundlage zur Erzeugung der Regelbasis, da jede Regel der Regelbasis aus der Verknüpfung eines linguistischen Terms jeder linguistischen Variablen besteht. Der Kern des statistischen Fuzzy-Matchings liegt in der Bestimmung der Distanzen zwischen Datensätzen durch die Ermittlung der Distanzen ihrer Zugehörigkeitsgrade zur Regelbasis. Daher werden im weiteren Verlauf des vierten Kapitels verschiedene Arten der Berechnung der Zugehörigkeitsgrade der Datensätze zur Regelbasis betrachtet, die von der verwendeten Verknüpfung der Regeln abhängt. Das Kapitel wird mit der Betrachtung der konkreten Vorgehensweise zur Identifizierung der statistischen Zwillinge beendet.

In Kapitel 5 wird die programmtechnische Umsetzung, also die Implementierung des statistischen Fuzzy-Matchings beschrieben und die Bedienung der Software kurz erläutert. Im anschließenden Kapitel 6 wird die Leistungsfähigkeit der hier entwickelten und vorgestellten Methode des statistischen Fuzzy-Matchings anhand zweier Anwendungsbeispiele überprüft und mit anderen gängigen Methoden des statistischen Matchings verglichen. Beide Anwendungsbeispiele sollen gleichzeitig Hinweise auf praktische Einsatzgebiete des statistischen Fuzzy-Matchings liefern und unterschiedliche Vorgehensweisen zum Erlangen weiterer Informationen bzw. weiteren Wissens aufzeigen. Im abschließenden Kapitel 7 werden die wichtigsten Ergebnisse dieser Arbeit noch einmal zusammengefasst, ein Fazit gezogen und ein Ausblick auf mögliche zukünftige Forschungsaufgaben im Gebiet des statistischen Fuzzy-Matchings gegeben.

2 Statistisches Matching

Analysen von Daten benötigen oft Informationen, die nicht in einer einzelnen Quelle enthalten, sondern über mehrere Quellen verteilt zu finden sind.[1] Die Methoden des statistischen Matchings helfen dabei, Informationen aus unterschiedlichen Quellen in einem einzigen Datenbestand zu vereinen.[2] Eine frühe Erwähnung des statistischen Matchings findet sich z. B. bei Okner (1972), der Untersuchungen aus der Mitte der 1960er Jahre beschreibt, die Beziehungen zwischen Variablen aus unterschiedlichen Quellen beinhalten. Ziel dieser Untersuchungen war die Erstellung einer Menge von Datensätzen die sowohl sozio-demografische Informationen enthielt, als auch Informationen über Einkommen und Steuerzahlungen. Das Problem war, dass es keine Untersuchung gab, die die gestellten Anforderungen komplett erfüllte. Die einzige Möglichkeit zur Durchführung einer solchen Analyse war das Verschmelzen der vorhandenen Informationen aus mehreren Quellen in eine einzige Menge von Datensätzen, weil eine neue Umfrage mit allen benötigten Attributen aus Kosten- oder Zeitmangel nicht durchgeführt werden konnte.[3] So verwendete man in der erwähnten Untersuchung die Steuerdatei aus dem Jahre 1966 und verschmolz die darin enthaltenen Informationen mit der „Survey of Economic Opportunities" aus dem Jahre 1967 und erzielte damit das gewünschte Ergebnis. Eine Technik, die zur Durchführung solcher Analysen entwickelt wurde, ist das sog. *statistische Matching*.[4]

In den folgenden Abschnitten dieses Kapitels werden zunächst die Grundlagen des statistischen Matchings und anschließend die Annahmen und Merkmale des traditionellen Matching-Prozesses erläutert. Darüber hinaus wird in Abschnitt 2.3 das Propensity Score Matching beschrieben, das die Wahrscheinlichkeit der Zugehörigkeit eines Datensatzes zur Gruppe der Teilnehmer oder Nicht-Teilnehmer an einer Maßnahme basierend auf den Matchingvariablen bestimmt. Im Anschluss daran werden die beiden Konzepte des *constrained* und *unconstrained* Matching diskutiert. Beim constrained Matching werden bestimmte Bedingungen an die Matchingmethode gestellt, die beim unconstrained Matching abgeschwächt sind. Das Kapitel endet mit einer kurzen Beschreibung der in der Literatur zu findenden

---

[1] Vgl. [Bac02], S. 2.

[2] Vgl. [IOST00], S. 746.

[3] Vgl. [HIT97], S. 606.

[4] Vgl. [RD81], S. 128.

Kritik am statistischen Matching.

2.1 Grundlagen des statistischen Matchings

Statistisches Matching entstammt dem Aufgabengebiet der Marktforschung.[5] Insbesondere in Umfragen zum Medien- und Konsumverhalten von Individuen sind so viele Fragen von Interesse, dass diese nicht einer einzelnen Menge von Probanden gestellt werden können, sondern auf mehrere Fragebögen verteilt werden müssen.[6] Auf Basis gemeinsamer Attribute (z. B. demografischer Merkmale) werden die separaten Umfragen anschließend vereint, indem jedem Individuum einer bestimmten (Probanden-) Menge die fehlenden Attribute seiner statistischen Zwillinge der anderen (Probanden-) Mengen zugeordnet werden. Abbildung 2.1 zeigt eine einfache Illustration des statistischen Matchings. Es ist jeweils ein beliebiger Datensatz aus einem *consumer panel* und einem *television panel* mit den zugeordneten Attributen dargestellt. Beide Mengen von Datensätzen haben gemeinsame, aber auch spezifische Attribute. Die beiden betrachteten Datensätze werden auf Basis der gemeinsamen Variablen zusammengeführt. Dem Individuum *425* aus dem *television panel* wird das Individuum *13* aus dem *consumer panel* gegenübergestellt und dessen zusätzliche Attribute (rent cars, views daily soaps, views news und zaps advertisement) hinzugefügt.

Grundsätzlich kann die Integration von Daten aus unterschiedlichen Quellen durch drei verschiedene Methoden erreicht werden: Data Merging, record linkage und statistisches Matching.[7] Data merging bezeichnet den Prozess des Zusammenführens von Daten aus verschiedenen Quellen unter Auflösung von auftretenden Konflikten wie *Widersprüchen* (unterschiedliche Ausprägungen des selben Attributs bei dem selben Individuum in unterschiedlichen Quellen) und *Unsicherheiten* (z. B. fehlende Informationen durch Null-Werte).[8] Record linkage wird zur Eliminierung von Duplikaten in Datenbanken und zur Verknüpfung von Datensätzen zu identischen Individuen aus unterschiedlichen Quellen benutzt.[9] Statistisches Matching behandelt dagegen das Problem der Integration von Datensätzen zu unterschiedlichen Individuen in eine Tabelle auf Basis identischer Attribute.[10]

Neben der Erlangung zusätzlichen Wissens eignen sich statistische Zwillinge

[5] Vgl. [vKG02], S. 2f.
[6] Vgl. [Sap00], S. 1f.
[7] Vgl. [DZS01], S. 433.
[8] Vgl. [Ble04], S. 23f.
[9] Vgl. [Fai97], S. 428. Das Problem des record linkage wurde bereits im Jahre 1959 von [NKAJ59] beschrieben.
[10] Vgl. [Win95], S. 375.

Attribute	Consumer panel	Television panel	Statistically matched file
Unit number	... 13 ...	... 425 ...	... 425 ...
Gender	female	female	female
Age	35-40	35-40	35-40
Education.	high	high	high
Marital status	married	divorced	divorced
Net income	3500-4000	3000-3500	3000-3500
Residence	terraced house	terraced house	terraced house
Pets	yes	yes	yes
Purchases cereals	1 kg per week		1 kg per week
Purchases wine	3 l per week		3 l per week
Purchases meat	2 kg per week		2 kg per week
Rents cars		no	no
Views daily soaps		no	no
Views news		regulary	regulary
Zaps advertisement		yes	yes

Abbildung 2.1: Illustration des statistischen Matchings (vgl. [RÖ2], S. 3.)

auch zur Schätzung bzw. Imputation fehlender Werte, zur Schätzung der Wirkung einer Untersuchungsvariablen und zur Bestimmung von Kontrollgruppen:[11]

Untersuchung der Wirkung einer Variablen auf eine andere. Man betrachte eine Menge von Datensätzen, bei denen die Wirkung einer Variablen B auf eine andere Variable Y untersucht werden soll. Die sich zum Matching gegenüberstehenden Mengen von Datensätzen ergeben sich aus den Ausprägungen B_j $(j = 1,...,q)$ von B (z. B. $B_1 = ja$ und $B_2 = nein$ bei der Frage nach einem bestimmten Merkmal). B_k $(k \in \{1,...,q\})$ trete eher selten auf und die Individuen mit dieser Ausprägung unterscheiden sich in den anderen beobachteten Attributen X_i, $(i = 1,...,p)$ von den Individuen mit den Ausprägungen B_r $(r \in \{1,...,q\},\ r \neq k)$. In den Anwendungsbeispielen zu der in dieser Arbeit im Kapitel 4 entwickelten Methode des statistischen Fuzzy-Matchings wird ein solcher Ansatz im Abschnitt 6.1 betrachtet. B stellt dabei das Merkmal „Arbeitslosigkeit" mit den beiden Ausprägungen *ja* und *nein* dar. Die gemeinsamen Variablen X_i setzen sich aus demografischen Attributen wie Alter, Bildung und Familienstand und aus subjektiven Attributen zu gesellschaftlichen und politischen Einstellungen zusammen. Mit Hilfe des statis-

[11] Vgl. [Bac02], S. 39ff.

tischen Fuzzy-Matchings soll der Effekt von „Arbeitslosigkeit“ auf die „Einstellung zur deutschen Vereinigung“ geschätzt werden.[12]

Oft werden solche Aufgaben mit Hilfe multivariater Analysen erledigt (z. B. Regressionsanalysen, Varianzanalysen oder Strukturgleichungsmodelle).[13] Ist aber eine der betrachteten Gruppen so heterogen, dass sprichwörtlich Äpfel mit Birnen verglichen werden, treten womöglich sehr verzerrte Ergebnisse bei den multivariaten Analysen auf. Die Methoden des statistischen Matchings liefern die Basis für homogene Vergleichsgruppen, um bessere Ergebnisse der anschließenden Analysen zu erzielen.

Schätzung bzw. Imputation fehlender Werte. Ein beliebiger Datensatz habe in einer Variablen Y einen fehlenden Wert. Zur Schätzung dieses Wertes können statistische Zwillinge zu dem betrachteten Datensatz gesucht werden, die möglichst ähnliche Ausprägungen hinsichtlich gemeinsamer Variablen X_i $(i = 1, ..., p)$ aufweisen.[14] Man nimmt an, dass sich Datensätze auch in der Variablen Y ähnlich sind, wenn sie sich in bestimmten anderen gemeinsamen Variablen wenig voneinander unterscheiden.

Bestimmung einer Kontrollgruppe. Zu einer Untersuchungsgruppe soll eine Kontrollgruppe bspw. zur Bestimmung des Ausmaßes der Wirkung eines experimentellen Faktors gefunden werden, die sich hinsichtlich bestimmter gemeinsamer Variablen nicht oder nur möglichst wenig von der Kontrollgruppe unterscheiden darf.[15]

2.2 Annahmen und Merkmale des traditionellen Matching-Prozesses

Traditionally, statistical matching is done on the basis of variables common to all files. Statistical twins, i.e., donor and recipient units that are similar according to their common variables, are usually found by means of nearest neighbor or hot deck procedures. The specific variables of a donor unit which are observed only in one file are added to

[12] Im Abschnitt 6.1 wird dieser Fragestellung ausführlich nachgegangen.

[13] Gute Einführungen in multivariate Analysen geben z. B. [Hai06] oder [BEPW06].

[14] Einen Überblick über das Themengebiet „fehlende Werte“ und die Problematik der sog. Fehlendmechanismen geben z.B. [Rub76] und [SG02].

[15] Vgl. [AP02], S. 3ff.

the record of the recipient unit to finally create the matched sample.[16]

Ausgangspunkt des statistischen Matchings sind zwei (oder mehrere) Mengen von Datensätzen, die über eine gewisse Anzahl identischer wie unterschiedlicher Variablen verfügen.[17] Auf Basis der identischen Variablen (Matchingvariablen) werden Paare möglichst ähnlicher Individuen (statistische Zwillinge) aus den verschiedenen Mengen von Datensätzen gebildet.[18] Ziel des statistischen Matchings ist es, weitere Informationen über jeden *Case* zu erhalten, indem die Attribute des am besten geeigneten *Controls* hinzugefügt werden. Die Begriffe *Cases* und *Controls* werden in der Literatur auch synonym zu *recipient-* und *donor-units* verwendet, um auszudrücken, welche Menge von Datensätzen die zusätzlichen Informationen empfängt und welche sie spendet.[19] Traditionell werden Distanzfunktionen zur Ermittlung des Abstands zwischen den einzelnen Datensätzen verwendet, um die statistischen Zwillinge zu identifizieren.[20] Je geringer der Abstand zwischen zwei Datensätzen ist, desto ähnlicher sind sich die beiden betrachteten Datensätze. Alternativ zur Verwendung von Distanzfunktionen kann das Propensity-Score-Matching verwendet werden, das zuerst von Rosenbaum und Rubin (1983) vorgestellt wurde und in Abschnitt 2.3 weiter ausgeführt wird.

Eine typische Ausgangssituation für statistisches Matching ist in Abbildung 2.2 dargestellt und ist auch (besonders in Europa)[21] unter dem Begriff *Datenfusion*[22] bekannt. Die grau unterlegten Felder der Abbildung repräsentieren beobachtete Daten, während die weißen Felder nicht vorhandene Daten symbolisieren sollen. Die Variablen Z stellen die Menge der Variablen dar, die allen Datensätzen gemein sind. Einige Datensätze weisen darüber hinaus Ausprägungen bezüglich spezifischer Variablen auf. Ein Teil der Datensätze verfügt zusätzlich über die Variablenmenge X, der andere Teil zusätzlich über die Variablenmenge Y. Nach dem Matching verfügen die Datensätze sowohl über Ausprägungen der bereits vorhandenen Z-Variablen als auch über Ausprägungen bezüglich der X- und der Y-Variablen.

Im traditionellen Matching-Prozess existieren zwei unabhängige Mengen von Datensätzen A und B. A beinhalte n_A verschiedene Datensätze $a = 1, ..., n_A$ und B beinhalte n_B verschiedene Datensätze $b = 1, ..., n_B$. Die Datensätze aus A sollen nur Ausprägungen hinsichtlich der Z- und X-Variablen aufweisen, während B Daten-

[16] [RÖ4b] S.153.

[17] Vgl. [GSB05], S. 42f.

[18] Vgl. [RS06], S. 7f.

[19] Vgl. [RÖ4b], S. 156. In dieser Arbeit sollen die Begriffe Cases und Controls den Vorzug erhalten.

[20] Vgl. [Red03], S. 6ff.

[21] Vgl. [RÖ2], S. 2.

[22] Die Begriffe statistisches Matching und Datenfusion werden in dieser Arbeit synonym verwendet. Statistisches Matching soll jedoch den Vorzug erhalten.

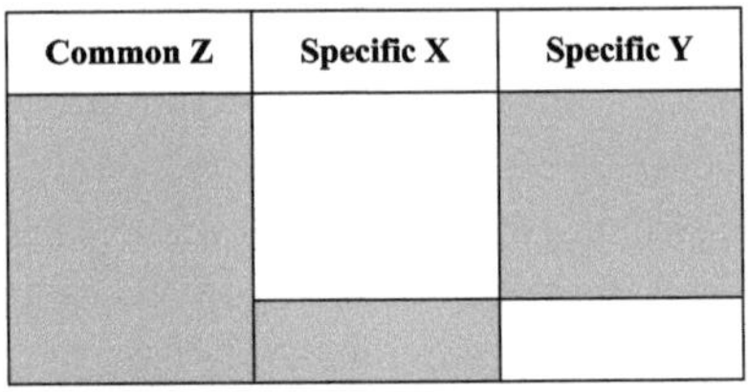

Common Z	Specific X	Specific Y

Abbildung 2.2: Typische Situation für statistisches Matching (vgl. [KR06], S. 4.)

sätze enthalte, die nur Ausprägungen bezüglich der Z- und Y-Variablen besitzen.[23] Die Z-Variablen sind also beiden Mengen von Datensätzen A und B gemein. Z, X und Y sind dabei jeweils Mengen von Variablen, deren Zugehörigkeiten in Abbildung 2.3 veranschaulicht werden.

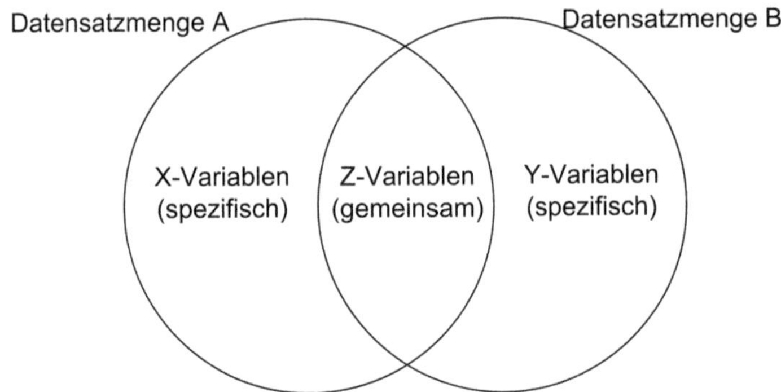

Abbildung 2.3: Variablenmengen im statistischen Matching (vgl. [Red03], Folie 7.)

Um nun eine Menge von Datensätzen zu kreieren, die sowohl über Z- und X- als auch über Y-Variablen verfügt, müssen jedem Datensatz der Menge A die Ausprägungen bezüglich der Y-Variablen eines Datensatzes aus der Menge B beigemessen werden, unter Beachtung, dass die gegenübergestellten Datensätze möglichst ähnliche Ausprägungen hinsichtlich der gemeinsamen Z-Variablen (Matchingvariablen) aufweisen. Wie bereits erwähnt, werden in der Regel Distanzfunktionen d verwendet, um den Abstand d_{ab} zweier Datensätze $a \in A$ $(a = 1,...,n_A)$ und $b \in B$ $(b = 1,...,n_B)$ zu bestimmen und so die Ähnlichkeit der Ausprägungen hin-

[23] Vgl. [YA99], S. 1.

sichtlich der Z-Variablen festzustellen.[24] Abbildung 2.4 stellt den traditionellen Matching-Prozess dar.

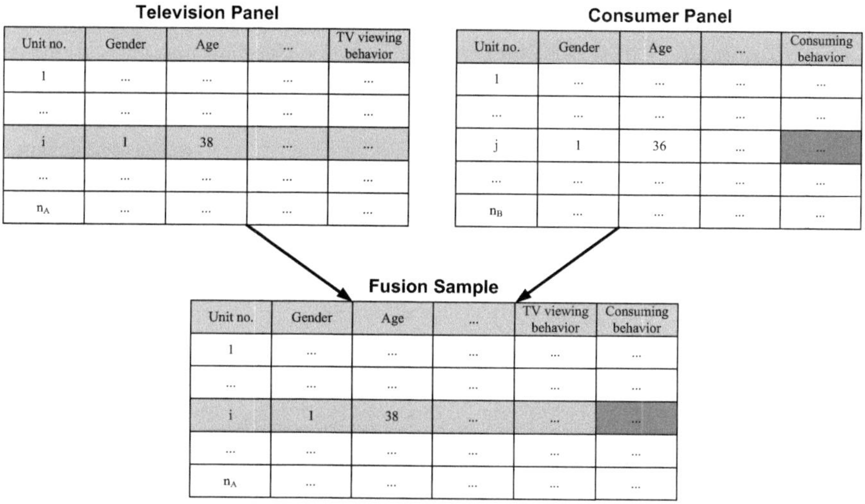

Television Panel

Unit no.	Gender	Age	...	TV viewing behavior
1	...	...	...	...
...	...	...	...	...
i	1	38	...	...
...	...	...	...	...
n_A	...	...	...	...

Consumer Panel

Unit no.	Gender	Age	...	Consuming behavior
1	...	...	...	...
...	...	...	...	...
j	1	36	...	...
...	...	...	...	...
n_B	...	...	...	...

Fusion Sample

Unit no.	Gender	Age	...	TV viewing behavior	Consuming behavior
1	...	...	...	...	...
...	...	...	...	...	...
i	1	38	...	...	...
...	...	...	...	...	...
n_A	...	...	...	...	...

Abbildung 2.4: Traditioneller Ansatz des statistischen Matchings (vgl. [RÖ4a], S. 4.)

Man betrachte die Variablen Z, X und Y als multivariate Zufallsvariablen mit einer gemeinsamen Wahrscheinlichkeit oder Dichtefunktion $f_{Z,X,Y}$. Für diskrete Variablen beschreibt $f_{Z,X,Y}$ die Wahrscheinlichkeit, ein bestimmtes Element mit den Ausprägungen (z_i, x_i, y_i) aus einer Grundmenge zu ziehen, für eine kontinuierliche Variable ist $f_{Z,X,Y}$ der Wert der Dichtefunktion im Punkt (z_i, x_i, y_i).[25] Sei $\widetilde{f}_{Z,X,Y}$ die Dichte der Datensatzmenge nach dem Matching, d. h. nach Hinzufügen der zusätzlichen Attribute der statistischen Zwillinge. Möchte man bei Analysen nach statistischem Matching Aussagen über die ursprüngliche Population anhand der zusammengeführten Menge von Datensätzen machen, dann sollten die Beziehungen zwischen den Dichten $\widetilde{f}_{Z,X,Y}$ nach Matching und $f_{Z,X,Y}$ vor Matching untersucht werden.[26]

Besonders in den frühen Ansätzen des statistischen Matchings wurde die so genannte *Conditional Independence Assumption (CIA)* als grundsätzliche Voraussetzung für die Durchführung des Matchings angenommen.[27] Sie besagt, dass die

[24] Vgl. [HIT98], S. 263.
[25] Vgl. [RÖ2], S. 20.
[26] Vgl. [RÖ2], S. 21.
[27] Die *Conditional Independence Assumption* (CIA) wurde zuerst von [Sim74] erwähnt.

bedingte Verteilung von X bei gegebenem Z unabhängig von der bedingten Verteilung von Y bei gegebenem Z sein muss.[28] Mit anderen Worten beinhaltet die CIA die Bedingung, dass die Variablen X unter Kenntnis von Z keine Informationen über Y enthalten dürfen und umgekehrt. Allerdings: „Die Erfüllung der CIA macht es erforderlich, dass alle Determinanten, die den Beteiligungsstatus als auch das potenzielle Ergebnis gleichermaßen beeinflussen, bekannt und für alle Beobachtungen vorhanden sind."[29] Üblicherweise stehen bei den Anwendungen des statistischen Matchings aber nicht alle relevanten Determinanten zur Verfügung. Darüber hinaus kann die CIA nach Almus und Prantl (2002) auch nicht mittels statistischer Tests überprüft werden.

Gilt die CIA, so kann folgender Zusammenhang für die Dichtefunktion von (Z,X,Y) festgestellt werden:[30]

$$f_{Z,X,Y}(z,x,y) = f_{X|Z}(x|z)f_{Y|Z}(y|z)f_Z(z), \tag{2.1}$$

wobei $f_{X|Z}$ die bedingte Dichte von X unter Z ist und $f_{Y|Z}$ die bedingte Dichte von Y unter Z. Zur Berechnung von Formel (2.1) genügen also Informationen über die Randverteilung von Z und die paarweisen Beziehungen zwischen Z und X und zwischen Z und Y. Diese Informationen sind in den beiden (disjunkten) zu matchenden Mengen von Datensätzen enthalten.

Nach Formel (2.1) ergibt sich die Verteilung nach Durchführung des statistischen Matchings gemäß:[31]

$$\widetilde{f}_{Z,X,Y} = f_{X,Z}(x,z)f_{Y|Z}(y|z) = f_{X|Z}(x|z)f_{Y|Z}(y|z)f_Z(z) = f_{X|Z}(x|z)f_{Y,Z}(y,z),$$

unter der Voraussetzung, dass zu jedem Case ein Control mit den selben Werten für die Z-Variablen gefunden wird.

2.3 Propensity Score Matching

Beim statistischen Matching werden statistische Zwillinge auf Basis von Matchingvariablen ermittelt.[32] Ein Kritikpunkt an diesem Verfahren ist das Dimensionalitätsproblem, das sich mit steigender Anzahl an Matchingvariablen immer

[28] Vgl. [Red03], S. 3f.
[29] Vgl. [Eng01], S. 6.
[30] Vgl. [DZS06], S. 13.
[31] Vgl. [RÖ2], S. 21.
[32] Vgl. [DW02], S. 151ff.

mehr verstärkt.[33] Die Schwierigkeit besteht darin, einen Control zu identifizieren, der in jeder einzelnen Matchingvariablen dem Case gleicht. Je mehr beobachtete Matchingvariablen berücksichtigt werden, desto größer ist die Möglichkeit, dass für einen Case kein geeigneter Matching-Partner gefunden wird.[34] Rosenbaum und Rubin (1983) schlagen zur Lösung dieses Dimensionalitätsproblems das Propensity Score Matching vor, das potenzielle Matching-Partner anhand ihrer jeweiligen Propensity Scores $P(X)$ ermittelt.[35] Der Propensity Score $P(X)$ definiert die Wahrscheinlichkeit der Zugehörigkeit zur Gruppe der Teilnehmer oder Nicht-Teilnehmer an einer Maßnahme, basierend auf den Matchingvariablen.[36] Die Dimensionalität der Lösungsfindung reduziert sich somit auf eins.

Das in Abschnitt 2.2 eingeführte traditionelle Matching-Modell wird für das Propensity Score Matching sowohl bei den Cases als auch bei den Controls um eine binäre Variable S erweitert, die für die Cases die Teilnahme an der Maßnahme ($S_i = 1$, für $i = 1,...,n_A$) und für die Controls die Nicht-Teilnahme ($S_i = 0$, für $i = 1,...,n_B$) ausweist.[37] Der Propensity Score für die Teilnahme an einer Maßnahme ergibt sich bei gegebenen Covariaten[38] $Z = z$ gemäß:[39]

$$e(z_i) = P(S = 1|Z = z_i) = g\left(z_i'\beta\right),\ i = 1,...,n,\ n = n_A + n_B,$$

wobei β der Regressionskoeffizient ist. Es muss $0 < e(z_i) < 1$ gelten, d. h. in Z darf es keine Charakteristika geben, für die die Wahrscheinlichkeit, an der Maßnahme teilzunehmen, Null oder Eins ist; somit müssen sich die Verteilungen der Teilnehmer und Nichtteilnehmer bezüglich der relevanten Charakteristika überlappen.[40]

Die individuellen Propensity Scores $e(z)$ werden üblicherweise mit Hilfe von Logit- oder Probitmodellen anhand des Regressionsergebnisses für β geschätzt, die abhängige Variable ist dabei die getroffene Teilnahmeentscheidung:[41]

$$\hat{e}(z_i) = g\left(z_i'\hat{\beta}\right) = \frac{1}{1 + e^{-z_i'\hat{\beta}}}.$$

33 Vgl. [HRL05], S. 7.

34 Vgl. [GSB05], S. 44.

35 Das Propensity Score Matching basiert auf dem sog. *Rubin-Causal-Model*, das in den Arbeiten [Rub74] und [Rub78] entwickelt wurde und die gemeinsame methodische Grundlage aller Matchingverfahren bildet. (Vgl. auch [GD04], S. 3.)

36 Vgl. [GBG04], Folie 8.

37 Vgl. [Sia01], S. 2ff. und [D'A98], S. 2266f.

38 Die Covariaten sind die Variablen, die beiden Mengen von Datensätzen gemein sind und in Abschnitt 2.2 ebenfalls mit Z bezeichnet wurden.

39 Vgl. [RR83], S. 42f.

40 Vgl. [Lec98], S. 26.

41 Vgl. [RÖ2], S. 26.

Zur Herleitung des Maximum-Likelihood Schätzers $\hat{\beta}$ des Regressionskoeffizienten β wird für S_i eine Bernoulli-Verteilung mit den Parametern $p_i = P(S = 1 | Z = z_i) = e(z_i)$ zugrunde gelegt.[42] Das Matching wird schließlich auf Basis der geschätzten Propensity Scores $\hat{e}(z_i)$, $i = 1, ..., n_A + n_B$ vollzogen, indem für jeden Case ein Control mit dem selben oder mit dem nahegelegensten Propensity Score gesucht wird.[43] Das Prinzip des Propensity Score Matchings ist in Abbildung 2.5 dargestellt.

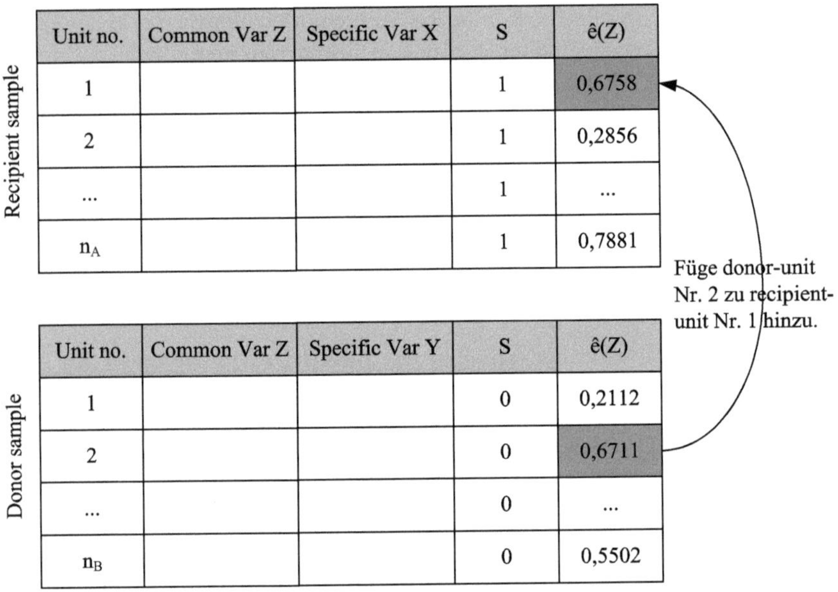

Recipient sample

Unit no.	Common Var Z	Specific Var X	S	ê(Z)
1			1	0,6758
2			1	0,2856
...			1	...
n_A			1	0,7881

Füge donor-unit Nr. 2 zu recipient-unit Nr. 1 hinzu.

Donor sample

Unit no.	Common Var Z	Specific Var Y	S	ê(Z)
1			0	0,2112
2			0	0,6711
...			0	...
n_B			0	0,5502

Abbildung 2.5: Prinzip des Propensity Score Matchings (vgl. [RÖ2], S. 25.)

Aufgrund der kompensatorischen Beziehungen zwischen den unabhängigen Variablen im Logit- oder Probit-Modell ist es jedoch möglich, dass Matching-Partner in ihren Propensity Scores übereinstimmen, jedoch nicht in den Ausprägungen ihrer Matchingvariablen.[44] Aus diesem Grund wird häufig ein hybrider Ansatz verwendet, bei dem neben dem Propensity Score auch einzelne Matchingvariablen zum Matching herangezogen werden.[45] Dies soll dafür Sorge tragen, dass sich

[42] Vgl. [RÖ2], S. 26.
[43] Vgl. [DW02], S. 153.
[44] Vgl. [GSB05], S. 45.
[45] Vgl. [Lec98], S. 28.

die Matching-Partner nicht nur im Propensity Score, sondern auch in bestimmten Attributen möglichst ähnlich sind.

Shadish, Cook und Campbell (2002) führen weitere Beschränkungen des Propensity Score Matchings an.[46] In Übereinstimmung mit Schultz (2006) behaupten sie, dass für die sinnvolle Durchführung eines Propensity Score Matchings große Datenbestände notwendig sind.[47] Eine große Menge an Datensätzen wirke sich positiv auf die Modellierung der Propensity Score-Funktion und die Balancierung der Gruppen aus. Genauere Aussagen über Mindestgrößen von Datenbeständen können derzeit in der Literatur noch nicht gemacht werden.[48] Ferner müsse die bereits genannte Überlappung der Charakteristika der Teilnehmer und Nicht-Teilnehmer an einer Maßnahme substantiell sein.[49] Rosenbaum und Rubin (1983) setzen des Weiteren voraus, dass alle Variablen in Bezug auf Teilnahme und Nicht-Teilnahme an der Maßnahme bereits im Vektor der Covariaten enthalten sind. Dies hat zum Nachteil, dass ein versteckter systematischer Fehler im Modell die Schätzung der Wahrscheinlichkeit der Teilnahme an einer Maßnahme wesentlich beeinflusst, sollte das Propensity Score Modell falsch berechnet oder die Covariaten ungenau gemessen sein.[50]

2.4 Constrained versus unconstrained Matching

Es existieren zwei Arten des statistischen Matchings: *unconstrained* und *constrained* Matching.[51] Beim unconstrained Matching wird jedem Case aus der Datensatzmenge A der am besten geeignete Control[52] aus der Datensatzmenge B zugewiesen, d. h. jeder Case wird genau ein Mal in die zusammengeführte Tabelle übernommen, wohingegen jeder einzelne Control mehrmals oder gar nicht zum Matching verwendet werden kann.[53] Der Vorteil des unconstrained Matching liegt darin, dass zu jedem Case der ähnlichste Control als Match bestimmt werden kann, ohne Rücksicht darauf, ob der betrachtete Control bereits als statistischer Zwilling für einen anderen Case verwendet wurde.[54] Ein wesentlicher Nachteil dieses Verfahrens ist, dass zwar die Verteilung der X-Variablen[55] in der zusammengeführten

[46] Vgl. [SCC02], S. 161ff.
[47] Vgl. [Sch06], S. 8.
[48] Vgl. [LSC05], S. 548.
[49] Vgl. [GBG04], Folie 11.
[50] Vgl. [LSC05], S. 546.
[51] Vgl. [YA99], S. 7.
[52] Der am besten geeignete Control ist der mit der geringsten Distanz zum betrachteten Case.
[53] Vgl. [MS03], S. 2905.
[54] Vgl. [RD81], S. 130ff.
[55] X ist die Menge an Attributen, die spezifisch für die Datensatzmenge A ist.

Datentabelle mit der ursprünglichen Verteilung übereinstimmt, die Verteilung der Y-Variablen[56] jedoch eine andere als die ursprüngliche sein wird, weil Controls mehrfach oder gar nicht zum Matching verwendet werden können.[57] Abbildung 2.6 stellt ein künstliches Beispiel zur Illustration des unconstrained Matchings dar. Beide Mengen von Datensätzen sind Stichproben aus einer Grundgesamtheit mit 24 Elementen. Die Variable Z_1 soll das Geschlecht der betrachteten Individuen

File A

Unit i	Weight w_i^A	Z_1^A	Z_2^A	X
A1	3	1	42	x_1^A
A2	3	1	35	x_2^A
A3	3	0	63	x_3^A
A4	3	1	55	x_4^A
A5	3	0	28	x_5^A
A6	3	0	53	x_6^A
A7	3	0	22	x_7^A
A8	3	1	25	x_8^A

File B

Unit j	Weight w_j^B	Z_1^B	Z_2^B	Y
B1	4	0	33	y_1^B
B2	4	1	52	y_2^B
B3	4	1	28	y_3^B
B4	4	0	59	y_4^B
B5	4	1	41	y_5^B
B6	4	0	45	y_6^B

Statistically matched file

Matched unit ij	Weight w_{ij}	Z_1^A	Z_2^A	Z_2^B	Distance d_{ij}	X	Y
A1, B5	3	1	42	41	1	x_1^A	y_5^B
A2, B5	3	1	35	41	6	x_2^A	y_5^B
A3, B4	3	0	63	59	4	x_3^A	y_4^B
A4, B2	3	1	55	52	3	x_4^A	y_2^B
A5, B1	3	0	28	33	5	x_5^A	y_1^B
A6, B4	3	0	53	59	6	x_6^A	y_4^B
A7, B1	3	0	22	33	11	x_7^A	y_1^B
A8, B3	3	1	25	28	3	x_8^A	y_3^B

Abbildung 2.6: Illustration des unconstrained Matchings (eigene Darstellung in Anlehnung an [Rod84])

darstellen, die Variable Z_2 das Alter. Z_1 wird als kritische Variable angesehen, d. h. hier sind nur perfekte Übereinstimmungen zugelassen. Die (Alters-) Abstände zwischen den Datensätzen werden unter Zuhilfenahme der euklidischen Distanz bestimmt. Betrachtet man die Mittelwerte und Standardabweichungen des Alters vor und nach Matching, so ergibt sich eine Verschlechterung in den Anpassungen der Verteilungen der statistischen Zwillinge. Datensatzmenge A hat einen Altersdurchschnitt von $40,4$ (Standardabweichung $15,3$) und Datensatzmenge B einen

56 Y ist die Menge an Attributen, die spezifisch für die Datensatzmenge B ist.

57 Vgl. [Red03], S. 4.

Altersdurchschnitt von $43,0$ $(11,6)$. Die statistischen Zwillinge aus der Menge B weisen nach Matching allerdings einen Altersdurchschnitt von $43,3$ $(12,1)$ auf. Auch bei gesonderter Betrachtung der Geschlechter untereinander ergeben sich negative Anpassungen des Alters. D.h. die Lagemaße der Altersverteilungen sind vor dem Matching einander ähnlicher als nach dem Matching. Dies liegt im Wesentlichen daran, dass diesem Beispiel jeweils nur sehr kleine Mengen von Datensätzen zu Grunde liegen und für jeden Datensatz ein statistischer Zwilling gefunden werden muss. Dabei kann es vereinzelt zu schlechten Paarungen kommen, wie das Beispiel der Datensätze A7 und B1 zeigt.

Das constrained Matching, wie es bspw. von Barr und Turner (1978) beschrieben wurde, unterscheidet sich vom unconstrained Matching dadurch, dass sowohl alle Cases wie auch alle Controls in der zusammengeführten Tabelle vorhanden sein müssen.[58] Der Vorteil des constrained Matchings gegenüber dem unconstrained Matching ist, dass die (empirische) multivariate Verteilung der Variablen der Controls in der zusammengeführten Tabelle reproduziert werden.[59] Zusätzlich kann beim constrained Matching die Optimierung der Gesamtdistanz zwischen den Datensätzen berücksichtigt werden. Das Optimierungsproblem resultiert dann in der folgenden zu minimierenden Zielfunktion:[60]

$$\sum_{j=1}^{n_B}\sum_{i=1}^{n_A} d_{ij}w_{ij}, \quad w_{ij} \geq 0, \ i = 1,...,n_A, \ j = 1,...,n_B,$$

unter den Nebenbedingungen

$$\sum_{j=1}^{n_B} w_{ij} = w_{i.}\ , \text{ für } i = 1,...,n_A \text{ und}$$

$$\sum_{i=1}^{n_A} w_{ij} = w_{.j}\ , \text{ für } j = 1,...,n_B,$$

wobei d_{ij} die Distanz zwischen den Datensätzen i und j beinhaltet und w_{ij} eine mögliche Gewichtung darstellt.

Liu und Kovacevic (1998) beschreiben die so genannte „generalized rank weight-split method" zur Lösung dieses Optimierungsproblems. Rubin (1986) beschreibt darüber hinaus, wie die Ausgangstabellen aufzuteilen sind und wie die Datensätze anhand ihrer z-Werte[61] geordnet werden müssen, um erfolgreiches constrained

[58] Vgl. [IOST00], S. 747.
[59] Vgl. [Red03], S. 4.
[60] Vgl. [RÖ2], S. 57f.
[61] Die z-Werte sind die Ausprägungen der gemeinsamen Variablen.

Matching betreiben zu können. Abbildung 2.7 stellt das Vorgehen des constrained Matchings nach der Methode von Rubin (1986) dar. Ausgangspunkt bilden die Daten aus Abbildung 2.6.

Multipliziert man jeden Datensatz mit seinem Gewicht w_i bzw. w_j, so erhält man jeweils 24 Datensätze pro Tabelle. Die Datensätze werden dann aufsteigend anhand der gemeinsamen Variablen Z_1 und Z_2 sortiert. Die Identifizierung der statistischen Zwillinge erfolgt durch Gegenüberstellung der Datensätze beider Ausgangstabellen durch einfaches Vergleichen der Zeilen. Datensatz $A7$ wird bspw. drei Mal mit Datensatz $B1$ gematcht, Datensatz $A5$ ein Mal mit $B1$ und zwei Mal mit $B6$ usw. Diese Methode beruht also ausschließlich auf den Rängen der Z-Variablen und nicht auf den absoluten Werten.[62] Vergleicht man nun die durchschnittliche Distanz zwischen den statistischen Zwillingen nach der Methode des constrained Matchings ($\overline{d} = \sum_{j=1}^{n_B} \sum_{i=1}^{n_A} d_{ij} w_{ij} = \frac{155}{24} = 6,458$) und nach der Methode des unconstrained Matchings ($\overline{d} = \frac{117}{24} = 4,875$), dann ist die Distanz nach der Methode des constrained Matchings größer, das Matchingergebnis also schlechter.

Aus der Forderung des constrained Matchings, dass alle Datensätze zum Matching verwendet werden müssen, resultiert das Problem, dass die Distanz zwischen einigen statistischen Zwillingen sehr groß werden kann.[63] Unconstrained Matching ist nicht nur aus diesem Grund die populärere Matchingmethode, sondern auch weil sie intuitiver ist, einfacher zu implementieren und weniger Anforderungen an die Systemressourcen stellt.[64] Einige Autoren, wie bspw. Paass (1988) und Rodgers (1984), favorisieren dennoch das constrained Matching, weil ihrer Meinung nach damit insgesamt bessere Ergebnisse erzielt werden.

2.5 Kritik am statistischen Matching

Die Einschätzungen in der Literatur zum Einsatz von statistischem Matching sind vielfältig. So sprechen sich bspw. Kadane (1978) und Rodgers und DeVol (1981) eher gegen die Verwendung von statistischem Matching zur Gewinnung von Informationen über Datensätze / Individuen aus. Ihr Hauptkritikpunkt liegt darin begründet, dass sehr starke Annahmen über die Beziehung zwischen den X- und Y-Variablen getroffen werden, wenn die Unabhängigkeit der beiden Variablenmengen bei gegebenen Z-Variablen angenommen wird. Daran anschließend stellt sich die Frage, wie viel Vertrauen in die Annahme der *conditional independence* ge-

[62] Vgl. [RÖ2], S. 58.
[63] Vgl. [KL94], S. 484.
[64] Vgl. [IOST00], S. 747.

File A

Unit i	Z_1^A	Z_2^A	X
A7	0	22	x_7^A
A7	0	22	x_7^A
A7	0	22	x_7^A
A5	0	28	x_5^A
A5	0	28	x_5^A
A5	0	28	x_5^A
A6	0	53	x_6^A
A6	0	53	x_6^A
A6	0	53	x_6^A
A3	0	63	x_3^A
A3	0	63	x_3^A
A3	0	63	x_3^A
A8	1	25	x_8^A
A8	1	25	x_8^A
A8	1	25	x_8^A
A2	1	35	x_2^A
A2	1	35	x_2^A
A2	1	35	x_2^A
A1	1	42	x_1^A
A1	1	42	x_1^A
A1	1	42	x_1^A
A4	1	55	x_4^A
A4	1	55	x_4^A
A4	1	55	x_4^A

File B

Unit i	Z_1^B	Z_2^B	Y
B1	0	33	y_1^B
B1	0	33	y_1^B
B1	0	33	y_1^B
B1	0	33	y_1^B
B6	0	45	y_6^B
B6	0	45	y_6^B
B6	0	45	y_6^B
B6	0	45	y_6^B
B4	0	59	y_4^B
B4	0	59	y_4^B
B4	0	59	y_4^B
B4	0	59	y_4^B
B3	1	28	y_3^B
B3	1	28	y_3^B
B3	1	28	y_3^B
B3	1	28	y_3^B
B5	1	41	y_5^B
B5	1	41	y_5^B
B5	1	41	y_5^B
B5	1	41	y_5^B
B2	1	52	y_2^B
B2	1	52	y_2^B
B2	1	52	y_2^B
B2	1	52	y_2^B

Statistically matched file

Matched unit ij	Weight w_{ij}	Z_1^A	Z_2^A	Z_2^B	Distance d_{ij}	X	Y
A1, B2	1	1	42	52	10	x_1^A	y_2^B
A1, B5	2	1	42	41	1	x_1^A	y_5^B
A2, B3	1	1	35	28	7	x_2^A	y_3^B
A2, B5	2	1	35	41	6	x_2^A	y_5^B
A3, B4	3	0	63	59	4	x_3^A	y_4^B
A4, B2	3	1	55	52	3	x_4^A	y_2^B
A5, B1	1	0	28	33	5	x_5^A	y_1^B
A5, B6	2	0	28	45	17	x_5^A	y_6^B
A6, B4	1	0	53	59	6	x_6^A	y_4^B
A6, B6	2	0	53	45	8	x_6^A	y_6^B
A7, B1	3	0	22	33	11	x_7^A	y_1^B
A8, B3	3	1	25	28	3	x_8^A	y_3^B

Abbildung 2.7: Beispiel des constrained Matchings (vgl. [RÖ2], S. 58f.)

setzt werden kann,[65] denn einige Autoren sehen die CIA[66] in der Praxis häufig verletzt.[67]

Andere sehen das statistische Matching als wertvolles und nützliches Verfahren an (van der Putten et al. (2002)) und beschreiben bspw. die Verbesserung von Vorhersagen von Mikrosimulationen (Paass (1988)) oder gute Ergebnisse bei der Schätzung fehlender Werte (Kadane (1978) und Moriarity und Scheuren (2001)) durch die Gewinnung zusätzlicher Informationen.[68] Ingram et al. (2000) beschreiben, dass mit statistischem Matching dann die besten Ergebnisse erzielt werden, wenn sich die Mengen an Ausgangsdatensätzen ähnlich sind bezüglich der Anzahl der Datensätze, der zugrundeliegenden Grundgesamtheit, der Zeitperiode, in der die Umfragen durchgeführt wurden, der Aufteilung der Grundgesamtheit und des Typs der in den empirischen Erhebungen gestellten Fragen.[69]

Als generelle Kritik am statistischen Matching lässt sich anführen, dass das Ziel der Sozialforschung nicht das Auffinden von Einzelzusammenhängen ist, sondern das Finden komplexer Zusammenhangsmuster.[70] Allerdings ermöglichen Matchingverfahren die direkte Schätzung der wichtigsten kausalen Parameter und haben in den letzten Jahren in der angewandten Statistik und in ökonometrischen Arbeiten deutlich an Bedeutung gewonnen.[71]

---

65 Vgl. [RD81], S. 130.
66 Conditional Independence Assumption. Siehe auch Abschnitt 2.2.
67 Vgl. [RD81], S. 130.
68 Vgl. [vKG02], S. 8, [Paa85], [Kad78] und [MS01].
69 Vgl. [IOST00], S. 747f.
70 Vgl. [Bac02], S. 23.
71 Vgl. [GD04], S. 3.

3 Grundlagen der Fuzzy Logic

Die auf den griechischen Philosophen Aristoteles zurück gehende klassische Aussagenlogik besagt, dass eine wahrheitsfähige Aussage entweder *wahr* oder *falsch* sein muss.[1] Eine andere Möglichkeit ist nicht zulässig. Es gilt der Satz vom ausgeschlossenen Dritten: Tertium non datur (*lat.* ein Drittes gibt es nicht).[2] „Ebensowenig aber kann es zwischen den beiden Gliedern des Widerspruchs etwas geben, sondern man muss notwendig jeweils Eines von Einem bejahen oder verneinen." (Aristoteles, Metaphysik, Buch IV, Kapitel 7, 1011b) [3]

Fuzzy Logic bedeutet übersetzt weniger *unscharfe Logik* als vielmehr *Theorie der unscharfen Mengen*. Begründet und entwickelt wurde diese Theorie von L. A. Zadeh mit seinem Artikel „Fuzzy Sets" aus dem Jahre 1965 (s. Zadeh (1965a)).[4] Er verfolgte dabei das Ziel, menschliches Denken, das von unscharfen Begriffen wie *warm*, *groß*, *jung* usw. geprägt ist, in eine exakte mathematische Beschreibung zu übertragen. Unschärfe findet sich in vielen Bereichen des täglichen Lebens, wie bspw. in technischen Anwendungen (s. z. B. Blockley (1980)), der Medizin (s. z. B. Vila und Delgado (1983)), der Meteorologie (s. z. B. Cao und Chen (1983)), der Produktion (s. z. B. Mamdani (1981)) usw.[5] Darüber hinaus hat sich gezeigt, dass die Theorie der unscharfen Mengen in der Lage ist, weite Bereiche des menschlichen Denkens und Schließens, so wie es etwa in Expertensystemen implementiert werden muss, mit formalen Methoden zu beschreiben.[6] Fuzzy Logic befasst sich also damit, nicht exakt formulierbares Wissen in eine mathematische Form zu bringen, so dass es sich nach plausiblen Gesetzen verarbeiten lässt.[7]

In den folgenden Abschnitten dieses Kapitels werden die Grundlagen der Theorie der unscharfen Mengen beschrieben. Es werden die für diese Arbeit relevanten Eigenschaften und Operationen unscharfer Mengen und unscharfer Zahlen behandelt, die insbesondere im Kapitel 4 Anwendung finden. Darüber hinaus wird in diesem Kapitel besprochen, was unter dem Begriff linguistische Ausdrücke zu

[1] Vgl. [KM93], S. 626f.
[2] Vgl. [Fro07], S. 16.
[3] Übersetzt von [Bon95], S. 85.
[4] Bereits im Jahre 1951 publizierte Karl Menger die Idee unscharfer Mengen unter dem Begriff „ensembles flous", vgl. [Men51].
[5] Vgl. [Zim94], S. 3f.
[6] Vgl. [B$\ddot{9}$3], S. 1.
[7] Vgl. [JM96], S. 1.

verstehen ist (Abschnitt 3.3), wie Zugehörigkeitsfunktionen bzw. Zugehörigkeitsgrade zu linguistischen Ausdrücken bestimmt werden können (Abschnitt 3.4) und welche Arten von Fuzzy-Regeln existieren (Abschnitt 3.5).

3.1 Unscharfe Mengen

3.1.1 Das allgemeine Fuzzy Set

In der Algebra wird eine (scharfe) Menge A auf einer Grundgesamtheit U so bestimmt, dass man festlegt, welche Elemente x der Grundgesamtheit zur Menge A gehören und welche nicht. Die Zugehörigkeit bzw. Nichtzugehörigkeit eines Elements $x \in U$ zur Menge A kann mit Hilfe einer charakteristischen Funktion μ_A beschrieben werden:[8]

$$\mu_A : U \to \{0,1\}, \ \mu_A(x) = \begin{cases} 1 & \text{für } x \in A \\ 0 & \text{sonst.} \end{cases}$$

Scharfe Mengen (Crisp Sets) sind also durch charakteristische Funktionen gekennzeichnet, die nur zwei verschiedene Werte annehmen können, 1 oder 0, wahr oder falsch.[9]

Abbildung 3.1 beschreibt die Menge aller nicht-negativen reellen Zahlen, die kleiner als 105 sind. Die Unstetigkeitsstelle bei 105 ist auf natürliche Weise gege-

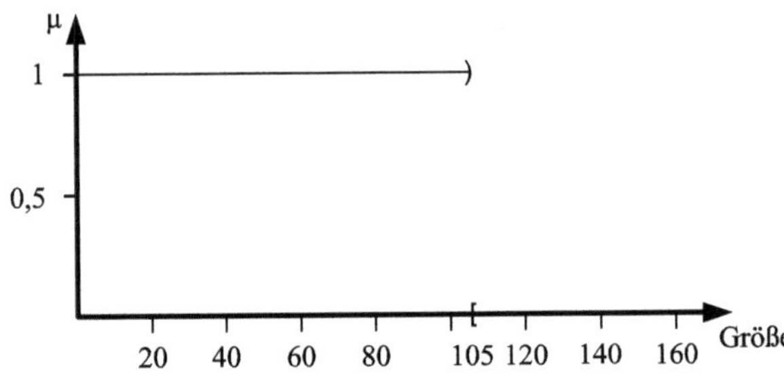

Abbildung 3.1: Charakteristische Funktion der Menge aller nicht-negativen reellen Zahlen kleiner als 105 (eigene Darstellung, in Anlehnung an [KGK93], S. 8f.)

ben, wenn man die Funktion z. B. als charakteristische Funktion der Menge aller Körpergrößen von Kindern ansieht, die kleiner als 105 cm sind.

[8] Vgl. [HW06], S. 1ff.
[9] Vgl. [BB07], S. 1ff.

Eine scharfe Menge kann natürlich auch durch Angabe bestimmter definierender bzw. charakteristischer Eigenschaften der Form

$$A = \{x \in U \mid E(x)\}$$

beschrieben werden. Die Menge A beinhaltet demnach alle Elemente $x \in U$, die die Eigenschaft E erfüllen.

Die menschliche Sprache umfasst allerdings viele Beschreibungen von Eigenschaften, die innerhalb dieser Zweiwertigkeit (entweder $x \in A$ oder $x \notin A$) keinen Sinn ergeben, wie bspw. *die „Menge" der schnellen Autos* oder *die „Menge" der begabten Studenten.* Alle diese Mengen sind unscharf in dem Sinne, dass es für die Elemente der betreffenden Grundgesamtheit keinen kontinuierlich abgestuften Zugehörigkeitsgrad zwischen Nichtmitgliedschaft („$\notin$") und Vollmitgliedschaft („$\in$") gibt.[10] Für viele praktische Anwendungen sind jedoch „gleitende Übergänge" zwischen Zugehörigkeit und Nichtzugehörigkeit zu einer Menge oder zwischen Zutreffen und Nichtzutreffen eines Begriffs wünschenswert.[11]

Abbildung 3.2 beschreibt eine verallgemeinerte charakteristische Funktion, die das vage Prädikat „groß" aus der Sicht eines befragten Arztes im Kontext vierjähriger Jungen für alle Größenangaben aus $\mathbb{R}$ beschreibt.

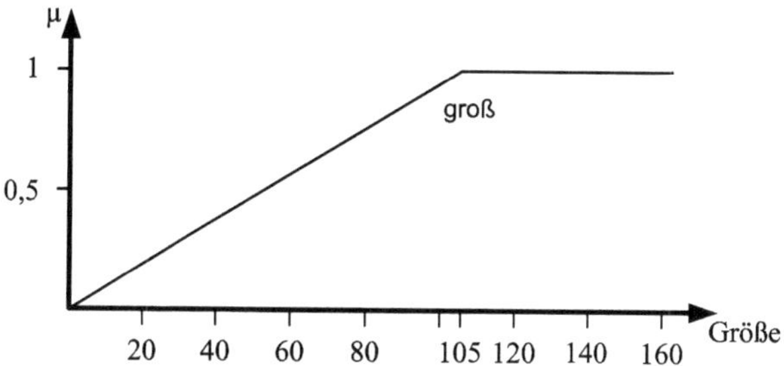

Abbildung 3.2: Zugehörigkeitsfunktion der Menge aller Jungen im Alter von vier Jahren zur Fuzzy-Menge „groß" (eigene Darstellung, in Anlehnung an [KGK93], S. 8f.)

Zadeh (1965a) formalisierte diesen Sachverhalt, indem er den Wertebereich der charakteristischen Funktion μ_A auf das reelle Intervall $[0,1]$ ausweitete, μ_A als Zugehörigkeitsfunktion bezeichnete und die Funktionswerte von μ_A als Grad der Zugehörigkeit zur betreffenden Menge A interpretierte. Je größer der Funktionswert, desto größer ist auch der Zugehörigkeitsgrad eines Elements der Grundgesamtheit

[10] Vgl. [B̈93], S. 4.

[11] Vgl. [BG93], S. 11.

zur Menge A und umgekehrt. Ein Zugehörigkeitsgrad von 1 bedeutet die volle Erfüllung der definierenden Eigenschaft E der Menge A, ein Zugehörigkeitsgrad von 0 die Nichtmitgliedschaft des Elements in der Menge. Im Folgenden sollen Fuzzy-Mengen und Zugehörigkeitsfunktionen definiert und grundlegende Eigenschaften beschrieben werden:

Definition 3.1
(Fuzzy-Menge, Zugehörigkeitsfunktion)[12]
Seien $U \neq \emptyset$ eine Menge und $\mu : U \rightarrow [0,1]$ eine Abbildung. Die Menge

$$A := \{(x, \mu(x)) \mid x \in U\} \tag{3.1}$$

heißt Fuzzy-Menge über der Grundgesamtheit U. $\mu_A := \mu$ heißt Zugehörigkeitsfunktion von A.

Die Grundmenge einer Fuzzy-Menge[13] ist stets eine klassische scharfe Menge.[14] Die in der Definition betrachtete Fuzzy-Menge A wird vollständig durch ihre Zugehörigkeitsfunktion festgelegt.[15] Die Gleichheit von Fuzzy-Mengen, Fuzzy-Untermengen und das Komplement von Fuzzy-Mengen werden jeweils über die Zugehörigkeitsfunktionen definiert:

Definition 3.2
(Fuzzy-Gleichheit, Fuzzy-Teilmenge, Komplement)[16]
Über der gemeinsamen Grundmenge U seien die Fuzzy-Mengen A mittels μ_A und B mittels μ_B erklärt. Dann gelte:

1. $A = B$ genau dann, wenn $\mu_A(x) = \mu_B(x)\ \forall x \in U$.
2. $A \subset B$ genau dann, wenn $\mu_A(x) \leq \mu_B(x)\ \forall x \in U$.
3. $\overline{A}$ ist das Komplement von A genau dann, wenn $\mu_{\overline{A}}(x) = 1 - \mu_A(x)\ \forall x \in U$.

3.1.2 Unscharfe Zahlen

Unscharfe Zahlen werden über ihre so genannten charakterisierenden Funktionen ξ_x (in Verallgemeinerung der Indikatorfunktion einer reellen Zahl)[17] beschrieben und dargestellt.[18]

---

[12] Vgl. [Zad65a], S. 339. Die Benennung der Variablen ist an die Nomenklatur dieser Arbeit angepasst.
[13] Die Begiffe *Fuzzy-Menge*, *Fuzzy Set* und *unscharfe Menge* werden in dieser Arbeit synonym verwendet. Ferner werden nur *normalisierte* Fuzzy-Mengen betrachtet, d. h. $\max(\mu_A(x)) = 1$ und $\mu_A(x) \in [0,1]\ \forall x \in U$.
[14] Vgl. [JM96], S. 44.
[15] Vgl. [Fra02], S. 4.
[16] Vgl. [Zad65b], S. 31.
[17] Vgl. [Vie02], S. 107.
[18] Vgl. [Grz08], S. 1355.

Definition 3.3
(Unscharfe Zahl, α-Schnitt einer charakterisierenden Funktion)[19] Eine reelle Funktion $\xi_x(.)$ heißt charakterisierende Funktion einer unscharfen Zahl $x \in \mathbb{R}$, wenn sie folgende Bedingungen erfüllt:

1. $\xi_x : \mathbb{R} \to [0,1]$.
2. $\forall \alpha \in (0,1]$ ist der so genannte α-Schnitt $C_\alpha(x) := \{y \in \mathbb{R} : \xi_x(y) \geq \alpha\} = [a_\alpha, b_\alpha]$ ein endliches, nichtleeres und abgeschlossenes, d. h. kompaktes, Intervall mit $a, b \in \mathbb{R}$.

Die folgende Abbildung 3.3 zeigt eine beliebige Zugehörigkeitsfunktion und ihren α-Schnitt.

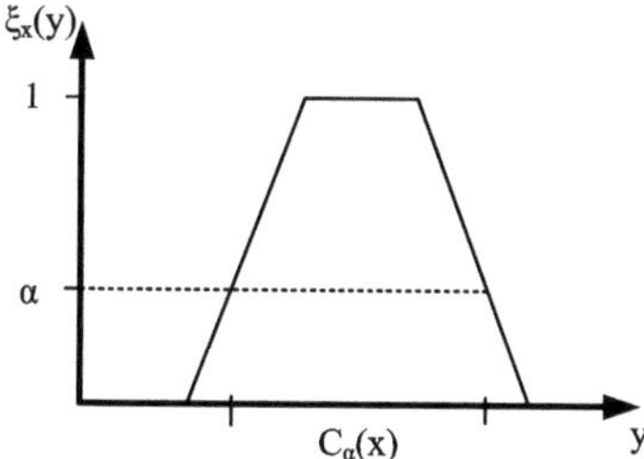

Abbildung 3.3: α-Schnitt einer beliebigen charakterisierenden Funktion (eigene Darstellung, in Anlehnung an [VH06], S. 11.)

Zugehörigkeitsfunktionen und charakterisierende Funktionen unterscheiden sich durch unterschiedliche Forderungen an die α-Schnitte, denn der α-Schnitt einer Zugehörigkeitsfunktion muss kein Intervall sein, wie die folgende Definition 3.4 zeigt.

Definition 3.4
(α-Schnitt einer Zugehörigkeitsfunktion)[20]
Seien $U \neq \emptyset$ und μ_A eine Zugehörigkeitsfunktion von A, dann heißt die Menge

$$S_\alpha(A) := \{y \in U : \mu_A(y) \geq \alpha\}$$

der α-Schnitt von μ_A.

Aus der Definition der charakterisierenden Funktionen geht hervor, dass reelle Zahlen und Intervalle Spezialfälle von unscharfen Zahlen sind und entsprechend

---
[19] Vgl. [VH06], S. 10.
[20] Vgl. [JM96], S. 74f.

abgebildet werden können. Wie in den folgenden beiden Abbildungen 3.4 und 3.5 gezeigt wird, kann als charakterisierende Funktion einer reellen Zahl x eine Indikatorfunktion $\xi_x(y) = I_{y_0}(y)$ verwendet werden und für ein Intervall $[a,b]$ die charakterisierende Funktion $\xi_x(y) = I_{[a,b]}(y)$.

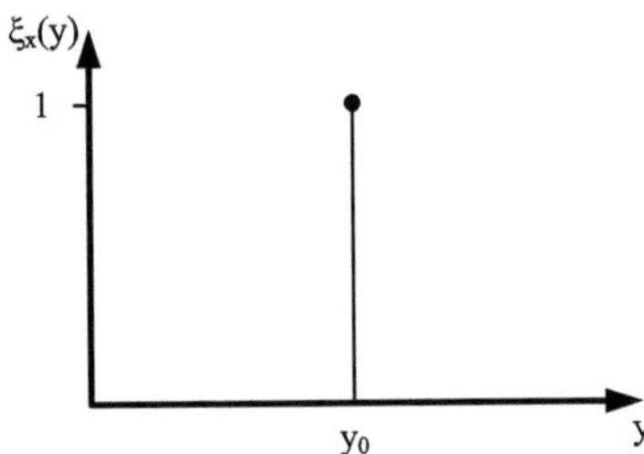

Abbildung 3.4: Charakterisierende Funktion einer reellen Zahl (eigene Darstellung, in Anlehnung an [Tra94], S. 60.)

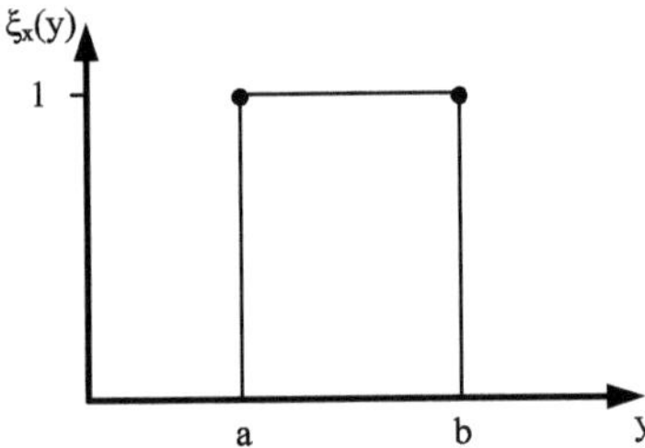

Abbildung 3.5: Charakterisierende Funktion eines Intervalls (eigene Darstellung, in Anlehnung an [Sch93], S. 58.)

3.2 Operationen und Eigenschaften unscharfer Mengen

In diesem Abschnitt werden einige wichtige Erweiterungen der klassischen mengentheoretischen Operationen (Vereinigung und Durchschnittsbildung) für Fuzzy-Mengen vorgestellt. Die Bildung des Komplements von Fuzzy-Mengen und die Inklusion wurden bereits in den vorangehenden Abschnitten erläutert.

3.2.1 Elementaroperationen

Die Vereinigung zweier Fuzzy-Mengen A und B über der Grundgesamtheit U, dargestellt als $A \cup B$, ist ebenfalls eine Fuzzy-Menge. Die Zugehörigkeitsfunktion von $A \cup B$ ist punktweise definiert und ergibt sich aus:[21]

$$\mu_{A \cup B}(x) = \max\left[\mu_A(x), \mu_B(x)\right] \; \forall x \in U.$$

Die Notation der Vereinigung ist verwandt mit der Notation der logischen „oder"-Verknüpfung. Sei A die Menge der großen Menschen und B die Menge der schweren Menschen und es gelten die Behauptungen „Anton ist groß" oder „Anton ist schwer", dann wird Anton assoziiert mit der Vereinigung der Mengen A und B.[22] D. h. $\forall x \in U$:

$$x \in A \text{ oder } x \in B \Rightarrow x \in A \cup B.$$

Analog zur Vereinigung von Fuzzy-Mengen ist die Schnittmenge zweier Fuzzy-Mengen A und B, $A \cap B$, über der Grundgesamtheit U eine Fuzzy-Menge. Die Zugehörigkeitsfunktion von $A \cap B$ ergibt sich punktweise aus:[23]

$$\mu_{A \cap B}(x) = \min\left[\mu_A(x), \mu_B(x)\right] \; \forall x \in U.$$

Die Beziehung zwischen dem Schnitt von Fuzzy-Mengen und der „und"-Verknüpfung wird ausgedrückt durch:[24]

$$x \in A \text{ und } x \in B \Rightarrow x \in A \cap B, \; \forall x \in U.$$

3.2.2 Modellierte Operationen

Die Bildung des Minimums für den Schnitt von Fuzzy-Mengen und des Maximums für die Vereinigung von Fuzzy-Mengen sind nicht die einzigen Möglichkeiten zur Generalisierung der klassischen Mengenoperatoren.[25] Für jede dieser Mengenoperationen existieren verschiedene Klassen von Funktionen. Verallgemeinerte Schnitt- bzw. Vereinigungsoperatoren auf Fuzzy-Mengen werden mittels sog. *t-Normen* bzw. *t-Conormen* definiert.

[21] Vgl. [Zad66a], S. 1f.
[22] Vgl. [Zad71], S. 473.
[23] Vgl. [Zad66b], S. 39.
[24] Vgl. [Zad71], S. 473.
[25] Vgl. [KF88], S. 37ff.

3.2.2.1 t-Normen

Zadeh (1965a) schlägt für die Bestimmung des Zugehörigkeitsgrads des Schnitts von Fuzzy-Mengen die Verwendung des Minimums oder des algebraischen Produkts vor. Sowohl das Minimum als auch das algebraische Produkt gehören zur Klasse der t-Normen, die das mathematische Modell zur Durchschnittsbildung bzw. der „logischen und“-Verknüpfung darstellen und wie folgt definiert sind:

Definition 3.5
(t-Norm)[26]
Eine Abbildung $T: [0,1] \times [0,1] \to [0,1]$ heißt t-Norm, wenn sie folgende Bedingungen erfüllt:

1. Assoziativität: $T(a, T(b,c)) = T(T(a,b), c)$.
2. Kommutativität: $T(a,b) = T(b,a)$.
3. Monotonie: Aus $a \leq b$ folgt $T(a,c) \leq T(b,c)$ für beliebiges $c \in [0,1]$.
4. Neutrales Element: $T(a,1) = a \; \forall a \in [0,1]$.

Der Name t-Norm leitet sich von *triangular norm (Dreiecksnorm)* ab und resultiert aus der Tatsache, dass eine t-Norm eine dreiecksähnliche Fläche im $\mathbb{R}^3$ beschreibt.[27] Die Operatoren der Klasse der t-Normen sind assoziativ und erlauben daher die rekursive Berechnung des Zugehörigkeitsgrads über den Schnitt von mehr als zwei Fuzzy-Mengen.[28]

Die folgende Auflistung ist angelehnt an Jaanineh und Maijohann (1996) und enthält häufig verwendete nicht-parametrisierte Vertreter der Klasse der t-Normen:

- Minimum:
$$t[\mu_A(x), \mu_B(x)] = min[\mu_A(x), \mu_B(x)]$$
- Algebraisches Produkt:
$$alg_t[\mu_A(x), \mu_B(x)] = \mu_A(x) \times \mu_B(x)$$
- Hamacher-Produkt:
$$ham_t[\mu_A(x), \mu_B(x)] = \frac{\mu_A(x) \times \mu_B(x)}{\mu_A(x) + \mu_B(x) - \mu_A(x) \times \mu_B(x)}$$

26 Vgl. [KI92], S. 467.
27 Vgl. [BKI00], S. 350.
28 Vgl. [BD86], S. 220.

- Einstein-Produkt:

$$ein_t\left[\mu_A(x),\mu_B(x)\right] = \frac{\mu_A(x)\times\mu_B(x)}{1+(1-\mu_A(x))\times(1-\mu_B(x))}$$

- Beschränkte Differenz:

$$bes_t\left[\mu_A(x),\mu_B(x)\right] = \max\left[0,\mu_A(x)+\mu_B(x)-1\right]$$

- Drastisches Produkt:

$$dra_t\left[\mu_A(x),\mu_B(x)\right] = \begin{cases} \mu_A(x) & \text{für } \mu_B(x)=1 \\ \mu_B(x) & \text{für } \mu_A(x)=1 \\ 0 & \text{für } \mu_A(x),\mu_B(x)<1 \end{cases}$$

Der Größenvergleich der aufgeführten t-Normen liefert folgendes Ergebnis:

$$\begin{aligned} &dra_t\left[\mu_A(x),\mu_B(x)\right] \leq bes_t\left[\mu_A(x),\mu_B(x)\right] \leq ein_t\left[\mu_A(x),\mu_B(x)\right] \\ &\leq alg_t\left[\mu_A(x),\mu_B(x)\right] \leq ham_t\left[\mu_A(x),\mu_B(x)\right] \leq t\left[\mu_A(x),\mu_B(x)\right]. \end{aligned}$$

3.2.2.2 s-Normen

Für die Bestimmung des Zugehörigkeitsgrads der Vereinigung von Fuzzy-Mengen schlägt Zadeh (1965a) die Verwendung des Maximums oder der algebraischen Summe vor. Entsprechend der Klasse der Schnitt-Operatoren wird die Klasse der Vereinigungsoperatoren („logische oder"-Verknüpfung) als t-Conorm (oder s-Norm) bezeichnet und analog definiert.[29]

Definition 3.6
(t-Conorm)[30]
Eine Abbildung $S: \ [0,1]\times[0,1]\rightarrow[0,1]$ heißt t-Conorm oder s-Norm, wenn sie assoziativ, kommutativ und monoton nicht-fallend ist und 0 als neutrales Element besitzt, d. h. $S(a,0)=a$ für alle $a\in[0,1]$ gilt.

Zu jeder s-Norm gibt es eine t-Norm mit folgendem Zusammenhang:[31]

$$s\left[\mu_A(x),\ \mu_B(x)\right] = 1-t\left[1-\mu_A(x),\ 1-\mu_B(x)\right]\ \forall x\in U.$$

Analog zur Klasse der t-Normen sollen hier häufig verwendete nicht-parametrisierte Vertreter der Klasse der s-Normen aufgeführt werden:[32]

[29] Vgl. [DP85], S. 90 und [Miz89], S. 221.
[30] Vgl. [KI92], S. 467.
[31] Vgl. [Iwe00], S. 13.
[32] Vgl. [JM96], S. 92ff.

- Maximum:

$$s\,[\mu_A(x),\mu_B(x)] = max\,[\mu_A(x),\mu_B(x)]$$

- Algebraische Summe:

$$alg_s\,[\mu_A(x),\mu_B(x)] =$$
$$\mu_A(x)+\mu_B(x)-\mu_A(x)\times\mu_B(x) = 1-(1-\mu_A(x))\times(1-\mu_B(x))$$

- Hamacher-Summe:

$$ham_s\,[\mu_A(x),\mu_B(x)] = \frac{\mu_A(x)+\mu_B(x)-2\times\mu_A(x)\times\mu_B(x)}{1-\mu_A(x)\times\mu_B(x)}$$

- Einstein-Summe:

$$ein_s\,[\mu_A(x),\mu_B(x)] = \frac{\mu_A(x)+\mu_B(x)}{1+\mu_A(x)\times\mu_B(x)}$$

- Beschränkte Summe:

$$bes_s\,[\mu_A(x),\mu_B(x)] = \min\,[1,\mu_A(x)+\mu_B(x)]$$

- Drastische Summe:

$$dra_s\,[\mu_A(x),\mu_B(x)] = \begin{cases} \mu_A(x) & \text{für } \mu_B(x)=0 \\ \mu_B(x) & \text{für } \mu_A(x)=0 \\ 1 & \text{für } \mu_A(x),\mu_B(x)>0 \end{cases}$$

Der Größenvergleich der s-Normen liefert:

$$s\,[\mu_A(x),\mu_B(x)] \le ham_s\,[\mu_A(x),\mu_B(x)] \le alg_s\,[\mu_A(x),\mu_B(x)]$$
$$\le ein_s\,[\mu_A(x),\mu_B(x)] \le bes_s\,[\mu_A(x),\mu_B(x)] \le dra_s\,[\mu_A(x),\mu_B(x)].$$

3.2.2.3 Kompensatorische Operatoren

Die alltägliche Sprache verwendet die Worte „und“ und „oder“ sehr flexibel und das menschliche Sprachverständnis ordnet ihnen je nach Situation unterschiedliche Bedeutungen zu: Es gewichtet und erreicht dadurch eine gewisse Kompensation beider Werte.[33] Zur Darstellung von Zwischenzuständen zwischen reinen

[33] Vgl. [Iwe00], S. 13.

„und"- und reinen „oder"-Verknüpfungen eignen sich sog. kompensatorische Operatoren, die in parametrisierter und nicht-parametrisierter Form auftreten können.[34] Die Wahl des Parameters $\gamma \in \mathbb{R}$ (in der Regel $0 \leq \gamma \leq 1$) erlaubt die Darstellung von Zwischenstufen zwischen reinen „und"- und reinen „oder"-Verknüpfungen.

Sucht man bspw. ein kostengünstiges *und* farbenfrohes Bild. „So ist man vielleicht aber auch bereit ein Bild zu erstehen, welches extrem günstig ist, dafür aber nicht so farbenprächtig, d. h. das *und* ist eigentlich dann eher ein *oder*. Oder man ist bereit, für ein Bild mit besonders gelungener Farbkomposition auch etwas mehr zu bezahlen. Dann ist das *und* auch wieder in ein *oder* abgewandelt worden. Manchmal kann man sich nicht so genau zwischen *und* und *oder* entscheiden, d. h. man wählt eine Entscheidungsstrategie, die irgendwo in der Mitte zwischen *und* und *oder* angesiedelt ist, eventuell mit mehr oder minder starker Präferenz für das eine oder andere."[35]

Die kompensatorischen Operatoren haben nach Iwe (2000) entweder

- ein Paar von t, s-Normen als Grundlage, was für das Rechnen von Vorteil ist, oder
- bestehen aus einer Kombination von t- bzw. s-Norm mit einer beliebigen Operation oder
- aus Operatoren, die weder t- noch s-Normen sind.

Um Kompensationseffekte zu erzielen geht man dabei von einem Durchschnitts- (f_i) und einem Vereinigungsoperator (f_u) aus, in der Regel eine t- und eine s-Norm, und kombiniert sie in Form von Linearkombinationen oder in Form von Exponentialfunktionen.[36] Somit ergeben sich die beiden Grundformen kompensatorischer Operatoren gemäß:[37]

$$f_v(x,y) = \gamma f_u(x,y) + (1-\gamma) f_i(x,y)$$
$$f_v(x,y) = f_u(x,y)^{\gamma} \times \; f_i(x,y)^{1-\gamma}.$$

Die bekanntesten nicht-parametrisierten kompensatorischen Operatoren sind der arithmetische und der geometrische Mittelwert. Einer der wichtigsten Vertreter der parametrisierten kompensatorischen Operatoren in Form der Exponentialfunktionen ist der *γ-Operator* nach Zimmermann und Zysno (1980). Er stellt eine Kombination aus dem algebraischen Produkt mit der algebraischen Summe dar und ist wie folgt definiert:[38]

---

[34] Vgl. [TS04], S. 13.
[35] Vgl. [Hof04], S. 23.
[36] Vgl. [Bie97], S. 91f.
[37] Vgl. [ZZ80], S. 47ff.
[38] Vgl. [ZZ80], S. 37f.

Definition 3.7
(γ-Operator)
Seien A_i $(i = 1, ..., m)$ Fuzzy-Mengen über den Grundgesamtheiten U_i mit den Zugehörigkeitsfunktionen μ_{A_i} dann ist

$$\mu_{A_i,comp}(x) := \left(\prod_{i=1}^{m} \mu_{A_i}(x)\right)^{(1-\gamma)} \times \left(1 - \prod_{i=1}^{m}(1 - \mu_{A_i}(x))\right)^{\gamma}, 0 \leq \gamma \leq 1.$$

Für den Kompensationsgrad $\gamma = 0$ erhält man mit

$$\mu_{A_i,comp}(x) = \prod_{i=1}^{m} \mu_{A_i}(x)$$

das algebraische Produkt, also eine t-Norm und somit einen reinen „und“-Operator sowie für den Kompensationsgrad $\gamma = 1$ mit

$$\mu_{A_i,comp}(x) = 1 - \prod_{i=1}^{m}(1 - \mu_{A_i}(x))$$

die algebraische Summe, also eine s-Norm und somit einen reinen „oder“-Operator. Ein weiterer wichtiger parametrisierter Kompensationsoperator in der Form der Exponentialfunktionen ist der sog. *MinMax-Kompensationsoperator*, der sich wie folgt ergibt:

$$\mu_{A_i,MinMax}(x) = \left(\min_{i \in \{1,...,m\}} \{\mu_{A_i}(x)\}\right)^{1-\gamma} \times \left(\max_{i \in \{1,...,m\}} \{\mu_{A_i}(x)\}\right)^{\gamma}, 0 \leq \gamma \leq 1.$$

Für den Kompensationsgrad $\gamma = 0$ erhält man die Bestimmung des Minimums, also eine t-Norm und für $\gamma = 1$ die Bestimmung des Maximums, also eine s-Norm. Abbildung 3.6 veranschaulicht den Laufbereich der hier vorgestellten t- und s-Normen und der daraus resultierenden kompensatorischen Operatoren.

Betrachtet man die kompensatorischen Operatoren in Form der Linearkombinationen, so sind speziell für diese Arbeit zwei Operatoren wichtig, die im praktischen Teil dieser Arbeit wieder aufgegriffen werden. Zunächst soll der kompensatorische *MinMax-Operator* in Form der Linearkombination vorgestellt werden, der entsprechend dem MinMax-Operator in Form der Exponentialfunktionen aufgebaut ist:[39]

$$\mu_{A_i,MinMax}(x) = (1-\gamma)\left(\min_{i \in \{1,...,m\}} \{\mu_{A_i}(x)\}\right) + \gamma\left(\max_{i \in \{1,...,m\}} \{\mu_{A_i}(x)\}\right), 0 \leq \gamma \leq 1. \tag{3.2}$$

[39] Vgl. [Hol98], S. 371.

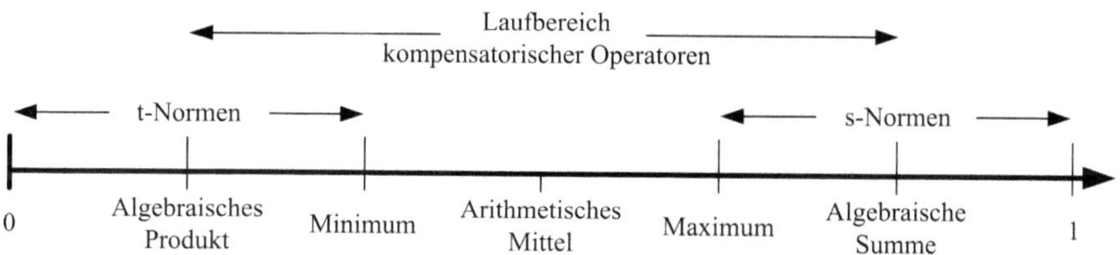

Abbildung 3.6: Laufbereich kompensatorischer Operatoren (eigene Darstellung, in Anlehnung an [Iwe00], S. 13.)

Analog ergibt sich der kompensatorische *algebraische ProdSum-Operator*, der eine Linearkombination aus der algebraischen Summe und dem algebraischen Produkt darstellt:[40]

$$\mu_{A_i,ProdSum}(x) = (1-\gamma)\left(\prod_{i=1}^{m}\mu_{A_i}(x)\right) + \gamma\left(1-\prod_{i=1}^{m}(1-\mu_{A_i}(x))\right), 0 \leq \gamma \leq 1. \tag{3.3}$$

Kompensatorische Operatoren können also sowohl reine „und"- und reine „oder"-Verknüpfungen darstellen als auch beliebige Zwischenzustände. Ein Kompensationsgrad γ nahe 1 bedeutet einen starken Einfluss der algebraischen Summe bzw. der Max-Operatoren (Tendenz zur „oder"-Verknüpfung) während ein Kompensationsgrad nahe 0 den Einfluss der Min-Operatoren bzw. des algebraischen Produkts (Tendenz zur „und"-Verknüpfung) verstärkt.

3.3 Linguistische Ausdrücke

> All traditional logic habitually assumes that precise symbols are being employed. It is therefore not applicable to this terrestrial life but only to an imagined celestial existence.[41]

Um Unschärfe mathematisch exakt abbilden zu können, hat Zadeh (1973) die linguistischen Ausdrücke entwickelt. Sie dienen dazu, sprachlich ausgedrücktes Wissen mit all seinen Unschärfen angemessen so zu modellieren, dass dabei möglichst wenig des Reichtums der menschlichen Sprache verloren geht, auf der anderen Seite jedoch das Wissen mit dem Computer verarbeitet werden kann.[42] Sie

[40] Vgl. [BVW04], S. 9.
[41] [Rus23].
[42] Vgl. [Ger96], Kapitel 2.

erlauben, Phänomene zu erfassen, die entweder zu komplex oder zu wenig strukturiert und damit einer Beschreibung mittels konventioneller Methoden schwer zugänglich sind.[43] Linguistische Ausdrücke bestehen aus *linguistischen Variablen* und *linguistischen Termen*. Die Begriffe „Variable“ und „Term“ werden dabei analog zur klassischen Mathematik verwendet.

Linguistische Variablen

> In retreating from precision in the face of overpowering complexity, it is natural to explore the use of what might be called *linguistic* variables, that is, variables whose values are not numbers but words or sentences in a natural or artificial language.
>
> The motivation for the use of words or sentences rather than numbers is that linguistic characterizations are, in general, less specific than numerical ones.[44]

Linguistische Variablen unterscheiden sich also von numerischen Variablen dadurch, dass ihre Werte keine Zahlen sind, sondern Ausdrücke der Umgangssprache wie „kalt“, „warm“, „groß“ oder „begabt“. Um die Begrifflichkeiten zwischen klassischer Mathematik und Fuzzy Logic sprachlich zu trennen, bezeichnet man die Werte linguistischer Variablen als „Terme“, genauer als „linguistische Terme“. Linguistische Variablen werden durch die ihnen zugrundeliegenden linguistischen Terme charakterisiert. Die Anzahl linguistischer Terme pro linguistischer Variablen ist beliebig wählbar.

Eine linguistische Variable x_i wird durch das Quintupel $\left(x_i, T(x_i), U_i, G_i, \tilde{M}_i\right)$ charakterisiert $(i = 1, \ldots, n)$.[45] Dabei bezeichnet[46]

- x_i den Namen der linguistischen Variablen,
- $T(x_i)$ die Menge der zu x_i gehörenden linguistischen Terme t_{ij} $(j = 1, \ldots, m_i)$,
- U_i eine Grundmenge,
- G_i eine Syntaxregel, etwa in Form einer Grammatik, die die Anzahl und Beschaffenheit der zu x_i gehörigen linguistischen Terme t_{ij} festlegt und

[43] Vgl. [Iwe00], S. 9.
[44] [Zad73], S. 3.
[45] Vgl. [Zad76], S. 342f.
[46] Vgl. [Zim94], S. 132 und [Wie98], S. 5.

- M_i eine Menge semantischer Regeln, die jedem linguistischen Term seine Bedeutung in Form einer Fuzzy-Menge $\tilde{M}_i(t_{ij})$ (eine Fuzzy-Untermenge von U) zuordnet.

Oft werden der Name der linguistischen Variablen und der Gattungsname der Elemente der Variablen mit dem selben Symbol bezeichnet.[47] Betrachtet man beispielsweise die linguistische Variable mit dem Namen „Größe“, dann werden zusätzlich auch die Ausprägungen der Variablen als „Größe“ bezeichnet.

Linguistische Terme Formal stellen linguistische Terme nur Namen für die Fuzzy-Mengen bzw. für die durch die Fuzzy-Mengen repräsentierten Konzepte dar.[48] Jeder linguistische Term ist durch genau eine Fuzzy-Menge bzw. durch deren Zugehörigkeitsfunktion definiert.[49] Abbildung 3.7 zeigt beispielhaft die linguistische Variable „Alter“ mit den linguistischen Termen „sehr jung“, „jung“, „mittel“, „alt“ und „sehr alt“. Die zugehörige Grundmenge U ist die Menge der natürlichen Zahlen $\mathbb{N}$, in der Abbildung dargestellt von Null bis 100 Jahren.

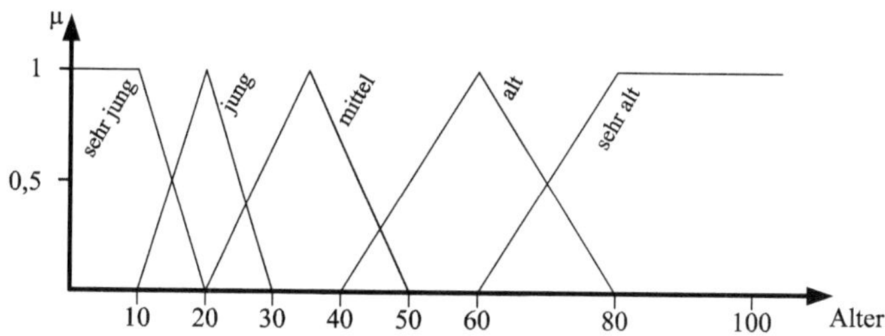

Abbildung 3.7: Linguistische Variable „Alter“ mit linguistischen Termen

3.4 Beschaffung von Zugehörigkeitsfunktionen

Since Zadeh (1965) introduced the notion of fuzzy sets one of the main difficulties has been with the meaning and measurement of membership functions. Particularly, lack of a consensus on the meaning of membership functions has created some confusion. This confusion is

[47] Vgl. [Zim93], S. 237.
[48] Vgl. [BTK03], S. 336.
[49] Vgl. [BKKN03], S. 263.

> neither bizarre nor unsound. After all fuzzy sets are totally characterized by their membership functions and in order to diffuse this cloud of confusion and for a sound theory of fuzzy sets a rigorous semantics together with practical elicitation methods for membership functions are necessary.[50]

In diesem Abschnitt werden die Möglichkeiten zur Beschaffung von Zugehörigkeitsfunktionen betrachtet, die sich in subjektive und objektive Methoden unterteilen lassen.

3.4.1 Subjektive Interpretation von Zugehörigkeitsfunktionen

Die subjektive Bestimmung von Zugehörigkeitsfunktionen kann auch als eine Art „manuelle" Ermittlung aufgefasst werden, da diese Methode die Möglichkeit der direkten Beeinflussung der linguistischen Terme bzw. der Fuzzy-Mengen bietet. Im Gegensatz zur objektiven Bestimmung von Zugehörigkeitsfunktionen, die im nächsten Abschnitt beschrieben wird, ist die Festlegung der Fuzzy-Mengen nicht von den zugrundeliegenden Daten abhängig und es bietet sich für den Entwickler bzw. Anwender des statistischen Fuzzy-Matchings die Möglichkeit des aktiven Eingreifens zur Verbesserung der Ergebnisse des Matchings. Denn die Güte des statistischen Fuzzy-Matchings hängt auch von der Festlegung der linguistischen Terme unter Beachtung des betriebswirtschaftlichen Hintergrunds ab, wie die Ausführungen in den Kapiteln 4 und 6 zeigen werden.

Nach Norwich und Türksen (1982), Chameau und Santamarina (1987), Türksen (1991) und Bilgiç und Türksen (1999) existieren sechs verschiedene Methoden zur Auswahl von Zugehörigkeitsfunktionen, falls noch kein Bestand von Daten existiert oder die Möglichkeit der individuellen Festlegung von Zugehörigkeitsfunktionen genutzt werden soll:

Polling „Bist du damit einverstanden, dass Joe groß ist?" (Ja / Nein). Allgemein ausgedrückt: „Bist du damit einverstanden, dass x t ist?"

Zugehörigkeitsfunktionen, die mittels Polling ermittelt werden, basieren auf gegenteiligen Antworten verschiedener Personen zu unterschiedlichen Fragestellungen. Eine Person bejaht vielleicht die Frage „Bist du damit einverstanden, dass John groß ist?", eine andere Person verneint dies. Aus der Ermittlung des Durchschnitts aller Antworten werden die Zugehörigkeitsfunktionen bestimmt. Hersh unhd Carmazza (1976) verwendeten diesen Ansatz in einem Experiment, in dem Versuchspersonen die Attribute „klein", „sehr klein", „groß" und „sehr groß" per

[50] [BT99], S. 195.

Auswahl von *ja* oder *nein* verschiedenen vorgegebenen Quadraten zuordnen sollten.

Direct Rating „Klassifiziere Joe bezüglich seiner Größe." Allgemein ausgedrückt: „Wie t ist x?"

Im Gegensatz zur Ermittlung der Zugehörigkeitsfunktion mittels Polling wird eine Person beim Direct Rating dazu aufgefordert, die Ausprägung x bezüglich des linguistischen Terms t mehrfach zu klassifizieren. Bei der Entwicklung des Experiments ist dabei darauf zu achten, dass sich die Versuchsperson an die alten Antworten auf die gleiche Klassifizierungsaufgabe möglichst nicht mehr erinnert. Chameau und Santamarina (1987) benutzten diese Methode, die sie *membership exemplification* nennen, indem sie nicht einer Person mehrfach die gleiche Klassifizierungsaufgabe gaben, sondern die gleiche Aufgabe mehreren Personen stellten und anschließend die erzielten Ergebnisse aggregierten.

Reverse Rating „Identifiziere eine Person, die *groß* zum Grad von 0,6 ist". Allgemein ausgedrückt: „Identifiziere x, das t zum Grad $\mu_t(x)$ ist."

Bei der Ermittlung einer Zugehörigkeitsfunktion mittels Reverse Rating wird der Versuchsperson ein Zugehörigkeitsgrad zu einer Fuzzy-Menge vorgegeben, zu dem die Person ein ihrer Meinung nach passendes Objekt identifizieren soll. Nach Türksen (1988) eignet sich diese Methode sowohl für einzelne Individuen, denen man den selben Zugehörigkeitsgrad zur gegebenen Fuzzy-Menge mehrfach vorlegt als auch für Gruppen von Individuen.

Intervallschätzung „Benenne ein Intervall, in dem Joes Größe enthalten ist." Allgemein: „Benenne I, das t von x enthält."

Bei der Intervallschätzung zur Ermittlung von Zugehörigkeitsfunktionen sollen die Versuchspersonen ein Intervall angeben, in dem die Ausprägung eines Objekts bezüglich eines bestimmten Kriteriums enthalten ist, also beispielsweise ein Intervall, in dem die Größe einer bestimmten Person enthalten ist. Sei I_j $(j = 1,...,n)$ ein Intervall und h_j die Häufigkeit, mit der das Intervall I_j gewählt wurde. Mit Hilfe der Häufigkeitsverteilung kann berechnet werden, wie viele Personen ein bestimmtes Intervall angegeben haben und wie viele Personen ein anderes Intervall wählten.[51] Nach Chameau und Santamarina (1987) ist diese relativ einfache Methode zur Akquirierung einer Zugehörigkeitsfunktion den Methoden Polling und Direct Rating vorzuziehen, da diese eher „scharfe" Ergebnisse liefern (*Ja* oder *Nein*), während die Ergebnisse der Intervallschätzung eher *fuzzy* sind.

---

[51] Vgl. [San06], S. 539.

Schätzung der Zugehörigkeitsfunktion „Zu welchem Grad gehört Joe zur Menge der großen Menschen?“ Im allgemeinen: „Zu welchem Grad $\mu_t(x)$ ist x t?“

Bei der Methode der Schätzung der Zugehörigkeitsfunktion werden einer Person Fragen in folgender generellen Form gestellt: „Zu welchem Grad gehört das Objekt x zur Kategorie t?“[52] Im Speziellen könnte eine Frage also lauten: „Zu welchem Grad ist Joe *alt*?“, bzw. „Zu welchem Grad gehört Joe zur Gruppe der alten Menschen?“ Hersh und Carmazza (1976) verwendeten diese Methode, indem sie einer einzigen Person eine solche Frage stellten. Die daraus resultierende Zugehörigkeitsfunktion ist natürlich der von der Person genannte Wert. Aus diesem Grund sollen die resultierenden Zugehörigkeitsfunktionen auch von solchen abweichen, die mittels Polling oder Direct Rating ermittelt wurden.

Paarweiser Vergleich „Wer ist größer, Joe oder Vincent? (Und um wie viel?)“

Oden (1979) führte im Rahmen von psycholinguistischen Studien paarweise Vergleiche der folgenden Art durch: „Welches ist ein besseres Beispiel für einen Vogel: ein Adler oder ein Pelikan?“ Und im Anschluss an diese Entscheidung fragte er die Person, wie viel mehr der Adler ein Vogel sei als der Pelikan.[53] Die Resultate solcher Fragen werden aufgezeichnet, kombiniert und daraus die Zugehörigkeitsfunktion ermittelt. Diese Methode wurde ebenso wie die Intervallschätzung von Chameau und Santamarina (1987) durchgeführt.

Die bislang beschriebenen Methoden basieren auf der subjektiven Interpretation von Zugehörigkeitsfunktionen, wenn noch keine Daten vorliegen. Darüber hinaus sind insbesondere solche Ansätze wichtig, die die Konstruktion von Zugehörigkeitsfunktionen auf der Basis von gegebenen Daten ermöglichen. Der folgende Abschnitt beschreibt die Ermittlung von Zugehörigkeitsfunktionen unter Berücksichtigung bereits vorhandener Daten auf Grundlage der Fuzzy-Clusteranalyse.

3.4.2 Objektive Ermittlung von Zugehörigkeitsfunktionen

Soll ein auf Fuzzy-Mengen basierendes Modell entwickelt werden und sind bereits Daten vorhanden, dann müssen die Zugehörigkeitsfunktionen auf Grundlage der verfügbaren Daten bestimmt werden. Die Methoden der Fuzzy-Clusteranalyse können dabei helfen, Zugehörigkeitsfunktionen auf Basis gegebener Daten zu generieren.

---

52 Vgl. [Cun06], S. 633.
53 Vgl. [BT99], S. 214f.

3.4.2.1 Clusteranalyse

Die Clusteranalyse ist nach Alpar und Niedereichholz (2000) eine Methode des Data Minings[54].[55] Das Grundproblem der Clusteranalyse besteht darin, eine Menge von Objekten aufgrund ihrer Ähnlichkeit in kleinere, homogene Objektklassen aufzugliedern und hierdurch eine eventuelle Strukturierung der Objektmenge erkennbar zu machen.[56] Clusteranalysen sind z. B. im Marketing von Interesse. Mit ihrer Hilfe können homogene Kundengruppen identifiziert werden, denen anschließend gezielte Angebote unterbreitet werden können.

Jeder Clusterbildung liegt, unabhängig von Unterschieden im Detail, die Grundvorstellung der Homogenität bzw. von homogenen Gruppen zugrunde.[57] Mit Hilfe der Clusteranalyse kann eine Menge von Objekten derart in Gruppen (Cluster) unterteilt werden, dass die Objekte derselben Gruppe untereinander eine möglichst hohe Ähnlichkeit aufweisen (es wird *Homogenität* innerhalb eines Clusters gefordert), während gleichzeitig Objekte aus unterschiedlichen Gruppen deutlich voneinander verschieden sind (es wird *Heterogenität* zwischen den Clustern gefordert).[58] Abbildung 3.8 zeigt eine Menge von Datenpunkten, die anschaulich in vier Cluster (Punktwolken) eingeteilt werden kann. Bei den disjunkten Clusteranalyseverfahren wird jedes Datum genau einem Cluster zugeordnet, während Daten bei den nicht-disjunkten Verfahren auch mehreren Clustern zugeteilt werden können.[59]

Man unterscheidet deterministische, possibilistische und probabilistische Zuordnungsprinzipien der Daten zu Clustern.[60] Bei der deterministischen Zuordnung werden die Daten mit einer Wahrscheinlichkeit von 1 einem oder mehreren Clustern zugeordnet, während die Daten bei der probabilistischen Zuordnung den verschiedenen Clustern mit einer Wahrscheinlichkeit von 0 bis 1 zugeordnet werden, wobei die Summe der Zugehörigkeits-Wahrscheinlichkeiten eines Datums zu den Clustern 1 ergibt.[61] Bei der possibilistischen Zuordnung der Daten (diese Verfahren sind reine Fuzzy-Clusteralgorithmen) wird auf die Restriktion der probabilistischen Zuordnung verzichtet und dadurch kann die Summe der Zugehörigkeitsgrade zu den verschiedenen Clustern bei Daten, die zu mehreren Clustern gehören,

---

54 [FPSS96a] definieren Data Mining als „Anwendung spezifischer Algorithmen zur Extraktion von Mustern aus Daten".

55 Vgl. [AN00], S. 13.

56 Vgl. [Boc74], S. 104.

57 Vgl. [Koz82], S. 6.

58 Vgl. [dTC06], S. 2833.

59 Vgl. [Gro02], S. 6.

60 Vgl. [Bau02], S. 8.

61 Vgl. [Tim02], S. 4f.

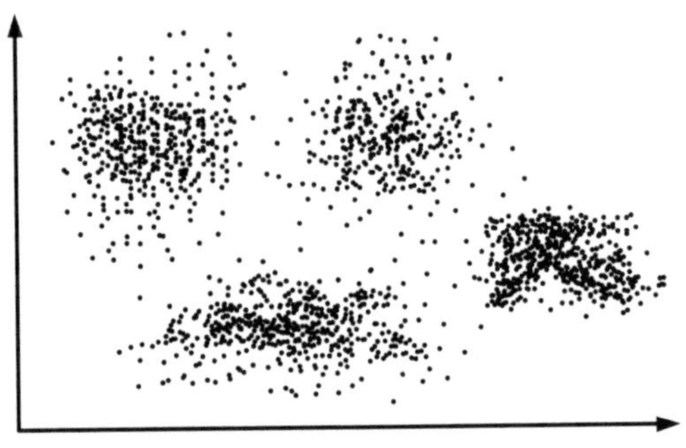

Abbildung 3.8: Datenmenge mit vier Clustern

ungleich 1 sein.[62]

Ferner unterscheidet man partitionierende (z. B. C-Means Algorithmus)[63] und hierarchische (z. B. Single-Linkage, Complete-Linkage oder Ward's Methode)[64] Vorgehensweisen der Clusteranalyse.[65] Letztere liefern eine ganze Serie von Partitionierungen für verschiedene Clusteranzahlen, während erstere nur eine einzige Partitionierung produzieren.[66] Die hierarchischen Verfahren lassen sich unterteilen in agglomerative und divisive Verfahren. Letztere beginnen mit einem einzigen Cluster, der alle Datenpunkte umfasst, und spalten in jedem Schritt denjenigen Cluster weiter auf, dessen zugeordnete Datenpunkte die größte Unähnlichkeit zueinander aufweisen.[67] Bei den agglomerativen Verfahren stellt zunächst jeder Datenpunkt ein eigenes Cluster dar. Es werden schrittweise zwei Cluster miteinander vereinigt, die anhand eines Distanzmaßes ausgewählt werden, bis nur noch ein einziger Cluster vorhanden ist oder bis ein Abbruchkriterium erfüllt ist.[68]

3.4.2.2 Fuzzy-Clusteranalyse

Der wesentliche Unterschied zwischen Fuzzy-Clustering und anderen Clustering-Techniken ist der, dass keine scharfen, sondern unscharfe Aufteilungen der Objek-

[62] Vgl. [HKK97], S. 8.

[63] Für weitere Informationen zum c-Means Algorithmus siehe z. B. [KMN$^+$02] oder [ELL01]. Das „c" im Algorithmus-Namen steht für die Anzahl zu bildender Cluster.

[64] Für weitere Informationen zu den hierarchischen Vorgehensweisen siehe z. B. [SN91] oder [AB84].

[65] Vgl. [FM03], S. 2.

[66] Vgl. [Hae03], S. 16.

[67] Vgl. [Bau02], S. 9.

[68] Vgl. [ZL96], S. 104.

te in Cluster vorgenommen werden.[69] Jedes Datum gehört mit einem gewissen Zugehörigkeitsgrad zu einem Cluster.[70] Somit kann es vorkommen, dass einige Objekte mehreren Clustern zugeordnet werden. Fuzzy-Clustering kann also sowohl den probabilistischen als auch den possibilistischen Verfahren der Clusteranalyse zugeordnet werden, wenngleich die Zugehörigkeitsgrade der Daten zu Clustern nicht mit Wahrscheinlichkeiten verwechselt werden dürfen.[71]

Wie in den vorangegangenen Abschnitten dieses Kapitels bereits beschrieben, ist auch bei der Clusteranalyse eine „harte" Einteilung der Daten in Cluster nicht immer sinnvoll. Man betrachte bspw. das in Abbildung 3.9 dargestellte Problem. Ein Mensch erkennt sofort zwei Cluster und die Symmetrie der Daten. Eine harte

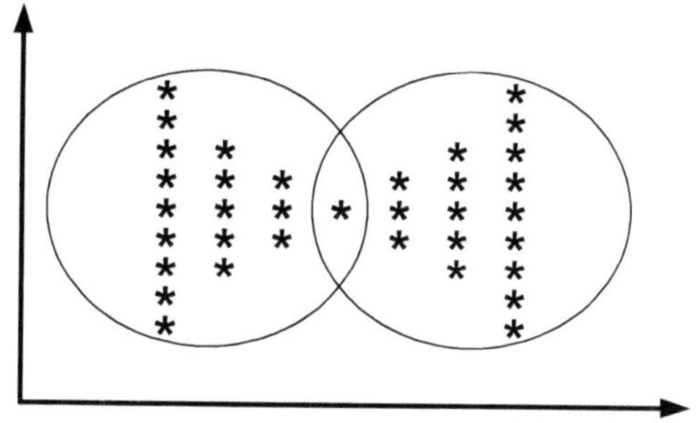

Abbildung 3.9: Datenmenge mit zwei Clustern (Vgl. [Gro02], S. 7.)

Einteilung in Cluster würde das Datum in der Mitte zwischen den beiden Clustern entweder der einen oder der anderen Seite zuordnen und die Information über die Symmetrie der Daten würde verloren gehen. Die Fuzzy-Clusteranalyse ordnet das Datum in der Mitte zu identischen Zugehörigkeitsgraden beiden Clustern zu und bewahrt somit die Information über die Spiegelsymmetrie.

Der Fuzzy c-Means (FCM) Algorithmus[72] teilt eine Menge von Datenpunkten in c Fuzzy-Cluster auf und findet für jedes Cluster ein Zentrum, das den Mittelpunkt darstellt.[73] Diese Repräsentation des Clusters wird auch Prototyp genannt,

[69] Vgl. [MS00], S. 1.

[70] Vgl. [Sch03], Folie 162.

[71] Vgl. [Kla04], Folie 4ff.

[72] Die Fuzzy-Variante des „harten" c-Means Algorithmus wurde von [Dun73] eingeführt. Die endgültige Version des FCM-Algorithmus wurde von [Bez73] durch die Einführung des Fuzzyfiers m entwickelt.

[73] Vgl. [Jan98], S. 12.

da sie oft als Stellvertreter aller zugeordneten Daten angesehen wird.[74]

Beim Fuzzy c-Means Algorithmus wird das Klassifikationsproblem durch eine Zielfunktion beschrieben, die unter Berücksichtigung von Restriktionen zu optimieren ist.[75] Die Zielfunktion des Fuzzy c-Means Algorithmus lautet:[76]

$$f = \sum_{i=1}^{c} \sum_{j=1}^{n} u_{ij}^{m} d_{ij}^{2}. \tag{3.4}$$

Sie ist unter den Nebenbedingungen zu minimieren, dass

$$\sum_{i=1}^{c} u_{ij} = 1, \text{ für alle } j = 1, \ldots, n \text{ und } \sum_{j=1}^{n} u_{ij} > 0 \text{ für alle } i = 1, \ldots, c.$$

u_{ij} ist dabei der Zugehörigkeitsgrad von Datenpunkt $x_j \in \{x_1, \ldots, x_n\} \subset \mathbb{R}^n$ zum Cluster i und d_{ij} die (euklidische) Distanz zwischen Datenpunkt x_j und dem Zentrum von Cluster i. Der Exponent $m \geq 1$ ist der so genannte Fuzzyfier. Er bestimmt den Grad der Überlappung zwischen den Clustern. Für $m = 1$ ergibt sich im Prinzip die „harte“ Variante des c-Means Algorithmus, bei der die Zugehörigkeitsgrade allerdings nur die Werte 1 und 0 annehmen.[77] Für $m \rightarrow \infty$ werden die Zugehörigkeitsgrade der Datenpunkte zu den Clustern sehr „fuzzy“, d. h. $u_{ij} \mapsto \frac{1}{c}$.[78]

Nach Bezdek (1981) wird die Zielfunktion durch alternierendes Optimieren minimiert, da eine direkte Lösung des nicht-linearen Optimierungsproblems nicht möglich ist. Die Zielfunktion wird abwechselnd hinsichtlich der Zugehörigkeitsgrade u_{ij} und der Clusterprototypen c_i, $i = 1, \ldots, c$ optimiert.[79]

Hält man die Distanzen d_{ij} fest, lassen sich die Werte der Zugehörigkeitsgrade u_{ij}, für die die Zielfunktion minimal wird, gemäß folgender Formel bestimmen:[80]

$$u_{ij} = \frac{1}{\sum_{k=1}^{c} \left(\frac{d_{ij}}{d_{kj}} \right)^{\frac{1}{m-1}}}. \tag{3.5}$$

Sind eine oder mehrere Distanzen d_{kj} gleich 0, werden alle Zugehörigkeitsgrade $u_{1j}, \ldots, u_{cj}$ auf 0 gesetzt, außer für ein u_{ij}, für das $d_{ij} = 0$ gilt.[81] Dieser Zugehörigkeitsgrad wird auf 1 gesetzt.

74 Vgl. [HKK97], S. 35.
75 Vgl. [Tim02], S. 14.
76 Vgl. [KH03b], S. 255.
77 Vgl. [HKK97], S. 36.
78 Vgl. [HK00], S. 163.
79 Vgl. [Tim02], S. 15.
80 Vgl. [BKKN03], S. 171f.
81 Vgl. [KH03a], S. 731.

Hält man die Zugehörigkeitsgrade in der Zielfunktion fest und minimiert über die Clusterprototypen, die in die Zielfunktion über die Distanzen eingehen, so erhält man die Prototypen als die Clusterschwerpunkte gemäß:[82]

$$c_i = \frac{\sum_{j=1}^{n} u_{ij}^m x_j}{\sum_{j=1}^{n} u_{ij}^m}. \tag{3.6}$$

Nach Nakanishi, Türksen und Sugeno (1993) ergibt sich folgendes iteratives Vorgehen zur Bestimmung der Cluster:[83]

Gegeben seien die Ausgangsdaten $X = \{x_1, ..., x_n\}$;
Wähle die Anzahl Cluster $c,\ 2 \leq c < |X|$;
Wähle den Fuzzyfier $m \in \mathbb{R}\ (m \geq 1)$ und die Abbruchgenauigkeit $\varepsilon > 0$;
Setze t=0 und initialisiere die Matrix der Zugehörigkeitsgrade

$$U^{(0)}(c) = \begin{pmatrix} u_{11}^{(0)} & \cdots & u_{1n}^{(0)} \\ \vdots & \ddots & \vdots \\ u_{c1}^{(0)} & \cdots & u_{cn}^{(0)} \end{pmatrix};$$

Berechne die Clusterzentren $c_i^{(0)},\ i = 1, ..., c$ gemäß (3.6);
wiederhole
  Setze $t = t + 1$;
  Berechne die Matrix der Zugehörigkeitsgrade $U^{(t)}$ gemäß (3.5);
  Berechne die Clusterzentren $c_i^{(t)},\ i = 1, ..., c$ gemäß (3.6);
bis $\left\| U^{(t-1)} - U^{(t)} \right\| < \varepsilon$;

Durch die Wahl des Distanzmaßes und des Fuzzyfiers kann das Resultat des Algorithmus' wesentlich beeinflusst werden. Ein Nachteil des Fuzzy c-Means Algorithmus' ist, dass nahezu keine Zugehörigkeitsgrade von exakt 0 entstehen, egal wie weit die Datenpunkte von einem bestimmten Cluster entfernt sind.[84] Dies bedeutet auch, dass bereits vorhandene Clustereinteilungen durch Hinzunahme neuer Daten beeinflusst werden, egal wie weit die „neuen" Datenpunkte von den „alten" Datenpunkten entfernt sind.

Zur Lösung dieses Problems kann eine Modifikation des Fuzzyfiers vorgenommen werden. Der Fuzzyfier transformiert die Werte der Zugehörigkeitsgrade. Im

[82] Vgl. [BKKN03], S. 172.
[83] Vgl. auch [Gro02], S. 10.
[84] Vgl. [KH03b], S. 258.

Fuzzy c-Means Algorithmus werden die Zugehörigkeitsgrade mit „m“ potenziert. Generell kann die Transformation beschrieben werden durch eine Funktion $t : [0,1] \to [0,1]$. t muss monoton steigend sein und die Bedingungen $t(0) = 0$ und $t(1) = 1$ erfüllen.[85] Klawonn und Höppner (2003a) schlagen dazu vor, den Ausdruck u_{ij}^m in der oben genannten Zielfunktion des Fuzzy c-Means Algorithmus durch $\frac{1}{e^\alpha - 1}(e^{\alpha \times u_{ij}} - 1)$ zu ersetzen, wodurch sich folgende Zielfunktion ergibt:

$$f = \sum_{i=1}^{c} \sum_{j=1}^{n} \frac{1}{e^\alpha - 1} \left(e^{\alpha \times u_{ij}} - 1\right) d_{ij}.$$

Durch Umformungen der Zielfunktion (zur genauen Herleitung siehe Klawonn und Höppner (2003a), S. 732ff.) erhält man zur Bestimmung der Zugehörigkeitsgrade:[86]

$$u_{ij} = \frac{1}{\alpha \widehat{c}} \left(\alpha + \sum_{k:u_{kj} \neq 0} \ln \left(\frac{d_{kj}}{d_{ij}} \right) \right), \tag{3.7}$$

wobei $\widehat{c}$ die Anzahl Cluster ist, zu denen der Datenvektor x_j Zugehörigkeitsgrade ungleich Null aufweist. Ferner muss noch berechnet werden, welche Zugehörigkeitsgrade u_{ij} der Datenvektoren x_j zu den Clustern i Null sind.[87]

Wenn $u_{ij} = 0$ ist und ein Cluster t existiert, zu dem der Datenvektor x_j einen größeren Abstand aufweist als zum Cluster i, also $d_{ij} < d_{tj}$, dann muss der Zugehörigkeitsgrad von Datenvektor x_j zum Cluster t in einem Minimum der Zielfunktion natürlich ebenfalls Null sein, also $u_{tj} = 0$. Für einen festen Datenvektor x_j kann man die Abstände zu den verschiedenen Clustern in absteigender Reihenfolge (o. B. d. A.) sortieren:[88]

$$d_{1j} \geq d_{2j} \geq \ldots \geq d_{cj}.$$

In Formel (3.7) werden explizit nur Zugehörigkeitsgrade $u_{ij} \neq 0$ bestimmt. Daher muss der kleinste Index i_0 gefunden werden, für den $u_{i_0 j} > 0$ gilt. Für alle Indizes $i < i_0$ ist dann der Zugehörigkeitsgrad von Datenvektor x_j zum Cluster i gleich

[85] Vgl. [KH03a], S. 733.

[86] Unter Zuhilfenahme der partiellen Ableitung der Lagrange-Funktion

$$L = \sum_{i=1}^{c} \sum_{j=1}^{n} \frac{1}{e^\alpha - 1} \left(e^{\alpha \times u_{ij}} - 1\right) d_{ij} + \sum_{j=1}^{n} \lambda_j \left(1 - \sum_{i=1}^{c} u_{ij}\right)$$

und der Eigenschaft $\sum_{k:u_{kj} \neq 0} u_{kj} = 1$.

[87] Vgl. [KH03a], S. 733.

[88] Vgl. [Kla04], Folie 43.

Null, für $i \geq i_0$ wird der Zugehörigkeitsgrad mittels Formel (3.7) und $\widehat{c} = c + 1 - i_0$ bestimmt (c ist die Anzahl der Fuzzy-Cluster).[89]

3.5 Fuzzy-Regeln

Fuzzy-Regeln dienen zur Formulierung von menschlichem Erfahrungswissen.[90] Bspw. können allgemein gültige Regeln zum Autofahren angeführt werden, die jedem Autofahrer geläufig sind:[91]

- R: Wenn der Abstand zum vorderen Auto klein ist und die Geschwindigkeit groß, dann bremse mit großer Kraft.
- R: Wenn der Abstand zum vorderen Auto mittelgroß ist und die Geschwindigkeit groß, dann bremse mit mittlerer Kraft.

Fuzzy-Regeln treten klassisch in einer „wenn-dann"-Form (*engl.* „if-then") auf.[92] Insbesondere dann, wenn es um Klassifikationen oder regelungstechnische Probleme geht:[93]

R: WENN (Bedingungen) DANN (Schlussfolgerung)

z. B.

R: WENN (es kalt ist) DANN (drehe das Ventil auf)

oder abstrakter

$$\text{R: WENN } (x \in A) \text{ DANN } (y \in B).$$

Zadeh (1981) hat die traditionellen Fuzzy-Regeln als Übersetzungsregeln in vier Kategorien eingeteilt. Die Regeln sind so angelegt, dass sie einen Ausdruck E in PRUF (ein Akronym für *Possibilistic Relational Universal Fuzzy*)[94] ergeben, der der Übersetzung eines gegebenen Ausdrucks e in eine natürliche Sprache entspricht. „PRUF is an intentional language, that is, an expression in PRUF is supposed to convey the intended rather than the literal meaning of the corresponding expression in a natural language."[95] Die vier Basis-Kategorien von Übersetzungsregeln in PRUF sind:[96]

89 Vgl. [KH03a], S. 733.
90 Vgl. [Fre04], S. 45.
91 Vgl. [Sau04], Abschnitt 3.1.1.5.
92 Vgl. [AH05], S. 5.
93 Vgl. [Kun00], S. 501ff.
94 Vgl. [Bie97], S. 307.
95 [Zim94], S. 152.
96 Vgl. [Zad81], S. 29f.

- Typ 1: Regeln zur Modifikation

  Dieser Typ von Regeln betrifft die Modifikation von Behauptungen, die durch Fuzzy-Sets repräsentiert werden. Beispiele solcher Behauptungen könnten sein:

  - X ist sehr klein.
  - X ist viel größer als Y.
  - Der Mann mit dem blonden Haar ist sehr groß.

- Typ 2: Regeln zur Komposition:

  Regeln vom Typ 2 übersetzen Statements, die durch logische Konnektoren („und-Verknüpfung", „oder-Verknüpfung", „if...then-Implikationen") verbunden sind, wie bspw.:

  - X ist klein und Y ist groß (konjunktive Verknüpfung).
  - X ist klein oder Y ist groß (disjunktive Verknüpfung).
  - *If* X ist klein *then* Y ist groß (bedingte Verknüpfung).
  - *If* X ist klein *then* Y ist groß *else* Y ist sehr groß (bedingte und konjunktive Verknüpfung).

- Typ 3: Regeln zur Quantifizierung:

  So genannte Quantifizierer können Terme sein wie „die meisten", „manche", „einige" usw. Beispiele für Regeln vom Typ 3 sind:

  - Die meisten Schweden sind groß.
  - Manche Männer sind viel größer als die meisten Männer.
  - Die meisten großen Frauen sind sehr intelligent.

- Typ 4: Regeln zur Qualifizierung:

  Das Konzept der Wahrheit in PRUF erlaubt das Aufstellen von Statements über die relative Wahrheit einer Behauptung p in Bezug auf eine andere Behauptung, nicht unbedingt mit Bezug zur Realität. Beispiele dafür sind:

  - „Joe ist jung" ist nicht sehr wahr (Qualifikation der Wahrheit).
  - „Joe ist jung" ist recht wahrscheinlich (Qualifikation der Wahrscheinlichkeit).
  - „Joe ist jung" ist geradezu ausgeschlossen (Qualifikation der Möglichkeit).

Darüber hinaus existieren Fuzzy-Regeln, die nicht in der traditionellen „wenn-dann"-Form auftreten, sondern festlegen, zu welchen Graden die Ausprägungen von linguistischen Variablen bestimmte linguistische Terme erfüllen. Diese Form der Regeln ist an Drigas et al. (2004) und Höppner et al. (1997) angelehnt und hat folgende formale Gestalt:[97]

$$R : Candidate's \text{ X } matches \text{ X } Criterion,$$

wobei X linguistischen Termen respektive Fuzzy-Sets entspricht. Betrachtet man bspw. die linguistische Variable *Alter*, dann könnte eine Regel lauten:

$$R : Candidate's \text{ Alter } matches \text{ Alter } Criterion.$$

Als Ergebnis erhält man den Zugehörigkeitsgrad der jeweiligen Ausprägung des *Alters* zur Fuzzy-Menge *Alter*, unter der Voraussetzung, dass es für die linguistische Variable nur einen einzigen linguistischen Term gibt. Betrachtet man einen n-dimensionalen Vektor $\xi_k = \left(\xi_k^1, ..., \xi_k^n\right)^t$, der Ausprägungen von Datensatz k hinsichtlich n verschiedener Variablen $x_1, ..., x_n$ enthält, dann ergibt sich die Fuzzy-Regel für den Fall einer „und-Verknüpfung" in der Schreibweise von Höppner et al. (1997), S. 62f. gemäß:[98]

$$R: \ \xi_k^1 \text{ ist } \mu_{t_1} \text{ und } \xi_k^2 \text{ ist } \mu_{t_2} \text{ und} \cdots \text{und } \xi_k^n \text{ ist } \mu_{t_n},$$

wobei $t_i \ (i = 1, ..., n)$ jeweils einen linguistischen Term zur linguistischen Variablen x_i darstellt und μ_{t_i} die entsprechende Zugehörigkeitsfunktion.

Zur Bestimmung des Zugehörigkeitsgrades des n-dimensionalen Vektors der Ausprägungen von Datensatz k zur Regel R können die in Abschnitt 3.2 vorgestellten Operationen herangezogen werden. Im einfachsten Fall kann die „und"-verknüpfte Regel über die Bestimmung des Minimums der einzelnen Zugehörigkeitsgrade ausgewertet werden — bei Verwendung modellierter Operationen durch eine beliebige t-Norm.

Betrachtet man beispielhaft zwei linguistische Variablen *Alter* und *Gehalt* mit jeweils einem linguistischen Term *jung* und *hoch*. ξ_k^1 enthält eine Altersangabe und ξ_k^2 die Höhe des Gehalts. Da gemäß der in (3.1) gegebenen Definition der unscharfen Menge hervorgeht, dass eine Fuzzy-Menge t_i[99] vollständig durch ihre Zugehörigkeitsfunktion μ_{t_i} festgelegt wird, wird in dieser Schreibweise der Regeln

---

[97] Vgl. [DKV+04], S. 218ff. und [HKK97], S. 62f.

[98] Diese Art der Regeln wird in leicht abgewandelter Form im weiteren Verlauf dieser Arbeit verwendet.

[99] In Abschnitt 3.3 wurde gezeigt, dass ein linguistischer Term durch genau eine Fuzzy-Menge bzw. deren Zugehörigkeitsfunktion definiert wird.

die Fuzzy-Menge durch ihre Zugehörigkeitsfunktion identifiziert. Für beliebig gewählte Ausprägungen von ξ_k^1 und ξ_k^2 bedeutet das für das Lesen der Regel: 25 *Jahre ist* jung *und* 3000 *Euro Gehalt ist* hoch. Ordnet man einem Alter von 25 Jahren den Zugehörigkeitsgrad von $0,5$ zur Fuzzy-Menge *jung* zu und einem Gehalt von 3000 Euro einen Zugehörigkeitsgrad von $0,4$ zur Fuzzy-Menge *hoch*, dann weist $\xi_k = (25, 3000)^t$ einen Zugehörigkeitsgrad von $0,4$ zur Regel R auf, wenn man das Minimum zur Auswertung von „und"-verknüpften Regeln anwendet.

4 Statistisches Fuzzy-Matching

4.1 Einleitung und Motivation

Aufbauend auf den Kapiteln 2 und 3 dieser Arbeit, in denen die notwendigen Grundlagen gelegt wurden, wird in diesem Kapitel eine neue Methode des statistischen Matchings entwickelt. In Anlehnung an den festgelegten Begriff „statistisches Matching" wird die neue Methode des statistischen Matchings „statistisches Fuzzy-Matching" genannt. Es stellt eine Kombination des statistischen Matchings mit der Fuzzy Logic dar und nutzt die Theorie der unscharfen Mengen, um Nachteile des gewöhnlichen Distanzmatchings auszugleichen:

- Im Fall identischer Distanzen zwischen den Ausprägungen mehrerer Datensätze können Entscheidungen für statistische Zwillinge getroffen werden, wenn traditionelle Methoden keine Entscheidung finden können.[1]

- Statistisches Fuzzy-Matching erlaubt im Gegensatz zu traditionellen Distanzverfahren die differenzierte Betrachtung fehlender Werte in den Ausgangsdaten. Empirische Erhebungen enthalten neben fehlenden Werten durch einfache Auslassungen von Items zusätzlich noch verweigerte Angaben zu bestimmten Fragen („keine Angabe") und Antworten wie „weiß ich nicht", die durch fehlende Informationen oder fehlende Kompetenz zur qualifizierten Antwort entstehen können. Durch die Verwendung der Fuzzy Logic können diese Informationen differenziert verwendet und solche statistischen Zwillinge gefunden werden, die bspw. beide keine Angabe bei derselben Frage gemacht haben oder die beide keine Antwort auf die Frage wussten. Bei traditionellen Distanzverfahren des statistischen Matchings ist dies nicht oder nur sehr schwer möglich.

- Nominal skalierte Variablen können direkt in die Bestimmung der Distanzen zwischen Datensätzen einbezogen werden. Bei traditionellen Distanzverfahren ist dies nur aufwändig möglich. Martens (2003) schlägt z. B. die Überführung nominal skalierter Variablen in dichotome bzw. binär-kodierte

[1] Vgl. das einführende Beispiel in Kapitel 1 und [NA07], S. 73.

Daten vor und bestimmt die Distanz zwischen den Datensätzen anschließend mit Hilfe von Ähnlichkeitsmaßen auf Basis des Vorhandenseins der jeweiligen Eigenschaft bei keinem, einem oder beiden Objekten.[2]

Die Theorie des statistischen Fuzzy-Matchings beschäftigt sich nicht mit der Analyse von Verteilungen, wie der Bestandteil „statistisch" in der Bezeichnung vermuten lassen könnte und wie es die in Kapitel 2 dargelegte Theorie des klassischen statistischen Matchings verlangt. Ziel der hier entwickelten Methode des statistischen Fuzzy-Matchings ist es, zu jedem Datensatz der Cases genau einen Datensatz der Controls als statistischen Zwilling zu finden. Die beiden praktischen Anwendungsbeispiele des statistischen Fuzzy-Matchings in Kapitel 6 stellen typische Anwendungsgebiete des statistischen Matchings dar.

Grundlage eines jeden Matching-Problems sind Datenbanken[3], in denen die Daten in Form von Tabellen gespeichert sind und über Schlüssel miteinander verknüpft werden können.[4] Ziel des statistischen Matchings (und somit natürlich auch Ziel des statistischen Fuzzy-Matchings) ist es, zwei Datensätze innerhalb einer oder zwischen verschiedenen Datenbanktabellen zu finden, die sich möglichst ähnlich sind, d. h. die sich bezüglich der Ausprägungen bestimmter Attribute[5] (Matchingvariablen) möglichst wenig voneinander unterscheiden (statistische Zwillinge). Grundlegende Bedingung dabei ist, dass die beiden Datensätze aus unterschiedlichen Mengen von Datensätzen stammen bzw. dass der eine Datensatz (der so genannte Case) eine bestimmte Bedingung erfüllt, die der andere Datensatz (Control) nicht erfüllt, wie z. B. Teilnahme vs. Nicht-Teilnahme an einer Aktion, Kunde vs. Nicht-Kunde usw.

Bei Verwendung einer statistischen Matching-Methode ohne den Einsatz von Fuzzy Logic werden die Ausprägungen der Datensätze in den einzelnen Attributen direkt und meist ohne Vorverarbeitungen[6] miteinander verglichen, um statistische Zwillinge zu identifizieren. Beim statistischen Fuzzy-Matching werden die Ausgangsdaten zunächst fuzzyfiziert. Alle zum Vergleich notwendigen Attribute werden in linguistische Variablen umgewandelt, denen jeweils (mehrere) linguistische Terme zugeordnet sind. Anschließend werden den Ausprägungen der Datensätze Zugehörigkeitsgrade zu linguistischen Termen zugewiesen, die wiederum

---

[2] Vgl. [Mar03], S. 248f.

[3] In dieser Arbeit wird das Verständnis der relationalen Datenbank bzw. des relationalen Datenbankmanagementsystems (DBMS) zu Grunde gelegt.

[4] Vgl. [Kno96], S. 669. Für ein vertiefendes Studium der Theorie relationaler Datenbanken siehe z. B. [Cod70], [KR05] oder [PU03].

[5] Ein Attribut entspricht einer Spalte der Tabelle. Die Begriffe *Attribut* und *Variable* werden in dieser Arbeit synonym verwendet.

[6] Abgesehen von Kategorisierungen, einfachen Transformationen (z. B. Normierung in das Intervall $[0,1]$) und sonstigen notwendigen Bearbeitungen der Daten.

die Grundlage zum Vergleich der Datensätze auf Ähnlichkeit bilden. Das exakte Vorgehen zur Bestimmung statistischer Zwillinge mittels des statistischen Fuzzy-Matchings wird in den weiteren Abschnitten dieses Kapitels erläutert.

Durch Verknüpfung eines linguistischen Terms jeder linguistischen Variablen werden $r \in \mathbb{N}$ verschiedene Regeln entwickelt, die gemeinsam die Regelbasis bilden. Der Kern des statistischen Fuzzy-Matchings besteht darin, dass die Distanzen zwischen Datensätzen auf Grundlage der Distanzen ihrer r-dimensionalen ($r \in \mathbb{N}$) Zugehörigkeitsgrade zur Regelbasis bestimmt werden. Die Vektoren der Zugehörigkeitsgrade zur Regelbasis dienen somit als Basis zum Vergleich der einzelnen Datensätze miteinander, d. h. zur Ermittlung der Distanzen zwischen den Cases und Controls und somit zum Auffinden der statistischen Zwillinge. Die Ermittlung des Zugehörigkeitsgrads zur Regelbasis bzw. die Ermittlung der Zugehörigkeitsgrade zu den einzelnen Regeln der Regelbasis erfolgt je nach Art der Regelverknüpfung[7] über unterschiedliche Berechnungsweisen.

Im Laufe dieses Kapitels wird im folgenden Abschnitt zunächst diskutiert, wie die linguistischen Ausdrücke an das jeweils vorliegende Matchingproblem angepasst werden sollten. Darauf aufbauend werden die Möglichkeiten der Erstellung und Anpassung von Zugehörigkeitsfunktionen in Abschnitt 4.3 erläutert. Die Bildung der Regelbasis auf Grundlage der linguistischen Terme wird in Abschnitt 4.4 dargestellt. Diese liefert wiederum das Fundament zur Berechnung der Zugehörigkeitsgrade jedes einzelnen Datensatzes zur Regelbasis in Abschnitt 4.5, was die Voraussetzung zur Bestimmung der Distanzen zwischen den Datensätzen in Abschnitt 4.6 darstellt. Das Kapitel endet mit einer Betrachtung von allgemeinen Transformationsfunktionen in Abschnitt 4.7 und einer kurzen Diskussion über ihre Eignung als Ersatz für die Fuzzy Logic beim statistischen Matching.

4.2 Festlegung der linguistischen Ausdrücke

Um den Ausprägungen der Attribute der Datensätze Zugehörigkeitsgrade zu linguistischen Termen bzw. zu Fuzzy-Mengen zuweisen zu können, müssen die vorhandenen Attribute in linguistische Ausdrücke umgewandelt werden. Jedem Attribut muss eine linguistische Variable und mindestens ein linguistischer Term zugeordnet werden. Damit anschließend der Vektor der Zugehörigkeitsgrade zur Regelbasis bestimmt werden kann, wird jedem einzelnen Ausgangswert der Datentabelle ein Zugehörigkeitsgrad zu einer Fuzzy-Menge zugewiesen.

---

[7] Man unterscheidet grundsätzlich „und"-verknüpfte und „oder"-verknüpfte Regeln. Mit Hilfe kompensatorischer Operatoren (vgl. Unterabschnitt 3.2.2.3) kann man auch Zwischenzustände zwischen reinen „und"- und reinen „oder"-verknüpften Regeln darstellen.

4.2.1 Linguistische Variablen

Das Anpassen der linguistischen Variablen an das vorliegende Matchingproblem ist relativ problemlos. Es können alle tatsächlich in der Datenbank vorhandenen Attribute direkt als linguistische Variablen betrachtet werden. Zur Bestimmung der statistischen Zwillinge mit Hilfe der Methode des statistischen Fuzzy-Matchings müssen nur die Matchingvariablen in linguistische Variablen umgewandelt werden. Tauchen bspw. die Attribute *Alter, Einkommen* und *Dauer der Kundenbeziehung* auf, so können diese direkt und mit gleicher Bezeichnung als linguistische Variablen übernommen werden. Der Unterschied zwischen herkömmlichen Variablen und linguistischen Variablen besteht darin, dass herkömmliche Variablen in der Regel einen Zahlenwert in Verbindung mit einer Einheit annehmen, während linguistische Variablen durch die ihnen zu Grunde liegenden linguistischen Terme bestimmt werden.[8] Die konventionelle Variable *Alter* enthält bspw. die Werte *25 Jahre, 57 Jahre* usw., während die linguistische Variable *Alter* Werte beinhaltet, die durch Bezeichner wie *jung, alt* und *sehr alt* repräsentiert werden. Die Auswahl dieser linguistischen Terme stellt eine größere Herausforderung dar als die Bestimmung der linguistischen Variablen und wird im folgenden Unterabschnitt erörtert.

4.2.2 Linguistische Terme

Datensätze werden auf Basis von Matchingvariablen miteinander verglichen, um statistische Zwillinge zu identifizieren. Jede Matchingvariable wird in eine linguistische Variable umgewandelt, der wiederum linguistische Terme zugewiesen werden müssen. Die tatsächlichen Ausprägungen der Datensätze werden anschließend fuzzyfiziert, d. h. es werden ihnen Zugehörigkeitsgrade zu linguistischen Termen zugewiesen. Linguistische Terme müssen also an jedes neue Matchingproblem angepasst werden. Darüber hinaus können sie bei einem bestehenden Matchingproblem variiert oder ausgetauscht werden, um Veränderungen in ihren Definitions- und Wertebereichen zu erreichen. Dies zieht wiederum Veränderungen der Zugehörigkeitsgrade nach sich und hat Einfluss auf die Distanzen zwischen den Datensätzen und damit auch auf das Ergebnis des statistischen Fuzzy-Matchings.

Als erstes müssen die linguistischen Terme sprachlich festgelegt werden, d. h. der Anwender des statistischen Fuzzy-Matchings muss sich überlegen, welche Ausprägungen jede linguistische (Matching-) Variable annehmen soll. Der betriebswirtschaftliche Hintergrund des zu behandelnden Matchingproblems stellt das wichtigste Kriterium bei der Festlegung der linguistischen Terme dar. Be-

[8] Vgl. [ZG91], S. 242.

trachtet man beispielhaft die linguistische Variable *Alter*, dann spielt es bei der Analyse der Daten bzw. bei der Anwendung des statistischen Fuzzy-Matchings eine entscheidende Rolle, ob *Alter* unterteilt wird in die linguistischen Terme *jung, mittel-alt* und *alt*, wenn es bspw. um eine einfache Feststellung des ungefähren Lebensabschnitts geht, oder in *jugendlich* und *erwachsen*, wenn es bspw. um die Feststellung der Volljährigkeit in Verbindung mit dem tatsächlichen Alter geht. Die Anzahl linguistischer Terme zu einer linguistischen Variablen kann frei gewählt werden. Yang (1998) empfiehlt, die Anzahl der linguistischen Terme pro linguistischer Variablen zwischen drei und sieben zu wählen und dem „Konzept der Mitte" zu folgen, also eine ungerade Anzahl zu wählen.[9]

Nicht nur die generelle sprachliche Festlegung auf bestimmte linguistische Terme muss wohl bedacht sein, sondern auch die Bestimmung der Definitions- und Wertebereiche der entsprechenden Zugehörigkeitsfunktionen. Dies ist sowohl vom jeweils betrachteten betriebswirtschaftlichen Hintergrund abhängig als auch von der Art und Struktur des jeweiligen Unternehmens, das das statistische Fuzzy-Matching verwendet, sowie von der Branche allgemein. Die linguistische Variable *Dauer der Kundenbeziehung* mit einer Unterteilung in die linguistischen Terme *kurz, mittellang* und *lang* bedarf sicherlich unterschiedlicher Definitions- und Wertebereiche der Zugehörigkeitsfunktionen bei einem etablierten Kreditinstitut als bei einem Internet-Start-up. Betrachten etablierte Banken vielleicht eine Kundenbeziehung von weniger als fünf Jahren als *kurz*, zwischen fünf und zehn Jahren als *mittellang* und von über zehn Jahren als *lang*, so wird vielleicht das Internet-Start-up eine Kundenbeziehung von weniger als einem Jahr als *kurz* betrachten, von mehr als einem bis hin zu zwei Jahren als *mittellang* und von mehr als zwei Jahren als *lang*.

Darüber hinaus können sich die Zugehörigkeitsfunktionen zu linguistischen Terme natürlich auch in ihren Definitions- und Wertebereichen überschneiden. Um bei dem vorangegangenen Beispiel zu bleiben: Die etablierte Bank fasst sicherlich eine vierjährige Kundenbeziehung auch schon zu einem gewissen Grad als mittellang auf und eine achtjährige Kundenbeziehung womöglich auch schon zu einem geringen Grad als eine lange währende Beziehung.

Neben der grundsätzlichen Auswahl der linguistischen Terme und der Bestimmung ihrer Definitions- und Wertebereiche spielt die Festlegung der Zugehörigkeiten eine entscheidende Rolle. Der linguistische Term in Verbindung mit seiner speziellen Zugehörigkeitsfunktion wird zur Fuzzy-Menge.[10] Diese spezielle Zugehörigkeitsfunktion legt den Grad der Zugehörigkeit jedes einzelnen scharfen Ausgangswerts zum jeweiligen linguistischen Term fest und bestimmt so die Stär-

[9] Vgl. [Yan98], S. 29.

[10] Siehe auch Definition (3.1) und den Abschnitt 3.3.

ke der Mitgliedschaft zur betrachteten Fuzzy-Menge. Üblich und am weitesten verbreitet sind Darstellungen der Zugehörigkeitsfunktionen als Dreiecks-, Trapez- oder Gaußfunktionen, die sich dadurch auszeichnen, dass sie durch nur wenige Parameter beschrieben werden können.[11] Grundsätzlich sind jedoch alle Arten von Funktionen mit einem Wertebereich zwischen 0 und 1 als Zugehörigkeitsfunktionen eines linguistischen Terms denkbar.

4.3 Bestimmung der Zugehörigkeitsfunktionen

Wie in Abschnitt 3.4 bereits beschrieben, kann die Beschaffung von Zugehörigkeitsfunktionen „automatisiert" mittels der Fuzzy-Clusteranalyse betrieben werden oder „manuell" über die Festlegung bestimmter Definitionsbereiche und entsprechender Zugehörigkeiten. Die automatisierte Beschaffung hat den Nachteil, dass die Zugehörigkeitsfunktionen an den jeweils zugrundeliegenden Daten ausgerichtet sind, d. h. die Zugehörigkeitsfunktionen zu linguistischen Termen der linguistischen Variablen werden bei jedem neuen Matchingproblem auch immer etwas andere Definitions- und Wertebereiche aufweisen. Dagegen liefert die manuelle Bestimmung der Zugehörigkeitsfunktionen immer dieselbe Einteilung in linguistische Terme, sofern diese einmal festgelegt wurde und gewünscht ist.

Somit erscheint es für das statistische Fuzzy-Matching am besten zu sein, wenn die Zugehörigkeitsfunktionen „manuell" bestimmt bzw. festgelegt werden. Dabei muss der Anwender zunächst die Anzahl der linguistischen Terme für die zu Grunde liegende linguistische Variable bestimmen. Dreiecks- bzw. Trapezfunktionen sind mit wenigen Parametern relativ einfach festzulegen.[12] Der Anwender des statistischen Fuzzy-Matchings legt die Intervalle des Definitionsbereichs fest, in denen die Zugehörigkeitsfunktion die Werte 0 und 1 annehmen soll, und das System berechnet automatisch die beiden auf- und absteigenden Geraden zwischen den Bereichen mit 0 und 1. Dadurch kann sowohl eine Dreiecksfunktion mit nur einem einzigen Wert für den Zugehörigkeitsgrad Eins erzeugt werden als auch eine Trapezfunktion mit einem Intervall für den Zugehörigkeitsgrad Eins (s. Abbildung 4.1).[13]

Aus Definition 3.3 der unscharfen Zahl in Abschnitt 3.1.2 geht hervor, dass über Dreiecks- oder Trapezfunktionen die Darstellung von Zugehörigkeitsgraden nominal skalierter Variablen möglich ist, für die fließende Übergänge zwischen

[11] Vgl. [Fel06], F 4.7.
[12] Vgl. [ACA93], S. 359f.
[13] Die Summe der Zugehörigkeitsgrade eines Elements des Definitionsbereich zu allen linguistischen Termen einer linguistischen Variablen muss dabei kleiner oder gleich 1 sein. Vgl. z. B. [KNK97].

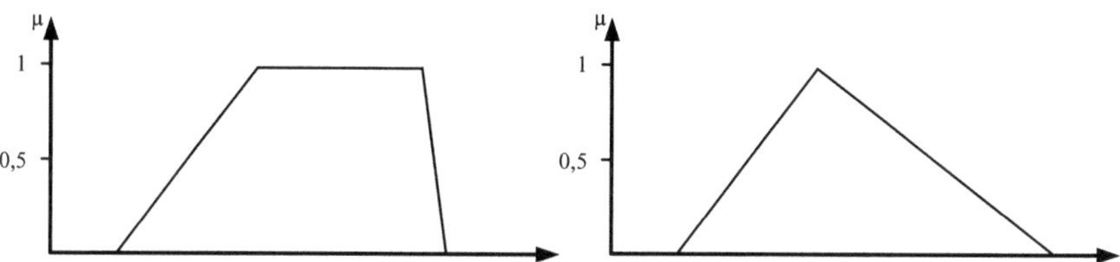

Abbildung 4.1: Zugehörigkeitsfunktionen in Trapez- und Dreiecksform

den einzelnen Kategorien nicht immer gewünscht bzw. sinnvoll sind. Auch lassen sich so fehlende Werte, absichtliche Auslassungen von Antworten usw. beliebig skalierter Variablen einfach abbilden. Jede Kategorie (in Form eines scharfen Eingabewertes) weist den Zugehörigkeitsgrad 1 zu einem bestimmten linguistischen Term auf und den Zugehörigkeitsgrad 0 zu allen anderen linguistischen Termen. Abbildung 4.2 zeigt dies beispielhaft für zwei Kategorien einer nominal skalierten Variablen, die entsprechend zwei linguistischen Termen zugeordnet werden. Ein

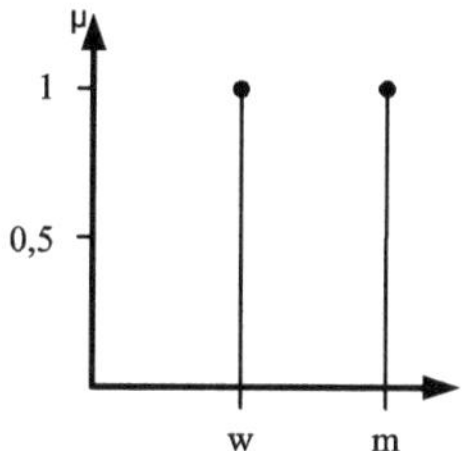

Abbildung 4.2: Zugehörigkeitsfunktionen nominal skalierter Eingangsvariablen zu zwei linguistischen Termen

Beispiel könnte die Zuordnung des Geschlechts zu linguistischen Termen sein. Jede Frau würde dem linguistischen Term *weiblich* mit dem Zugehörigkeitsgrad von 1 zugeordnet und dem linguistischen Term *männlich* mit einem Zugehörigkeitsgrad von 0. Umgekehrte Zuweisungen würden für alle Männer gelten. Die Punkte am Ende der beiden Strecken parallel zur Ordinatenachse in Abbildung 4.2 sollen andeuten, dass der Funktionswert der beiden scharfen Eingabewerte jeweils 1 beträgt und nicht etwa einen beliebigen Wert im Intervall $[0, 1]$ annehmen kann.

Bei einer nominal skalierten linguistischen Variablen mit mehr als zwei linguistischen Termen weisen ein Datensatz der Cases und ein Datensatz der Controls mit identischen Ausprägungen in dieser Variablen dieselben Zugehörigkeitsgrade zu den linguistischen Termen auf und würden bei der Suche nach statistischen Zwillingen die geringst mögliche Distanz zueinander haben (ohne Berücksichtigung weiterer Matchingvariablen) und somit als statistische Zwillinge identifiziert. Zwei weitere Controls, deren Ausgangsdaten nicht dieselbe nominale Kategorie in dieser Variablen aufweisen wie der Case, sondern zwei unterschiedliche andere Kategorien, würden bei der Suche nach einem statistischen Zwilling zu dem betrachteten Case gleich behandelt: Beide weisen aufgrund der Zugehörigkeitsgrade zu den linguistischen Termen maximale Unähnlichkeit zum Case auf. Man betrachte zur Veranschaulichung die Matchingvariable *Beruf* mit den linguistischen Termen *Angestellter, Arbeiter, Selbständiger usw.*. Ein Control mit der Berufsangabe *Arbeiter* würde die maximale Ähnlichkeit zu einem Case mit Beruf *Arbeiter* aufweisen, da beiden der Zugehörigkeitsgrad 1 zum linguistischen Term *Arbeiter* und Zugehörigkeitsgrade von 0 zu den anderen beiden linguistischen Termen zugewiesen würde. Zwei weitere Controls, von denen einer von Beruf *Angestellter* ist und der andere *Selbständiger*, weisen beide maximale Unähnlichkeit zum Case auf und würden bei der Suche nach einem statistischen Zwilling zum *Arbeiter* gleich behandelt. Ohne das Einbeziehen weiterer Matchingvariablen könnte keine Entscheidung für einen der beiden Controls als statistischer Zwilling getroffen werden und die Zuweisung zum *Arbeiter* müsste zufällig oder gar nicht erfolgen.

Ebenso wie die Darstellung nominal skalierter Variablen können fehlende Werte ordinal oder metrisch skalierter Variablen mit Hilfe unscharfer Zahlen dargestellt werden, wie die folgende Abbildung 4.3 am Beispiel der linguistischen Variablen *Alter* zeigt.

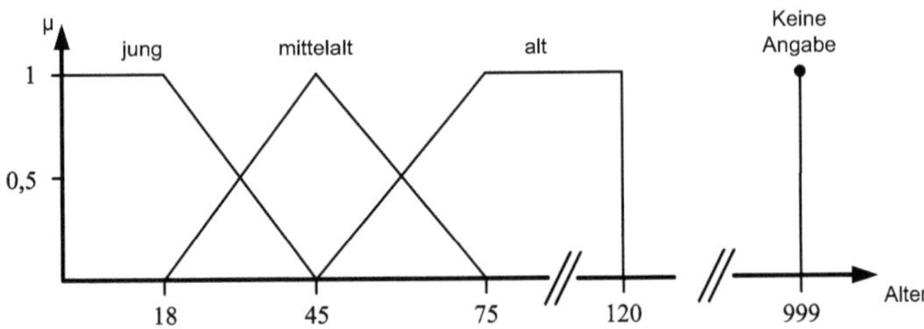

Abbildung 4.3: Linguistische Terme der metrisch skalierten Variablen *Alter* mit fehlendem Wert

Der fehlende Wert *keine Angabe*, der in den Ausgangsdaten mit 999 codiert wurde, wird als eigenständiger linguistischer Term betrachtet. Ein Case und ein Control, die beide beim Alter keine Angabe gemacht haben, weisen maximale

Ähnlichkeit zueinander auf, weil sie beide den Zugehörigkeitsgrad 1 zum linguistischen Term *keine Angabe* aufweisen und den Zugehörigkeitsgrad 0 zu allen anderen linguistischen Termen. Ein Control mit einer korrekten Altersangabe würde zu einem Case ohne Altersangabe maximale Unähnlichkeit aufweisen.

Mit Hilfe des statistischen Fuzzy-Matchings können fehlende Werte differenziert betrachtet und solche statistischen Zwillinge gefunden werden, die beide die Angabe zu einer Frage verweigert haben oder die beide gesagt haben, dass sie zu derselben Frage keine Antwort wissen etc. Voraussetzung dafür ist, dass sich die statistischen Zwillinge in anderen Variablen, die keine fehlenden Werte aufweisen, ähnlich sind. Die Basis dieses Vorgehens wird vom Grundgedanken des statistischen Matchings geliefert, der das Finden zusätzlicher Informationen über Datensätze bzw. Individuen durch die Hinzunahme weiterer Attribute aus anderen Quellen beinhaltet.[14] Bezogen auf das statistische Fuzzy-Matching bedeutet das, dass die Anzahl der Matchingvariablen in Fällen mit fehlenden Werten verkleinert wird und angenommen werden kann, dass sich statistische Zwillinge, die sich in einem Teil der Matchingvariablen ähnlich sind, auch in einer oder mehreren anderen Matchingvariablen mit fehlenden Werten ähnlich sein werden.

4.4 Aufbau der Regelbasis

Zur Verknüpfung der verschiedenen linguistischen Terme aller zum statistischen Fuzzy-Matching verwendeten linguistischen (Matching-) Variablen wird in diesem Abschnitt der Aufbau der Regelbasis entwickelt. Als Regel wird dabei eine mögliche Verknüpfung von linguistischen Termen bezeichnet. Gemäß Abschnitt 3.5 dienen Fuzzy-Regeln (u.a.) der Bestimmung eines Zugehörigkeitsgrads von durch logische Konnektoren verbundenen Statements. Als logische Konnektoren können die „und“-Verknüpfung, die „oder“-Verknüpfung oder kompensatorische Operatoren verwendet werden.

Seien m_i $(i = 1, ..., n)$ die Anzahlen linguistischer Terme, die zu jeder linguistischen Variablen x_i bestimmt wurden und wie folgt dargestellt werden sollen:

$$\begin{aligned} T(x_1) &= \{t_{11}, t_{12}, ..., t_{1m_1}\} \\ T(x_2) &= \{t_{21}, t_{22}, ..., t_{2m_2}\} \\ &\vdots \\ T(x_{n-1}) &= \{t_{n-11}, t_{n-12}, ..., t_{n-1m_{n-1}}\} \\ T(x_n) &= \{t_{n1}, t_{n2}, ..., t_{nm_n}\} \end{aligned} \tag{4.1}$$

[14] Vgl. [vKG02], S. 1ff.

Jedem linguistischen Term t_{ij} ist eine Zugehörigkeitsfunktion $\mu_{t_{ij}} : U_i \to [0,1]$, $i = 1,...,n; j = 1,...,m_i$ zugeordnet, die die Zugehörigkeitsgrade der Ausprägungen $\xi_k = \left(\xi_k^1,...,\xi_k^n\right)^t$ des Datensatzes k in den Matchingvariablen zu den jeweiligen linguistischen Termen t_{ij} bestimmt.[15] U_i $(i = 1,...,n)$ ist dabei die zur linguistischen Variablen x_i gehörende Grundmenge. Aus der in (3.1) gegebenen Definition der unscharfen Menge geht hervor, dass eine Fuzzy-Menge t_{ij}[16] vollständig durch ihre Zugehörigkeitsfunktion $\mu_{t_{ij}}$ festgelegt wird. Im Folgenden werden daher die Begriffe Fuzzy-Menge und die jeweilige Zugehörigkeitsfunktion synonym verwendet.

Die linguistischen Terme stellen die Grundlage zur Erzeugung der Regeln dar, die zusammen die Regelbasis $\Re = \{R_1,...,R_r\}$, $r \in \mathbb{N}$ bilden.[17] Jede Regel der Regelbasis entspricht einer möglichen Kombination linguistischer Terme, indem jeweils ein linguistischer Term jeder linguistischen Variablen zur Verknüpfung verwendet wird. Es existieren genau so viele Regeln wie Kombinationsmöglichkeiten zwischen den linguistischen Termen. Liegen dem statistischen Fuzzy-Matching insgesamt $n \in \mathbb{N}$ linguistische Variablen zu Grunde, so besteht jede Regel $R_1,...,R_r$ aus n verknüpften Komponenten und es existieren $r := \prod_{i=1}^n m_i$ verschiedene Regeln, wobei m_i $(i = 1,...,n)$ der Anzahl linguistischer Terme zur linguistischen Variablen x_i entspricht. Die folgende Darstellung zeigt die Regelbasis auszugsweise:[18]

---

15 $\xi_k = \left(\xi_k^1,...,\xi_k^n\right)^t$ sind die ursprünglichen Ausprägungen von Datensatz k in den n verschiedenen Matchingvariablen bzw. linguistischen Variablen $x_1,...,x_n$.

16 In Abschnitt 3.3 wird gezeigt, dass ein linguistischer Term durch genau eine Fuzzy-Menge bzw. deren Zugehörigkeitsfunktion definiert wird.

17 In der Fuzzy-Regelungstechnik ist die Verwendung von Regelbasen weit verbreitet. Vgl. z. B. [Unb08].

18 Die hier aufgeführten Regeln $R_1,...,R_r$ sind o. B. d. A. „und"-verknüpft. Im Folgenden werden neben der „und"-Verknüpfung auch die „oder"-Verknüpfung und kompensatorische Operatoren zur Verknüpfung der Regeln verwendet.

$$
\begin{aligned}
R_1 &: \xi_k^1 \text{ ist } t_{11}^{R_1} \text{ und } \xi_k^2 \text{ ist } t_{21}^{R_1} \text{ und} \cdots \xi_k^{n-1} \text{ ist } t_{n-11}^{R_1} \text{ und } \xi_k^n \text{ ist } t_{n1}^{R_1} \\
R_2 &: \xi_k^1 \text{ ist } t_{11}^{R_2} \text{ und } \xi_k^2 \text{ ist } t_{21}^{R_2} \text{ und} \cdots \xi_k^{n-1} \text{ ist } t_{n-11}^{R_2} \text{ und } \xi_k^n \text{ ist } t_{n2}^{R_2} \\
&\vdots \\
R_{m_n} &: \xi_k^1 \text{ ist } t_{11}^{R_{m_n}} \text{ und } \xi_k^2 \text{ ist } t_{21}^{R_{m_n}} \text{ und} \cdots \xi_k^{n-1} \text{ ist } t_{n-11}^{R_{m_n}} \text{ und } \xi_k^n \text{ ist } t_{nm_n}^{R_{m_n}} \\
R_{m_n+1} &: \xi_k^1 \text{ ist } t_{11}^{R_{m_n+1}} \text{ und } \xi_k^2 \text{ ist } t_{21}^{R_{m_n+1}} \text{ und} \cdots \xi_k^{n-1} \text{ ist } t_{n-12}^{R_{m_n+1}} \text{ und } \xi_k^n \text{ ist } t_{n1}^{R_{m_n+1}} \\
&\vdots \\
R_{2m_n} &: \xi_k^1 \text{ ist } t_{11}^{R_{2m_n}} \text{ und } \xi_k^2 \text{ ist } t_{21}^{R_{2m_n}} \text{ und} \cdots \xi_k^{n-1} \text{ ist } t_{n-12}^{R_{2m_n}} \text{ und } \xi_k^n \text{ ist } t_{nm_n}^{R_{2m_n}} \\
&\vdots \\
R_r &: \xi_k^1 \text{ ist } t_{1m_1}^{R_r} \text{ und } \xi_k^2 \text{ ist } t_{2m_2}^{R_r} \text{ und} \cdots \xi_k^{n-1} \text{ ist } t_{n-1m_{n-1}}^{R_r} \text{ und } \xi_k^n \text{ ist } t_{nm_n}^{R_r}
\end{aligned}
\tag{4.2}
$$

Die Form der Regeln ist an Drigas et al. (2004), S. 218f. und Höppner et al. (1997), S. 62f. angelehnt und bereits in Abschnitt 3.5 erläutert worden. Statt der Zugehörigkeitsfunktionen $\mu_{t_{ij}}^{R_q}$ werden hier nur die linguistischen Terme bzw. die Fuzzy-Mengen $t_{ij}^{R_q}$ verwendet. Die Schreibweise sagt aus, zu welchem Grad $\mu_{t_{ij}}^{R_q}(\xi_k^i)$ die Ausprägung ξ_k^i $(i = 1, ..., n)$ des Datensatzes k den zur betreffenden linguistischen Variable x_i gehörenden linguistischen Term t_{ij} $(j = 1, ..., m_i)$ erfüllt.[19] Diese Fuzzy-Regeln basieren auf den sog. „Fuzzy-Fragen", die ebenfalls in Abschnitt 3.5 beschrieben worden sind. Zur Veranschaulichung betrachte man ein einfaches Beispiel mit den beiden linguistischen Variablen *Alter* und *Größe* mit jeweils einem linguistischen Term *jung* und *klein*. Eine der oben dargestellten Regeln (mit beliebig gewählten Ausprägungen der beiden Variablen eines Datensatzes) würde dann Folgendes beinhalten: 25 *Jahre ist* jung *und* 170 *cm ist* klein. Zur Bestimmung des Zugehörigkeitsgrads des Datensatzes zu dieser Regel müssen zunächst die Zugehörigkeitsgrade von 25 zum Term *jung* und von 170 zum Term *klein* bestimmt werden und dann eine beliebige Operation zur Auswertung der Verknüpfung gewählt werden. Da es sich bei der dargestellten Regel um eine „und"-Verknüpfung handelt, kann die Verknüpfung im einfachsten Fall über die Bestimmung des Minimums der beiden Zugehörigkeitsgrade ausgewertet werden (vgl. Abschnitt 3.2.2.1). Das Ergebnis entspricht dem Zugehörigkeitsgrad des Datensatzes zur Regel.

[19] Um eine eindeutige Zuordnung der linguistischen Terme zu den einzelnen Regeln zu gewährleisten, wird die Regel in der Bezeichnung der Fuzzy-Menge als Index mitgeführt.

Bei der dargestellten Regelbasis handelt es sich um eine „und"-Verknüpfung der Regeln, d. h. es wird verlangt, dass alle Ausprägungen $\xi_k^1, \ldots, \xi_k^n$ des Datensatzes k die beteiligten linguistischen Terme $t_{ij}^{R_q}$ zu bestimmten Graden $\mu_{t_{ij}}^{R_q}$ ($q = 1, \ldots, r$; $i = 1, \ldots, n$, $j = 1, \ldots, m_i$) erfüllen müssen. Zur Auswertung der Regeln ist eine geeignete Interpretation der Verknüpfung zu wählen, die im folgenden Abschnitt 4.5 thematisiert wird.

Fuzzy-Regeln treten üblicherweise in einer „wenn-dann"-Form auf, insbesondere dann, wenn es um Klassifikationen oder regelungstechnische Probleme geht.[20] Der „dann"-Teil solcher Regeln ist aber für diese Arbeit unerheblich, da hier keine Klassifikationen oder Regelungen vorgenommen werden, sondern die Regelbasis lediglich eine vollständige Kombination aus jeweils einem linguistischen Term jeder linguistischen Variablen darstellt.

4.5 Zugehörigkeitsgrade der Datensätze zur Regelbasis

Nachdem die Regelbasis anhand der linguistischen Terme erstellt worden ist, wird für jeden einzelnen Datensatz entsprechend der Anzahl $r \in \mathbb{N}$ an Regeln ein r-dimensionaler Vektor des Zugehörigkeitsgrads zur Regelbasis bestimmt. Dieser setzt sich aus den r verschiedenen Zugehörigkeitsgraden des Datensatzes zu den einzelnen Regeln der Regelbasis zusammen. Je nachdem, ob es sich um „und"-verknüpfte oder um „oder"-verknüpfte Regeln handelt, ist zur Bestimmung des Zugehörigkeitsgrade-Vektors eine geeignete t-Norm oder eine geeignete s-Norm zu verwenden. Für den Fall der „und"-Verknüpfung ist die Bildung des Minimums über alle Zugehörigkeitsgrade zu den zur betreffenden Regel gehörenden linguistischen Termen die am häufigsten verwendete und gleichzeitig größte[21] t-Norm, während bei „oder"-verknüpften Regeln oft auf die Bildung des Maximums zurückgegriffen wird.

Mit Hilfe der so genannten kompensatorischen Operatoren[22] können sogar beliebige Zwischenzustände zwischen reinen „und"- und reinen „oder"-Verknüpfungen hergestellt werden. Diese Art der Verknüpfung ist dem menschlichen Denken am ähnlichsten.[23] Bei der menschlichen Logik und Denkweise ist die Ver-

[20] Zu einem vertiefenden Studium von Fuzzy-Klassifikationsregeln und Fuzzy-Control siehe z. B. [Kun00] und [JM96].

[21] Vgl. [Iwe00], S. 13.

[22] Vgl. [Zim94], S. 37f. und Abschnitt 3.2.2.3.

[23] Vgl. [ZZ80], S. 50.

wendung reiner „und“- bzw. „oder“-Verknüpfungen eher die Ausnahme.[24]

4.5.1 t-Normen

Sei R eine „und“-verknüpfte Regel gemäß der Regelbasis (4.2), dann weist ein beliebiger Datensatz k folgenden Zugehörigkeitsgrad zu R auf:[25]

$$\mu^R(\xi_k) = \mu^R_{t_{1j_1} \cap t_{2j_2} \cap \ldots \cap t_{nj_n}}(\xi_k) = \min_{p \in \{1,\ldots,n\}} \left\{ \mu^R_{t_{pj_p}}(\xi_k^p) \right\} \in [0,1]$$

mit j_q jeweils aus $\{1,\ldots,m_q\}$, $q \in \{1,\ldots,n\}$ gemäß (4.1) und (4.2).

Verwendet man die Bildung des Minimums zur Bestimmung des Zugehörigkeitsgrades von Datensatz k zur konjunktiv verknüpften Regel R, so ist eine gebräuchliche Schreibweise die oben verwendete als Schnitt über alle Fuzzy-Mengen.[26] Der Zugehörigkeitsgrad von Datensatz k zur Regelbasis $\mathfrak{R} = \{R_1,\ldots,R_r\}$ ergibt sich gemäß:[27]

$$\mu^{\mathfrak{R}}(\xi_k) = \begin{pmatrix} \mu^{R_1}(\xi_k) \\ \vdots \\ \mu^{R_r}(\xi_k) \end{pmatrix} = \begin{pmatrix} \min_{p \in \{1,\ldots,n\}} \left\{ \mu^{R_1}_{t_{pj_p}}(\xi_k^p) \right\} \\ \vdots \\ \min_{p \in \{1,\ldots,n\}} \left\{ \mu^{R_r}_{t_{pj_p}}(\xi_k^p) \right\} \end{pmatrix} \in [0,1]^r. \quad (4.3)$$

Formel (4.3) kann für jede beliebige t-Norm verwendet werden, indem anstatt der Bildung des Minimums für die Bestimmung der Zugehörigkeitsgrade zu den Regeln die entsprechende t-Norm eingesetzt wird.

4.5.2 s-Normen

Handelt es sich bei der Regelbasis (4.2) um „oder“-verknüpfte Regeln R_l, $l = 1,\ldots,r$ gemäß Abschnitt 4.4, so ergibt sich der Zugehörigkeitsgrad eines Datensatzes k zu einer Regel R gemäß:[28]

$$\mu^R(\xi_k) = \mu^R_{t_{1j_1} \cup t_{2j_2} \cup \ldots \cup t_{nj_n}}(\xi_k) = \max_{p \in \{1,\ldots,n\}} \left\{ \mu^R_{t_{pj_p}}(\xi_k^p) \right\} \in [0,1]$$

[24] Vgl. [Tra94], S. 35.

[25] In diesem Abschnitt wird die Bildung des Minimums stellvertretend für alle t-Normen verwendet, dem Vorschlag von [Zad65a], S. 341 folgend.

[26] Vgl. [BKI00], S. 350f.

[27] Die Wahl von $p \in \{1,\ldots,n\}$ bei der Bestimmung des Minimums ist abhängig von der jeweiligen Regel. Der Übersichtlichkeit halber ist dies in (4.3) und den folgenden Formeln dieses Kapitels nicht berücksichtigt worden.

[28] Die Bildung des Maximums wird in diesem Abschnitt stellvertretend für alle s-Normen verwendet.

mit j_q jeweils aus $\{1,...,m_q\}$, $q \in \{1,...,n\}$ gemäß (4.1) und (4.2).

Die Schreibweise als Vereinigung über alle Fuzzy-Mengen ist dem vorangegangenen Unterabschnitt entsprechend und so ergibt sich auch hier der r-dimensionale Vektor der Zugehörigkeitsgrade des Datensatzes k zur Regelbasis $\mathfrak{R}$ gemäß:

$$\mu^{\mathfrak{R}}(\xi_k) = \begin{pmatrix} \mu^{R_1}(\xi_k) \\ \vdots \\ \mu^{R_r}(\xi_k) \end{pmatrix} = \begin{pmatrix} \max_{p\in\{1,...,n\}} \left\{ \mu^{R_1}_{t_{pj_p}}\left(\xi_k^p\right) \right\} \\ \vdots \\ \max_{p\in\{1,...,n\}} \left\{ \mu^{R_r}_{t_{pj_p}}\left(\xi_k^p\right) \right\} \end{pmatrix} \in [0,1]^r. \quad (4.4)$$

Ebenso wie bei der t-Norm kann Formel (4.4) für jede beliebige s-Norm verwendet werden, indem anstatt der Bildung des Maximums für die Bestimmung der Zugehörigkeitsgrade zu den Regeln die gewünschte s-Norm eingesetzt wird.

4.5.3 Kompensatorische Operatoren

Die Gesamtbeurteilung einer Situation, die durch konkurrierende bzw. sich widersprechende Teilaussagen gekennzeichnet ist, erfordert oft Kompromisse. Da die Teilbewertungen der Einzelaspekte aus der subjektiven Sicht einer bewertenden Person entstehen, sollte in vielen Fällen von einem strikten „Und" bzw. „Oder" abgegangen werden zugunsten von Operatoren, die zwischen Durchschnitt und Vereinigung liegen.[29] Man stelle sich beispielhaft folgende Regelung vor: *WENN der Druck im Kessel höher als 200 bar ist und WENN die Temperatur im Kessel höher als 80 Grad Celsius beträgt, DANN öffne das Ventil.* Die subjektive Einschätzung eines Menschen würde sicherlich bei einem Druck von 400 bar und einer Temperatur von 79 Grad Celsius von der strikten „und"-Verknüpfung abweichen und das Ventil öffnen, im Gegensatz zu einer automatisierten Lösung, die erst dann das Ventil öffnet, wenn auch die Temperatur die Grenze von 80 Grad überschritten hat.

Einer der bekanntesten kompensatorischen Operatoren zur Darstellung beliebiger Zwischenzustände zwischen reinen „und"-Verknüpfungen und reinen „oder"-Verknüpfungen ist der kompensatorische Operator nach Zimmermann und Zysno (1980), der wahlweise auch „γ-Operator", „kompensatorisches-und-Operator" oder „Zimmermann-Operator" genannt wird:[30]

$$\mu^R_{comp}(\xi_k) = \left(\prod_{p=1}^{n} \mu^R_{t_{pj_p}}(\xi_k^p)\right)^{(1-\gamma)} \left(1 - \prod_{p=1}^{n}\left(1 - \mu^R_{t_{pj_p}}(\xi_k^p)\right)\right)^{\gamma}, 0 \leq \gamma \leq 1.$$

[29] Vgl. [Iwe00], S. 13.

[30] Siehe Definition 3.7.

Für $\gamma = 0$ erhält man mit

$$\mu^R_{comp}(\xi_k) = \prod_{p=1}^{n} \mu^R_{t_{pj_p}}(\xi^p_k)$$

das algebraische Produkt, also eine t-Norm und somit einen reinen „und"-Operator, und für $\gamma = 1$ mit

$$\mu^R_{comp}(\xi_k) = 1 - \prod_{p=1}^{n} \left(1 - \mu^R_{t_{pj_p}}(\xi^p_k)\right)$$

die algebraische Summe, also eine s-Norm und somit einen reinen „oder"-Operator.

Ein wichtiges Merkmal guter statistischer Matching-Methoden ist die Möglichkeit, die zu Grunde liegenden Variablen gewichten zu können. Die mit verschieden hohen Gewichten versehenen Variablen werden dann mit unterschiedlicher Stärke bei der Bestimmung der Zugehörigkeitsgrade zu den Regeln bzw. zur Regelbasis berücksichtigt. Hohe Gewichte bedeuten besondere Wichtigkeit der betroffenen Variablen bei der Bestimmung der Zugehörigkeitsgrade, während umgekehrt niedrige Gewichte geringe Wichtigkeit ausdrücken. Um die linguistischen Variablen zu gewichten, kann der γ-Operator nach Zimmermann wie folgt erweitert werden:[31]

$$\mu^R_{comp}(\xi_k) = \left(\prod_{p=1}^{n} \left(\mu^R_{t_{pj_p}}(\xi^p_k)\right)^{\delta_p}\right)^{(1-\gamma)} \left(1 - \prod_{p=1}^{n} \left(1 - \mu^R_{t_{pj_p}}(\xi^p_k)\right)^{\delta_p}\right)^{\gamma} \tag{4.5}$$

mit

$$\sum_{p=1}^{n} \delta_p = 1,\ 0 \le \delta_p \le 1\ f\ddot{u}r\ p = 1,\ldots,n\ und\ 0 \le \gamma \le 1.$$

Auch bei Verwendung des γ-Operators ergibt sich der r-dimensionale Vektor der Zugehörigkeitsgrade des Datensatzes k zur Regelbasis $\mathfrak{R}$ gemäß der beiden vorangegangenen Unterabschnitte aus:

$$\mu^{\mathfrak{R}}_{comp}(\xi_k) = \begin{pmatrix} \mu^{R_1}_{comp}(\xi_k) \\ \vdots \\ \mu^{R_r}_{comp}(\xi_k) \end{pmatrix} \in [0,1]^r.$$

In der praktischen Umsetzung des statistischen Fuzzy-Matchings erweist sich der Einsatz des kompensatorischen Operators nach Zimmermann und Zysno (1980) als schwierig. Die Bestimmung von linguistischen Termen nach der Methode des

[31] Vgl. [Tra94], S. 40f.

statistischen Fuzzy-Matchings bringt es mit sich, dass der Definitionsbereich der zugrundeliegenden linguistischen Variablen nur zu Teilen von jedem einzelnen linguistischen Term abgedeckt wird. Die scharfen Eingabewerte weisen also zu vielen linguistischen Termen Zugehörigkeitsgrade von 0 auf. Durch die Multiplikation der algebraischen Summe mit dem algebraischen Produkt ergeben sich bei vielen Nullen als Eingabewerte ebenfalls sehr viele Nullen als Zugehörigkeitsgrade der Datensätze zur Regelbasis. Durch diese Tatsache wird die Bestimmung der Distanzen zwischen den Datensätzen nach der Methode des statistischen Fuzzy-Matchings sehr schwierig, da sich die Datensätze zu wenig voneinander unterscheiden, oft sogar die meisten Datensätze einen Zughörigkeitsgrad von 0 zur Regelbasis aufweisen.

Um dieses Problem zu umgehen, werden im praktischen Teil dieser Arbeit zwei kompensatorische Operatoren verwendet, die aus Linearkombinationen verschiedener t- und s-Normen entstehen und in Abschnitt 3.2.2.3 bereits eingeführt wurden. Zunächst soll der kompensatorische MinMax-Operator betrachtet werden, der sich wie folgt ergibt (vgl. Formel (3.2)):[32]

$$\mu^R_{MinMax}(\xi_k) = \\ \gamma \min_{p=1,\dots,n}\left(\mu^R_{t_{pj_p}}(\xi^p_k)\right) + (1-\gamma)\max_{p=1,\dots,n}\left(\mu^R_{t_{pj_p}}(\xi^p_k)\right) \in [0,1],\ 0 \leq \gamma \leq 1.$$

In vielen Veröffentlichungen wird der Parameter γ bei den kompensatorischen Operatoren, die in Form von Linearkombinationen gebildet werden, anders herum verwendet, als es bei den Operatoren in Form von Exponentialfunktionen der Fall ist. In dieser Arbeit wird diese Schreibweise übernommen. Das bedeutet, dass sich die Auswirkungen der Wahl von γ im Vergleich zum kompensatorischen Operator nach Zimmermann umkehren. Für $\gamma = 1$ erhält man die Berechnung des Minimums, also eine t-Norm und somit eine reine „und"-Verknüpfung und für $\gamma = 0$ die Berechnung des Maximums, also eine s-Norm und somit eine reine „oder"-Verknüpfung.

Ein weiterer kompensatorischer Operator, der aus einer Linearkombination von t- und s-Normen entsteht, ist der algebraische ProdSum-Operator (vgl. Formel (3.3)), der aus der Linearkombination des algebraischen Produkts mit der algebraischen Summe wie folgt entsteht:

$$\mu^R_{ProdSum}(\xi_k) = \\ \gamma\left(\prod_{p=1}^n \mu^R_{t_{pj_p}}(\xi^p_k)\right) + (1-\gamma)\left(1 - \prod_{p=1}^n\left(1 - \mu^R_{t_{pj_p}}(\xi^p_k)\right)\right), 0 \leq \gamma \leq 1.$$

Analog zum γ-Operator nach Zimmermann kann der algebraische ProdSum-Operator ebenfalls mit Gewichtungen der Matchingvariablen verwendet werden

[32] Vgl. [Sud03], S. 115.

(vgl. Formel (4.5)):

$$\mu^R_{ProdSum}(\xi_k) = \gamma\left(\prod_{p=1}^{n}\left(\mu^R_{t_{pj_p}}(\xi^p_k)\right)^{\delta_p}\right) + (1-\gamma)\left(1-\prod_{p=1}^{n}\left(1-\mu^R_{t_{pj_p}}(\xi^p_k)\right)^{\delta_p}\right)$$

mit

$$\sum_{p=1}^{n}\delta_p = 1,\ 0 \leq \delta_p \leq 1\ \textit{für}\ p = 1,\dots,n\ \textit{und}\ 0 \leq \gamma \leq 1.$$

Der r-dimensionale Vektor der Zugehörigkeitsgrade des Datensatzes k zur Regelbasis $\mathfrak{R}$ ergibt sich sowohl bei Verwendung des kompensatorischen MinMax-Operators als auch bei Verwendung des algebraischen ProdSum-Operators gemäß der vorangegangenen Beschreibungen aus:[33]

$$\mu^{\mathfrak{R}}_{ProdSum}(\xi_k) = \begin{pmatrix} \mu^{R_1}_{ProdSum}(\xi_k) \\ \vdots \\ \mu^{R_r}_{ProdSum}(\xi_k) \end{pmatrix} \in [0,1]^r.$$

4.6 Identifikation der statistischen Zwillinge

In den folgenden Abschnitten werden die Distanzen zwischen allen Cases und allen Controls berechnet. Dies liefert die Grundlage zur Bestimmung der statistischen Zwillinge, indem zu jedem Case der ähnlichste Control mit der geringsten Distanz gesucht wird.

4.6.1 Allgemeiner Distanzbegriff

Durch die Einführung geeigneter Maßzahlen kann man mittels reeller Zahlenwerte angeben, wie groß etwa die Ähnlichkeit oder Unähnlichkeit zweier Objekte ist.[34] Es ist möglich, die Unähnlichkeit zweier Objekte k und j durch eine reelle Zahl d_{kj} auszudrücken.[35] Für die reellen Zahlen d_{kj} gilt:[36]

$$\begin{aligned} d_{kj} &= d_{jk}, \quad && 1 \leq k, j \leq N \\ d_{kj} &\geq 0, && 1 \leq k, j \leq N \\ d_{kk} &= 0, && 1 \leq k \leq N. \end{aligned}$$

[33] Zur Verwendung des MinMax-Operators muss dieser anstelle des ProdSum-Operators in die Gleichung eingesetzt werden.

[34] Vgl. [WZ01], S. 2f.

[35] Vgl. [Eic95], Kapitel 6.

[36] Vgl. [Boc74], S. 25.

Man nennt d_{kj} den Abstand oder die Distanz der Objekte k und j.[37] Eine Distanz von 0 bedeutet minimale Unähnlichkeit, also maximale Ähnlichkeit. Ähnlichkeitsmaße s haben darüber hinaus eine weitere Eigenschaft: $s_{kj} \leq s_{kk}$, $(1 \leq j,k \leq N)$, da identische Objekte natürlich die größtmögliche Ähnlichkeit aufweisen müssen.[38]

Neben den drei genannten Eigenschaften erfüllen praktisch alle vorkommenden Unähnlichkeitsmaße die zusätzliche Bedingung:[39]

Ist $j,k \in A$ ein Objektpaar mit (minimaler) Unähnlichkeit $d_{jk} = 0$, so gilt:

$$d_{ij} = d_{ik}, \text{ für alle } i \in A.$$

Der hier im Zusammenhang mit dem statistischen Fuzzy-Matching eingeführte Begriff der Distanz unterscheidet sich in zwei Punkten von dem ansonsten in der Mathematik verwendeten Distanzbegriff:

1. Aus $d_{jk} = 0$ folgt nicht notwendigerweise, dass die Objekte j und k identisch sein müssen. Man stelle sich bspw. zwei Individuen vor, die über identische demografische Merkmale verfügen (z. B. Alter, Einkommen, Familienstand etc.) und somit die kleinste Unähnlichkeit 0 aufweisen, aber dennoch zwei unterschiedliche Individuen sind. Ferner können die Zugehörigkeitsfunktionen bewusst so definiert werden, dass unterschiedlichen Ausprägungen der Ausgangsdaten identische Zugehörigkeitsgrade zu linguistischen Termen zugewiesen werden und somit minimale Unähnlichkeit bei nicht identischen Datensätzen vorliegt.

2. Die hier verwendeten Distanzen müssen nicht zwangsläufig die mathematischen Eigenschaften einer Metrik erfüllen.[40]

4.6.2 Ermittlung der Distanzen zwischen den Datensätzen

Ziel des statistischen Fuzzy-Matchings ist es, zu jedem Case den ähnlichsten Control mit der geringsten Distanz zum betreffenden Case als statistischen Zwilling zu finden.[41] In diesem Abschnitt wird die Vorgehensweise des statistischen Fuzzy-Matchings zur Bestimmung der Distanzen zwischen den Datensätzen entwickelt.

---

37 Vgl. [Boc74], S. 25.

38 Vgl. [EKR02], S. 206.

39 Vgl. [Boc74], S. 25.

40 Eine Metrik erfüllt über die Merkmale einer Distanz hinaus die Eigenschaft der positiven Definitheit ($d_{jk} \geq 0$ und $d_{jk} = 0$ genau dann wenn $j = k$) und die Dreiecksungleichung ($d_{jk} \leq d_{ji} + d_{ik}$, $j,i,k \in A$). Vgl. [MKB79], S. 375 oder [For93], S. 1.

41 Vgl. [RF98], S. 318.

Sei g ein beliebiger Datensatz aus der Menge aller Controls und h ein beliebiger Datensatz aus der Menge der Cases. Die Distanz d_{gh} zwischen Control g und Case h wird gebildet aus dem Abstand der beiden zugehörigen Vektoren der Zugehörigkeitsgrade. Es werden also nicht die Abweichungen der tatsächlichen Ausprägungen der Datensätze g und h in den Matchingvariablen berechnet, sondern die ihrer Zugehörigkeiten zur Regelbasis.

Sei d eine beliebige Distanzfunktion, dann berechnet sich die Distanz zwischen den beiden Datensätzen g und h gemäß:

$$d_{gh} = d\left(\mu^{\Re}(\xi_g);\mu^{\Re}(\xi_h)\right) = d\left(\begin{pmatrix} \mu^{R_1}(\xi_g) \\ \vdots \\ \mu^{R_r}(\xi_g) \end{pmatrix};\begin{pmatrix} \mu^{R_1}(\xi_h) \\ \vdots \\ \mu^{R_r}(\xi_h) \end{pmatrix}\right) \in \mathbb{R}.$$

Die Distanzfunktion d bildet also die beiden r-dimensionalen Vektoren der Zugehörigkeitsgrade in die Menge $\mathbb{R}$ der reellen Zahlen ab:

$$d : [0,1]^r \times [0,1]^r \to \mathbb{R}.$$

Zur Bestimmung der Distanzen und somit zur Identifikation der statistischen Zwillinge im Rahmen des statistischen Fuzzy-Matchings ist der Einsatz verschiedener Distanzfunktionen denkbar. Im Folgenden sollen einige gängige diskutiert werden.

Eine Klasse von weit verbreiteten Distanzfunktionen, der z. B. die absolute Distanz und die euklidische Distanz angehören und die darüber hinaus die mathematischen Eigenschaften einer Metrik[42] erfüllen, stellt die Familie von Distanzfunktionen dar, die aus der Minkowski-Metrik[43] abgeleitet werden kann:

$$L_p(x,y) = \sqrt[p]{\sum_{i=1}^{n} |x_i - y_i|^p},\ x,y \in \mathbb{R}^n,\ p \geq 1, p \in \mathbb{N}.$$

So erhält man z. B. für $p = 1$ die absolute Distanz zwischen zwei n-dimensionalen Vektoren x und y

$$L_1(x,y) = \sum_{i=1}^{n} |x_i - y_i|,\ x,y \in \mathbb{R}^n,$$

für $p = 2$ die euklidische Distanz

[42] Vgl. den vorangegangenen Abschnitt 4.6.1 und [MB01], S. 4.
[43] Vgl. [DL97], S. 28.

$$L_2(x,y) = \sqrt{\sum_{i=1}^{n} |x_i - y_i|^2}, \ x,y \in \mathbb{R}^n$$

und für $p \longrightarrow \infty$ die Chebyshev Metrik[44]

$$L_\infty(x,y) = \max_{i=1,\dots,n} \{|x_i - y_i|\}.$$

Selbstverständlich gibt es eine Vielzahl anderer Distanzmaße und Metriken, die an dieser Stelle hätten Erwähnung finden können, wie bspw. die Mahalanobis-Distanz[45] oder die Canberra-Metrik[46]. Die obige Auswahl soll lediglich einige der gängigsten Distanzmaße und Metriken enthalten, die im Zusammenhang des statistischen Matchings oft verwendet werden.

Bestimmt man die Distanz zweier Vektoren der Zugehörigkeitsgrade respektive die Distanz zwischen zwei Datensätzen in der Datenbank mit Hilfe der Minkowski-Metrik oder einer ihrer Spezialfälle, so kann es vorkommen, dass zwei verschiedene Controls die gleiche Distanz zu einem Case aufweisen. Im Sinne des statistischen Matchings wird dann keiner der Controls als statistischer Zwilling zum betrachteten Case präferiert. Beide Controls werden sowohl beim unconstrained Matching als auch beim constrained Matching ohne Minimierung der Gesamtdistanz zwischen allen Paaren statistischer Zwillinge gleichberechtigt behandelt und nach beliebigen Kriterien dem jeweiligen Case zugeordnet. Es wird z. B. derjenige Control mit der niedrigeren Ordnungszahl verwendet. Beim constrained Matching unter Minimierung der Gesamtdistanz wählt der Algorithmus den Control entsprechend des besseren Endresultats.

4.6.2.1 Absolute Distanz

Hat man die r-dimensionalen Vektoren der Zugehörigkeitsgrade jedes einzelnen Datensatzes zur Regelbasis bestimmt, so kann man die Distanz zwischen jeweils zwei unterschiedlichen Datensätzen g und h, genauer gesagt die Distanzen der jeweiligen Vektoren der Zugehörigkeitsgrade, auf Grundlage der absoluten Distanz ermitteln:[47]

---

44 Vgl. [DZS06], S. 216.

45 Vgl. [Mah36] oder [Rub79], S. 318ff.

46 Die Canberra-Metrik ergibt sich nach [LW67] gemäß $d_{jk} = \sum_{i=1}^{p} |x_{ki} - x_{ji}| / (x_{ki} + x_{ji})$ in ihrer ursprünglichen Form. [Boc74] schlägt als Erweiterung für die Verwendung der Metrik mit negativen Werten folgende Definition vor: $d_{jk} = \sum_{i=1}^{p} |x_{ki} - x_{ji}| / (|x_{ki}| + |x_{ji}|)$.

47 Vgl. z. B. [Lit00], S. 395.

$$d_{gh} = \sum_{k=1}^{r} \left|\mu^{R_k}(\xi_g) - \mu^{R_k}(\xi_h)\right| \in \mathbb{R}_0^+. \tag{4.6}$$

Die absolute Distanz misst die Distanz zwischen zwei Punkten mittels einer (gedachten) Linie, die jeweils immer nur einer Dimensionsrichtung folgt und somit die absoluten Differenzen der Einzelkoordinaten bestimmt.[48] In Anlehnung an das schachbrettartige Muster der Gebäudeblöcke Manhattans wird diese Distanz auch City-Block-Distanz bzw. Manhattan-Distanz genannt.[49] Je kleiner der Abstand d_{gh}, desto ähnlicher sind sich die beiden miteinander verglichenen Datensätze. Ist $d_{gh} = 0$, so sind die beiden Datensätze im Sinne des statistischen Matchings als identisch zu betrachten, obwohl ihre tatsächlichen Werteausprägungen differieren können (vgl. den vorangegangenen Abschnitt 4.6.1).

4.6.2.2 Euklidische Distanz

Eine weitere Möglichkeit zur Bestimmung der Distanz zwischen zwei unterschiedlichen Vektoren der Zugehörigkeitsgrade bietet die Verwendung der so genannten (ungewichteten) euklidischen Distanz[50]. Sie wird in der sozialwissenschaftlichen Statistik zur Bestimmung der Distanz zwischen zwei Punkten in einem mehrdimensionalen Raum mit Abstand am häufigsten eingesetzt und wie folgt bestimmt:[51]

$$d_{gh} = \sqrt{\sum_{k=1}^{r} \left(\mu^{R_k}(\xi_g) - \mu^{R_k}(\xi_h)\right)^2} \in \mathbb{R}_0^+. \tag{4.7}$$

Im Gegensatz zur absoluten Distanz bestimmt die euklidische Distanz den Abstand der direkten Verbindung der beiden Punkte.[52] Die Verwendung der *gewichteten* euklidischen Distanz

$$d_{gh} = \sqrt{\sum_{k=1}^{r} w_k \left(\mu^{R_k}(\xi_g) - \mu^{R_k}(\xi_h)\right)^2} \in \mathbb{R}_0^+,\ w_k \geq 0\ \forall k = 1,\ldots,r,\ \sum_{k=1}^{r} w_k = 1$$

zur Mehr- oder Mindergewichtung bestimmter Eigenschaften oder Merkmale macht im Zusammenhang mit dem statistischen Fuzzy-Matching keinen Sinn, da nicht die linguistischen Variablen gewichtet würden, sondern die Regeln.

48 Vgl. [Bla01], S. 21.

49 Vgl. [MW03], S. 91.

50 Vgl. z. B. [AR05], S. 172.

51 Vgl. [Bla01], S. 21f.

52 Vgl. [BD02], S. 173.

4.6.3 Constrained und unconstrained Fuzzy-Matching

Die Distanzen d_{gh} zwischen allen Cases $h = 1,...,a$ und allen Controls $g = 1,...,b$ werden in der Matrix D gespeichert, wobei die Cases und Controls in D zufällig angeordnet werden, damit die Reihenfolge keinen Einfluss auf das Ergebnis nehmen kann:

$$D = \begin{pmatrix} d_{11} & d_{12} & \dots & d_{1a} \\ d_{21} & d_{22} & \dots & d_{2a} \\ \vdots & \vdots & \vdots & \vdots \\ d_{b1} & d_{b2} & \dots & d_{ba} \end{pmatrix}.$$

Beim statistischen unconstrained Fuzzy-Matching wird den Vorschlägen von Moriarity und Scheuren (2003) und Ingram et al. (2000) folgend jedem Case der Control als statistischer Zwilling zugeordnet, der die geringste Distanz zum betrachteten Case aufweist.[53] Zur differenzierten Betrachtung von fehlenden Werten in den Ausgangsdaten kann als zusätzliche Voraussetzung berücksichtigt werden, dass beide statistischen Zwillinge (Case und Control) die vorgegebene Mindestanzahl $f \in \mathbb{N}$ $(f \leq n)$[54] an identischen Matchingvariablen ohne fehlende Werte aufweisen.[55] Dadurch wird gewährleistet, dass sich die statistischen Zwillinge in einer vom Benutzer festzulegenden Anzahl an Matchingvariablen mit aussagekräftigen Inhalten ähnlich sind. Daraus wird geschlossen, dass sie sich dann auch in den Matchingvariablen mit fehlenden Werten ähnlich sein werden.[56] Aus jeder Spalte von D wird das Element mit dem kleinsten Wert[57] ausgewählt. Daraus folgt, dass manche Controls mehrfach als statistische Zwillinge verwendet werden können, andere wiederum gar nicht. Weisen mehrere Controls die geringste Distanz zu einem Case auf, so wird derjenige Control mit der niedrigeren Ordnungszahl verwendet.

Beim statistischen constrained Fuzzy-Matching wird im Gegensatz zum statistischen unconstrained Fuzzy-Matching die Bedingung eingeführt, dass jeder Control nur maximal ein Mal als statistischer Zwilling Verwendung finden darf.[58] Sobald ein Control als statistischer Zwilling zu einem Case ausgewählt wurde, steht er für die anderen Cases nicht mehr zur Verfügung. Ähnlich wie beim unconstrained Fuzzy-Matching können die Controls als statistische Zwillinge zu den Cases

[53] Vgl. [MS03], S. 2905 und [IOST00], S. 746f.

[54] n ist die Anzahl Matchingvariablen.

[55] In der programmtechnischen Umsetzung des statistischen Fuzzy-Matchings wurde diese Voraussetzung nicht implementiert.

[56] Vgl. Abschnitt 4.3.

[57] Alle Einträge in D sind größer oder gleich 0.

[58] Vgl. [Red03], S. 4 und [vKG02], S. 4.

anhand der niedrigsten Distanzen in der Reihenfolge ihrer Ordungszahlen zugewiesen werden oder unter Minimierung der Gesamtdistanz aller Paare statistischer Zwillinge mit Hilfe eines linearen Optimierungsmodells (vgl. Abschnitt 2.4).

Bei der Minimierung der Gesamtdistanz handelt es sich um ein Zuordnungsproblem mit $m = b \times (b-1) \times ... \times (b-(a-1))$ möglichen Alternativen. Aus jeder Spalte der Matrix D gehört genau ein Element zur optimalen Lösung, aus jeder Zeile maximal eines. In der praktischen Umsetzung der Theorie des statistischen constrained Fuzzy-Matchings werden zur Lösung dieses Minimierungsproblems nicht alle möglichen Kombinationen berechnet, sondern es wird auf die sogenannte *ungarische Methode* zurückgegriffen, die auch unter dem Namen *Kuhn-Munkres-Algorithmus* bekannt ist.[59] Kuhn (1955) entwickelte diesen Algorithmus auf Basis der Arbeiten der ungarischen Mathematiker Dénes König und Jeno Egerváry. Der Kuhn-Munkres-Algorithmus transformiert das Optimierungsproblem in ein kombinatorisches Problem zur Lösung der optimalen Zuordnung unter Minimierung der Gesamtdistanz. Dadurch reduziert sich der Rechenaufwand auf $O(b^3)$[60].[61] Die genaue Vorgehensweise des Kuhn-Munkres-Algorithmus zur Lösung der optimalen Zuordnung kann bspw. bei Burgeois und Lassalle (1971), Weber (1999) oder Pilgrim (2008) nachgelesen werden.[62]

4.7 Transformationsfunktionen

Die Fuzzyfizierung von scharfen Eingangswerten zur Bestimmung von Zugehörigkeitsgraden zu Fuzzy-Mengen kann als eine Art Transformation von Daten aufgefasst werden. Das statistische Fuzzy-Matching verwendet zur Ermittlung statistischer Zwillinge nicht die tatsächlichen Ausprägungen der zu verschmelzenden Datensätze, sondern ihre Zugehörigkeitsgrade zur Regelbasis resp. zu Fuzzy-Mengen. Die Ausgangsdaten werden bei der Fuzzyfizierung in das Intervall $[0,1]$ transformiert. An dieser Stelle sollen allgemeine und häufig verwendete Transformationsfunktionen betrachtet und ihre Eignung als Ersatz für die Fuzzy Logic beim statistischen Matching beurteilt werden.

Die einfachsten nicht-linearen Transformationen sind die sog. *Potenztransfor-*

[59] Vgl. [Kuh55] und [Sch74], S. 213.

[60] O gehört zu den sog. Landau-Symbolen. $O(f(n))$ bedeutet, dass der Verfahrensaufwand die Ordnung $f(n)$ hat. Vgl. [Gru02], S. 11.

[61] Vgl. [Gol06], S. 10.

[62] Vgl. [BL71], S. 802f., [Web99], S. 250ff. und [Pil08].

mationen, die sich nach Rönz (2001) wie folgt ergeben:[63]

$$T_p(x) = \begin{cases} (x+c)^p & \text{für } p \neq 0 \\ \ln(x+c) & \text{für } p = 0. \end{cases}$$

Dabei sind $x, p, c \in \mathbb{R}$ und die Konstante c hat die Aufgabe, alle Werte positiv zu machen, was Voraussetzung für die Anwendung der Potenztransformation ist.[64] Diese Familie der Transformationsfunktionen wurde bereits von Tukey (1957) für $|p| < 1$ beschrieben und schließt die Logarithmus-, Wurzel- und inverse Transformation mit ein.[65] Um die Unstetigkeit bei $p = 0$ zu beseitigen, modifizierten Box und Cox (1964) die Potenztransformation in:[66]

$$T_p^*(x) = \begin{cases} \frac{(x+c)^p - 1}{p} & \text{für } p \neq 0 \\ \ln(x+c) & \text{für } p = 0. \end{cases}$$

Für $p < 1$ bewirken die Potenztransformationen, dass große Werte in den Ausgangsdaten stärker zusammengedrückt werden; für $p > 1$ ergibt sich der umgekehrte Effekt, Werte im oberen Bereich werden stärker auseinandergezogen als Werte, die nahe bei 0 liegen.[67]

Nach Rönz (2001) existieren über die Potenz- und die Box-Cox-Transformation hinaus folgende weitere Transformationen:[68]

- Arcus-Sinus Transformation:

  $$T(x) = \sqrt{n + c_1} \times \arcsin \sqrt{\frac{x + c_2}{n + c_3}}$$

  mit den Konstanten c_1, c_2, c_3. Sie wird vor allem bei binomialverteilten Variablen $B(n; p)$ angewandt. n entspricht dabei der Anzahl an Zufallsexperimenten (Versuche), p der Eintrittswahrscheinlichkeit.

- Gefaltete Wurzel- und Log-Transformationen:

  $$T_W(x) = \sqrt{x} - \sqrt{1 - x}$$

  $$T_L(x) = \log\left(\frac{x}{1 - x}\right).$$

[63] Vgl. [Rön01], Abschnitt 3.4.
[64] Vgl. [Sch00], S. 163.
[65] Vgl. [Alb05], S. 2.
[66] Vgl. [BC64].
[67] Vgl. [Sch00], S. 164.
[68] Vgl. [Rön01], Abschnitt 3.4.

Die gefaltete Logarithmustransformation wird auch Logit-Transformation genannt.[69]

- Fallen die transformierten Werte aus dem Bereich der Ausgangswerte heraus, können lineare *angepasste Transformationen* notwendig werden, um den transformierten Daten eine ähnliche Struktur wie den Ausgangsdaten zu geben:

$$z = a \times T_P(x) + b,$$

mit $a, b \in \mathbb{R}$.

Um vergleichbare Ergebnisse wie bei der Fuzzyfizierung zu erzielen, können beliebige Transformationsfunktionen gewählt und definiert werden. Sicher können Transformationsfunktionen auch so eingesetzt werden, dass die Ergebnisse exakt den Zugehörigkeitsgraden zu linguistischen Termen entsprechen und man sich den vermeintlichen Umweg über die Erstellung von Fuzzy-Mengen ersparen könnte. Die Vorteile der Verwendung des statistischen Fuzzy-Matchings im Vergleich zu den hier betrachteten Transformationsfunktionen bleiben dennoch erhalten:

- Die bei Verwendung der Fuzzy Logic notwendige Festlegung der Fuzzy-Mengen resp. der linguistischen Terme ist einfacher und anwendungsfreundlicher als die Auswahl und Modellierung von Transformationsfunktionen.
- Allgemeine Transformationsfunktionen ermöglichen keine einfache Einbeziehung fehlender Werte in den Matchingprozess, wie es beim statistischen Fuzzy-Matching der Fall ist.
- Die Verarbeitung nominal skalierter Variablen wird durch die Verwendung von Transformationsfunktionen nicht so einfach wie beim statistischen Fuzzy-Matching.

Somit erscheinen Transformationsfunktionen in der Lage zu sein, die Ausgangsdaten so zu transformieren, dass sie der Fuzzyfizierung entsprechen. Die weiteren Vorteile, die sich aus der Verwendung linguistischer Terme beim statistischen Matching ergeben, können von einfachen Transformationsfunktionen aber nicht erzielt werden. Daher sind allgemeine Transformationsfunktionen kein adäquater Ersatz für die Fuzzy Logic beim statistischen Matching.

---

[69] Vgl. [WG99], S. 1ff.

5 Programmtechnische Umsetzung des statistischen Fuzzy-Matchings

In diesem Kapitel werden der Aufbau und die Funktionsweise der Software beschrieben, die zur Umsetzung des statistischen Fuzzy-Matchings programmiert wurde. Dabei werden besonders die Kernbereiche der Software berücksichtigt und in Form von Auszügen aus dem Quellcode dargestellt. Der vollständige Quellcode ist in Anhang C aufgeführt. Ziel der hier vorgestellten Software ist es, statistische Zwillinge aus zwei verschiedenen Mengen von Datensätzen mit der Methode des statistischen Fuzzy-Matchings zu identifizieren, die sich hinsichtlich der Matchingvariablen möglichst ähnlich sind.

5.1 Programmierumgebung

Die Umsetzung der Software zum statistischen Fuzzy-Matching wurde in der Programmierumgebung MATLAB® in der Version R2007a realisiert.[1] MATLAB stellt ein umfangreiches Softwarepaket für numerische Mathematik mit Schwerpunkt auf Vektoren- und Matrizenrechnungen zur Verfügung.[2] Neben der Programmierumgebung ist MATLAB auch eine eigene Programmiersprache, die ähnliche Strukturen wie die Programmiersprache *C* aufweist.[3] Aufgrund der vielseitigen Möglichkeiten der vektorisierten Programmierung und der Erweiterbarkeit der MATLAB-Umgebung um die Fuzzy-Logic-Toolbox, die Funktionen für Methoden der Fuzzy Logic bietet, wurde MATLAB als Programmierumgebung für die Erstellung der Software zum statistischen Fuzzy-Matching ausgewählt.

5.2 Aufbau des Programms

Der Aufbau der Software zur Identifikation statistischer Zwillinge nach der Methode des statistischen Fuzzy-Matchings lässt sich in sechs Schritte unterteilen, die in den folgenden Abschnitten dieses Kapitels ausführlich erläutert werden.

[1] MATLAB ist ein eingetragenes Warenzeichen von The MathWorks, Inc.

[2] Vgl. [ABRW07], S. 1.

[3] Vgl. [Ben01], S. 113.

Zu Beginn des Programms werden die beiden Datenmengen der Cases und Controls eingelesen und die notwendigen Einstellungen und Parameter zum statistischen Fuzzy-Matching mit Hilfe einer einfachen Benutzerschnittstelle abgefragt. Dies beinhaltet u.a. die Wahl einer der möglichen Regelverknüpfungen, das Festlegen der Matchingart, die Möglichkeit zur Auswahl der Minimierung der Gesamtdistanz zwischen allen Paaren statistischer Zwillinge, die Angabe der Matchingvariablen, die Bestimmung der Anzahl linguistischer Terme für jede Matchingvariable und die Benennung solcher Matchingvariablen, für die nur perfekte Übereinstimmungen bei den statistischen Zwillingen zugelassen werden sollen.

Im zweiten Schritt wird der Benutzer der Software aufgefordert, die Zugehörigkeitsfunktionen zu den linguistischen Termen für alle Matchingvariablen festzulegen. Dies geschieht durch Angabe weniger Parameter zu einer der drei vorgegebenen Formen von Zugehörigkeitsfunktionen in der dafür vorgesehenen Benutzerschittstelle. Das System berechnet aus diesen Angaben die vollständigen Zugehörigkeitsfunktionen und fuzzyfiziert die Ausprägungen der Cases und Controls in den Matchingvariablen.

Alle folgenden Schritte zur Identifikation der statistischen Zwillinge laufen ohne weitere Interaktionen mit dem Benutzer ab. Auf Basis der linguistischen Terme wird die Regelbasis erstellt und die Zugehörigkeitsgrade jedes Datensatzes der Cases und Controls zur Regelbasis, abhängig von der gewählten Art der Regelverknüpfung, berechnet.

Anschließend werden die Distanzen zwischen allen Datensätzen der Cases und Controls auf Grundlage der Zugehörigkeitsgrade zur Regelbasis bestimmt, ehe die statistischen Zwillinge nach den Methoden des constrained oder unconstrained Matchings ermittelt werden.

Der letzte Schritt des statistischen Fuzzy-Matchings beinhaltet die Ausgabe der Ergebnisse, die eine direkte Gegenüberstellung der Paare statistischer Zwillinge erlauben.

5.2.1 Eingabe der Daten und Festlegung der Parameter

Das Einlesen der Daten und die Festlegung aller Parameter zum statistischen Fuzzy-Matching werden durch die Benutzerschnittstelle unterstützt, die in Abbildung 5.1 dargestellt ist. Die Datenmengen der Cases und Controls müssen im Dateiformat *CSV* vorliegen. Es handelt sich dabei um ein hersteller- und plattformunabhängiges Dateiformat, in dem die Felder jedes Datensatzes durch Kommata getrennt sind.[4] In beiden Datenmengen ist der Punkt als Dezimaltrennzeichen zu verwenden.

[4] Vgl. [WB05], S. 71 und [SS07], S. 208.

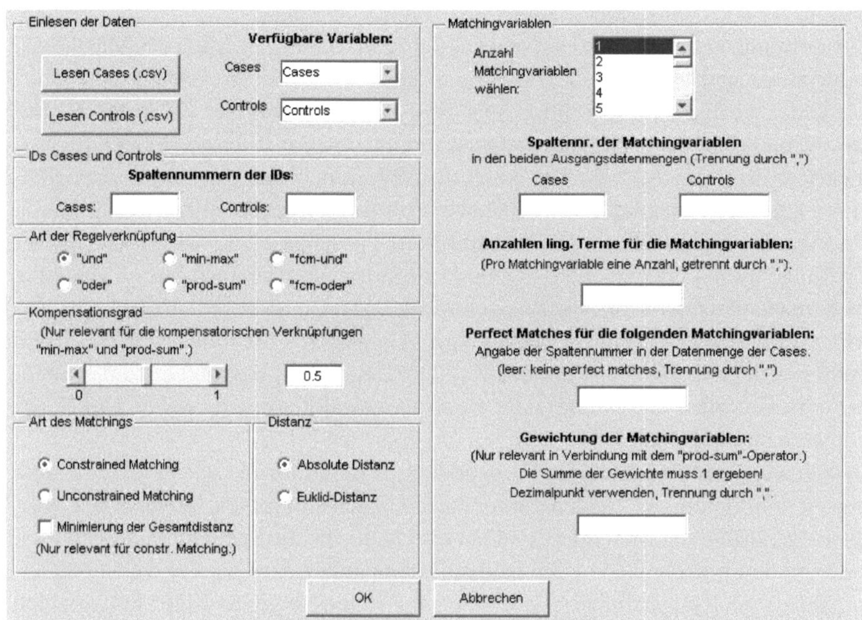

Abbildung 5.1: Benutzerschnittstelle des Programms zum statistischen Fuzzy-Matching

Nach dem Einlesen der Daten können die vorhandenen Variablen, deren Bezeichnungen in der ersten Zeile der CSV-Dateien stehen müssen, in den beiden Dropdown-Listen eingesehen werden. Für die weitere Verarbeitung der Cases und Controls ist es notwendig, die Spalten mit den IDs der jeweiligen Datenmengen anzugeben, also die Attribute mit den eindeutigen Kennzeichnungen jedes einzelnen Cases und jedes einzelnen Controls. Es wird verlangt, dass diese Schlüsselattribute aus Zahlen bestehen.

Für das statistische Fuzzy-Matching stehen folgende Regelverknüpfungen zur Verfügung, aus denen der Benutzer eine auswählen muss: und-, oder-, kompensatorische min-max- und kompensatorische prod-sum-Verknüpfung. Die und- und die oder-Verknüpfung können zusätzlich mit der automatischen Bestimmung von Zugehörigkeitsfunktionen durch die Fuzzy c-Means Clusteranalyse (FCM) verwendet werden. Die Grundeinstellung sieht die Verwendung der „und“-Verknüpfung mit der manuellen Festlegung der Zugehörigkeitsfunktionen vor. Bei Wahl eines der beiden kompensatorischen Operatoren, „min-max“ oder „prod-sum“, muss zusätzlich der Kompensationsgrad im Intervall $[0, 1]$ gewählt werden. Standardmäßig wird ein Kompensationsgrad von 0.5 verwendet.

Der Benutzer des Systems hat die Auswahl zwischen zwei Arten des Matchings: constrained und unconstrained Matching. Beim statistischen constrained Fuzzy-Matching wird jeder Control maximal ein Mal als statistischer Zwilling verwendet, während ein Control beim statistischen unconstrained Fuzzy-Matching auch mehrfach berücksichtigt werden kann. Im Zusammenhang mit constrained Matching kann die zusätzliche Option ausgewählt werden, dass bei der Identifikation der statistischen Zwillinge die Gesamtdistanz zwischen allen Paaren statistischer Zwillinge minimiert wird. Diese Option ist für das unconstrained Fuzzy-Matching nicht relevant, weil davon ausgegangen werden kann, dass zu jedem Case ein Control mit minimaler Distanz gefunden wird. Als weitere Auswahlmöglichkeit kann zwischen der absoluten und der euklidischen Distanz zur Berechnung der Abstände zwischen allen Cases und allen Controls gewählt werden, wobei erstere der Grundeinstellung entspricht.

Alle weiteren Eingabefelder in Abbildung 5.1 sind für die notwendigen Angaben zu den Matchingvariablen vorgesehen. Zunächst muss der Benutzer der Software die Anzahl der Matchingvariablen festlegen, ehe die Spaltennummern dieser, getrennt durch Kommata, in den beiden Datenmengen der Cases und Controls anzugeben sind. Zu beachten ist dabei, dass die Reihenfolge der Matchingvariablen in beiden Fällen dieselbe ist und dass nur Matchingvariablen verarbeitet werden können, die aus Zahlen bestehen. Sollen bspw. die Matchingvariablen „Alter“ und „Einkommen“ berücksichtigt werden und steht die Variable „Alter“ in der Menge der Cases in der 3. Spalte und das Einkommen in der 10. Spalte, so ist bei den Spaltennummern der Matchingvariablen der Cases der Eintrag „3, 10“ vorzunehmen. Stehen die Angaben zum Alter der Controls in der 21. Spalte und das Einkommen in der 2. Spalte, so ist entsprechend „21, 2“ bei den Spaltennummern der Matchingvariablen der Controls einzutragen.

Im folgenden Eingabefeld muss die Anzahl linguistischer Terme für jede Matchingvariable angegeben werden. Aus inhaltlichen Überlegungen und programmiertechnischen Restriktionen werden maximal neun linguistische Terme pro Matchingvariable berücksichtigt. Bei der Angabe der Anzahl linguistischer Terme ist wiederum die Reihenfolge der Matchingvariablen zu beachten.

Sollen *perfect matches* berücksichtigt werden, d. h. die statistischen Zwillinge müssen in bestimmten Matchingvariablen perfekt übereinstimmen, so sind die korrespondierenden Spaltennummern der Matchingvariablen aus der Menge der Cases im entsprechenden Eingabefeld anzugeben. Lässt der Benutzer dieses Feld frei, so wird die Notwendigkeit nach perfekten Übereinstimmungen der statistischen Zwillinge nicht beachtet.

Abschließend hat der Nutzer des Systems noch die Möglichkeit, Gewichtungen der Matchingvariablen anzugeben. Diese Option findet beim statistischen Fuzzy-Matching nur in Verbindung mit dem algebraischen ProdSum-Operator Berücksichtigung. Die Gewichte müssen aus dem Intervall $[0,1]$ gewählt, mit Kommata voneinander getrennt und unter Verwendung des Dezimalpunkts angegeben werden. Die Summe aller Gewichte muss genau 1 ergeben. Die Reihenfolge der einzugebenden Gewichte entspricht der Reihenfolge der Matchingvariablen. Bei Wahl des algebraischen ProdSum-Operators unter Auslassung der Angabe von Gewichten werden alle Matchingvariablen gleichgewichtet.

5.2.2 Bestimmung der Zugehörigkeitsfunktionen und Fuzzyfizierung der Ausgangsdaten

Zur Festlegung der linguistischen Terme hat der Benutzer der Software die Wahl zwischen trapez-, dreiecks- und punktförmigen Zugehörigkeitsfunktionen. Die zur Festlegung der Zugehörigkeitsfunktionen notwendigen Parameter werden mit Hilfe einer grafischen Benutzeroberfläche abgefragt, die in Abbildung 5.2 für drei linguistische Terme einer Matchingvariablen dargestellt ist. Bei trapezförmigen

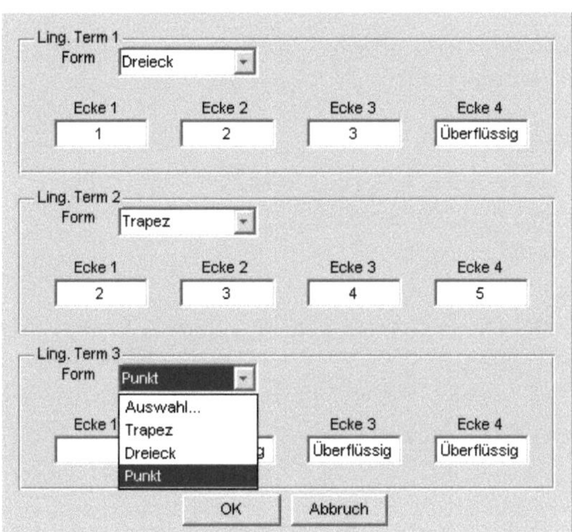

Abbildung 5.2: Benutzerschnittstelle zur Festlegung linguistischer Terme

Zugehörigkeitsfunktionen müssen entsprechend der folgenden Abbildung 5.3 die vier Ecken a, b, c und d angegeben werden, bei dreiecksförmigen Zugehörigkeitsfunktionen die Eckpunkte a, b und c und bei punktförmigen Zugehörigkeitsfunktionen nur der Punkt a. Zur Eingabe von rationalen Zahlen ist der Punkt als Dezimaltrennzeichen zu verwenden. Entsprechend der Anzahl linguistischer Terme

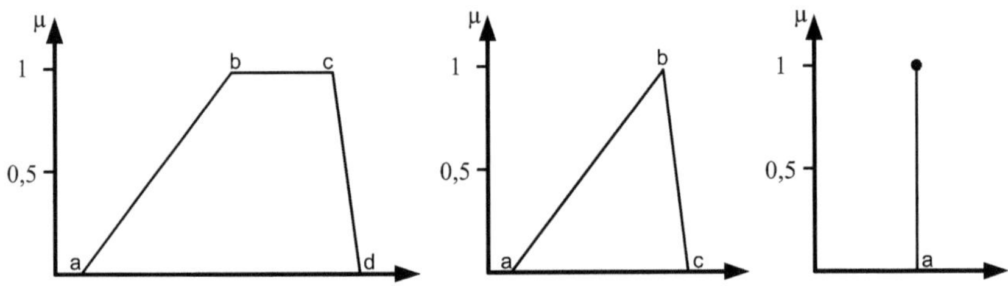

Abbildung 5.3: Notwendige Eckpunkte zur Festlegung von Zugehörigkeitsfunktionen

werden die Eckpunkte für alle Zugehörigkeitsfunktionen der Matchingvariablen festgelegt. Je nach Form werden die Zugehörigkeitsfunktionen „mu_i“ mit Hilfe der Funktionen *trapmf* und *trimf* für trapez- und dreiecksförmige Zugehörigkeitsfunktionen aus der Fuzzy-Logic-Toolbox von MATLAB berechnet. Der folgende Auszug aus dem Quellcode zeigt die Bestimmung der ersten Zugehörigkeitsfunktion einer Matchingvariablen für alle drei Formen, wie sie für das statistische Fuzzy-Matching realisiert wurde:[5]

```
if form1==1 %Trapez
   ecken1=[ecke1 ecke2 ecke3 ecke4];
   mu_1=@(x)trapmf(x,[ecken1]);
elseif form1==2 %Dreieck
   ecken1=[ecke1 ecke2 ecke3];
   mu_1=@(x)trimf(x,[ecken1]);
elseif form1==3 %Punkt
   ecken1=[ecke1 ecke1 ecke1];
   mu_1=@(x)trimf(x,[ecken1]);
end;
```

Für jede Matchingvariable werden die Ausgangsdaten der Cases und Controls anschließend unter Verwendung der berechneten Zugehörigkeitsfunktionen fuzzyfiziert. Um die Ergebnisse des statistischen Fuzzy-Matchings unabhängig von der Reihenfolge der Datensätze in den Ausgangsdaten zu machen, werden die Zeilen der Case- und Controldaten vorher mit Hilfe eines Zufallszahlengenerators zufällig angeordnet. Der folgende Quellcode-Auszug zeigt die Fuzzyfizierung der

[5] Kommentare im Quellcode sind durch vorangestelltes %-Zeichen gekennzeichnet.

Case-Daten für zwei linguistische Terme einer Matchingvariablen, die durch den Zähler *index1* gekennzeichnet ist:[6]

```
mu_Cases(:,1:Anzahl_LingTerme(index1,1),index1)=
[mu_1(Case_Daten(:,Matchingvar_Cases(index1)))␣...
...mu_2(Case_Daten(:,Matchingvar_Cases(index1)))];
```

Die fuzzyfizierten Daten werden in der dreidimensionalen Matrix „mu_Cases" abgelegt. Die Anzahl linguistischer Terme für jede Matchingvariable entspricht der Anzahl Spalten in „mu_Cases", die mit den fuzzyfizierten Ausgangsdaten belegt werden. Für jede Matchingvariable werden die Daten in der dritten Dimension der Matrix „mu_Cases" gespeichert. Die Fuzzyfizierung der Ausgangsdaten der Controls verläuft analog.

Sollen die Zugehörigkeitsfunktionen automatisch mit dem Fuzzy c-Means Algorithmus bestimmt werden, so erfolgt die Berechnung durch die Funktion *fcm* aus der Fuzzy-Logic-Toolbox von MATLAB zur Durchführung einer Fuzzy c-Means Clusteranalyse. Die Anzahl der zu berechnenden Cluster wird vom Benutzer des Systems durch die Angabe der Anzahl linguistischer Terme für jede Matchingvariable festgelegt. Grundlage zur Durchführung der Fuzzy c-Means Clusteranalyse bilden die Case- und Controldaten in den Matchingvariablen. Sie werden in der Matrix „data" gespeichert, auf die anschließend die Funktion *fcm* angewendet wird. Das Ergebnis der Fuzzy c-Means Clusteranalyse unter Verwendung der Zielfunktion (3.4) wird in der Matrix „U" abgelegt. Die Aufspaltung von „U" in „U_Cases" und „U_Controls" ermöglicht die Speicherung der Zugehörigkeitsgrade von Cases und Controls zu den ermittelten Clustern in separaten Matrizen. Eine weitere Fuzzyfizierung der Daten ist nicht notwendig, da die Clusteranalyse bereits Zugehörigkeitsgrade zu unscharfen Mengen ermittelt. Der folgende Teil des Quellcodes zeigt die automatische Ermittlung von Zugehörigkeitsfunktionen für alle Matchingvariablen auf Grundlage der Case- und Controldaten:[7]

```
Anzahl_Cluster = Anzahl_LingTerme;
for index=1:Anzahl_Matchingvar
   data = [Case_Daten(:,Matchingvar_Cases(index));...
   ...Control_Daten(:,Matchingvar_Controls(index))];
   [center,U,obj_fcn] = fcm(data, Anzahl_Cluster(index));
```

[6] Zeilenumbrüche im Quellcode werden durch „..." am Ende der umzubrechenden und zu Beginn der neuen Zeile kenntlich gemacht. Ein Doppelpunkt bedeutet in MATLAB, dass die jeweilige Operation über alle Indizes der entsprechenden Dimension ausgeführt wird.

[7] Die Auszüge aus dem Quellcode sind hier und im Folgenden aus Gründen der anschaulicheren Darstellung in vereinfachter Form als Pseudocode dargestellt.

```
    U_Cases{1,index}=[U(1:Anzahl_Cases,...
    ...1:Anzahl_Cluster(index))];
    U_Controls{1,index}=...
    ...U((Anzahl_Cases+1):(Anzahl_Cases+Anzahl_Controls),...
       ...1:Anzahl_Cluster(index));
end;
```

5.2.3 Berechnung der Zugehörigkeitsgrade zur Regelbasis

Die Grundlage zur Bestimmung der Zugehörigkeitsgrade der Datensätze zur Regelbasis wird von den fuzzyfizierten Ausgangsdaten gebildet, die in Form von dreidimensionalen Matrizen vorliegen. In Abhängigkeit von der Art der Regelverknüpfung werden die Zugehörigkeitsgrade der Datensätze zur Regelbasis entsprechend Formel (4.2) auf unterschiedliche Arten berechnet. Der folgende Ausschnitt aus dem Quellcode zeigt die Berechnung der Zugehörigkeitsgrade zur Regelbasis am Beispiel der Casedaten:[8]

```
for index1=1:Anzahl_Cases
   for index2=1:Anzahl_Matchingvar
     C(1,index2)=...
     ...{mu_Cases(index1,1:Anzahl_LingTerme(index2),index2)};
   end;

   if und_verkn==1 % Auswahl der "und"-Verknüpfung
     Regelbasis_Cases(index1,:) = min(allcomb(C{1,:})');
   elseif oder_verkn==1 % Auswahl der "oder"-Verknüpfung
     Regelbasis_Cases(index1,:) = max(allcomb(C{1,:})');
   elseif minmax_verkn==1 % Auswahl der "minmax"-Verknüpfung
     Regelbasis_Cases(index1,:) = ...
     ...Kompensationsgrad*min(allcomb(C{1,:})')+...
        ...(1-Kompensationsgrad)*max(allcomb(C{1,:})');
   elseif prodsum_verkn==1 % Auswahl der "prodsum"-Verknüpfung
     dummy1=allcomb(C{1,:})';
     Regelbasis_Cases(index1,:)=...
     ...Kompensationsgrad*prod(dummy1.^delta)+...
        ...((1-Kompensationsgrad)*...
```

[8] Die verwendete Funktion *allcomb* kann zur freien Verfügung von der Homepage der „The MathWorks, Inc.“ bezogen werden. Vgl. http://www.mathworks.com/matlabcentral/fileexchange/10064.

```
            ...(1-(prod((1-dummy1).^delta)));
    end;
end;
```

Zur Bestimmung der Zugehörigkeitsgrade der Datensätze zur Regelbasis werden zunächst die Zeilen der Matrix „mu_Cases“ entsprechend der Anzahl linguistischer Terme der Matchingvariablen in die Zellvariable[9] „C“ geschrieben.[10] Jede Zelle von „C“ enthält eine Zeile aus „mu_Cases“. Die Funktion *allcomb* berechnet alle möglichen Kombinationen zwischen den Elementen der Zellen aus „C“. Zur Bestimmung der Zugehörigkeitsgrade jedes Datensatzes der Cases zur Regelbasis bei Verwendung der „und“-Verknüpfung der Regeln werden die Minima der Zugehörigkeitsgrade aller möglichen Kombinationen der linguistischen Terme gemäß Formel (4.2) gebildet und in „Regelbasis_Cases“ abgelegt. Bei Verwendung der „oder“-Verknüpfung der Regeln werden die Maxima ermittelt. Die Bestimmung der Zugehörigkeitsgrade zur Regelbasis unter Verwendung des kompensatorischen MinMax-Operators erfolgt durch Linearkombination des Minimums mit dem Maximum. Der vom Benutzer gewählte Kompensationsgrad wird bei der Berechnung entsprechend berücksichtigt. Zur Ermittlung der Zugehörigkeitsgrade der Cases zur Regelbasis bei Verwendung des algebraischen ProdSum-Operators werden die möglichen Kombinationen zwischen den Elementen der Vektoren von „C“ zunächst in der Hilfsvariablen „dummy1“ gespeichert. Die Gewichtung der Matchingvariablen erfolgt durch Potenzieren der Vektoren in „dummy1“ mit dem Vektor der Gewichte „delta“. Abschließend wird die Linearkombination aus der algebraischen Summe und dem algebraischen Produkt unter Berücksichtigung des Kompensationsgrads zur Ermittlung der Zugehörigkeitsgrade der Datensätze zur Regelbasis gebildet.

Die Vorgehensweise zur Bestimmung der Zugehörigkeitsgrade der Datensätze der Controls zur Regelbasis ist analog zum oben beschriebenen Vorgehen. Grundlage zu den Berechnungen bildet die Matrix „mu_Controls“. Die Zugehörigkeitsgrade der Datensätze der Controls zur Regelbasis werden in „Regelbasis_Controls“ gespeichert.

Unter Verwendung der automatischen Bestimmung von Zugehörigkeitsfunktionen durch die Fuzzy c-Means Clusteranalyse verläuft die Ermittlung der Zugehörigkeitsgrade der Datensätze zur Regelbasis ebenfalls analog zum oben dargestellten Vorgehen. Lediglich die beiden Matrizen „mu_Cases“ und „mu_Controls“

[9] In Zellvariablen können verschiedene Objekte unterschiedlicher Größe und unterschiedlichen Typs abgelegt werden.

[10] Die Anzahl Spalten der dreidimensionale Matrix „mu_Cases“ wird von der größten vorkommenden Anzahl linguistischer Terme bestimmt. Daher muss beim Schreiben von „C“ auf die tatsächliche Anzahl linguistischer Terme jeder Matchingvariablen Rücksicht genommen werden.

müssen durch „U_Cases“ und „U_Controls“ ersetzt werden. Da die Regelverknüpfungen bei der Fuzzy c-Means Clusteranalyse auf die „und“- und die „oder“-Verknüpfung beschränkt sind, erfolgt die Berechnung der Zugehörigkeitsgrade der Datensätze zur Regelbasis nach Durchführung der Fuzzy c-Means Clusteranalyse durch die Bestimmung des Minimums bzw. des Maximums.

5.2.4 Ermittlung der Distanzen zwischen Cases und Controls

Die Ermittlung der Distanzen zwischen allen Cases und allen Controls erfolgt je nach Wahl des Benutzers durch die Berechnung der absoluten oder der euklidischen Distanz zwischen den Zugehörigkeitsgraden der Datensätze zur Regelbasis. Die berechneten Distanzen werden in der Matrix „dist“ gespeichert, wobei jede Spalte dieser Matrix die Distanzen zwischen einem Case und allen Controls beinhaltet. Der folgende Quellcode-Auszug zeigt die Ermittlung der Distanzen zwischen Cases und Controls unter Verwendung der absoluten Distanz:

```
for index=1:Anzahl_Cases
   zeile=Regelbasis_Cases(index,:);
   Matrix(zeile)=zeile(ones(1,Anz_Controls),:);
   dist(:,index)=sum(abs(Matrix(zeile)-Regelbasis_Controls));
end;
```

Zur Bestimmung der Distanzen wird jeder Datensatz der Cases einzeln betrachtet und seine Zugehörigkeitsgrade zur Regelbasis im Vektor „zeile“ gespeichert. Aus diesem Zeilenvektor wird dann eine Matrix „Matrix(zeile)“ erstellt, indem die betreffende Zeile so oft dupliziert wird, wie Anzahl Controls vorhanden sind. Abschließend wird die Distanz zwischen einem Datensatz der Cases und allen Datensätzen der Controls bestimmt, indem die absoluten Differenzen zwischen den Zeilen aus „Matrix(zeile)“ und „Regelbasis_Controls“ gemäß Formel (4.6) gebildet werden. Die Matrix „dist“ enthält nach Beendigung der for-Schleife die Distanzen zwischen allen Cases und allen Controls. Bei Auswahl der euklidischen Distanz werden die Distanzen zwischen Cases und Controls entsprechend Formel (4.7) bestimmt.

5.2.5 Identifizierung der statistischen Zwillinge

Statistische Zwillinge können nach den Methoden des statistischen constrained und unconstrained Fuzzy-Matchings identifiziert werden. Im ersten Fall wird jeder Datensatz aus der Menge der Controls maximal ein Mal als statistischer Zwilling eingesetzt, während jeder Datensatz der Controls beim unconstrained Fuzzy-

Matching beliebig oft verwendet werden darf. Zum constrained Fuzzy-Matching kann zusätzlich die Option der Minimierung der Gesamtdistanz zwischen allen Paaren statistischer Zwillinge gewählt wird. Sollen in einigen Matchingvariablen perfect matches berücksichtigt werden, so werden für jeden Case diejenigen Datensätze der Controls aus der weiteren Betrachtung ausgeschlossen, die keine perfekte Übereinstimmung in den entsprechenden Matchingvariablen aufweisen. Der folgende Ausschnitt aus dem Quellcode zeigt die Verarbeitung der Matrix „dist" zur Berücksichtigung von perfect matches:

```
for index1=1:length(perfect_matches)
  for index=1:Anzahl_Cases
   index2(index1)=find(Matchingvar_Cases==...
      ...perfect_matches(index1));
   PMCases=Case_Daten(:,...
      ...Matchingvar_Cases(index2(index1)));
   PMControls=Control_Daten(:,...
      ...Matchingvar_Controls(index2(index1)));
   PMMatrix(:,index)=...
   ...abs(repmat(PMCases(index,1),...
      ...Anzahl_Controls,1)-PMControls);
   i=find(PMMatrix(:,index)~=0);
   dist([i],index)=inf;
  end;
end;
```

Zunächst wird der Index jeder kritischen Variablen in den Matchingvariablen der Cases mit Hilfe des Befehls *find* bestimmt und in „index2" gespeichert. In die Matrix „PMCases" wird die Spalte der Casedaten geschrieben, die der beim jeweiligen Schleifendurchlauf betrachteten kritischen Variablen entspricht. Analog wird die Matrix „PMControls" aufgebaut, die die Controldaten in der jeweiligen kritischen Variablen enthält. Die Werte der Datensätze der Cases in den kritischen Matchingvariablen werden mittels des Befehls *repmat* so oft dupliziert, wie Controls vorhanden sind. Anschließend werden davon die Ausprägungen der Controls in den kritischen Variablen zeilenweise subtrahiert. In der Ergebnismatrix „PM-Matrix" stehen an solchen Stellen Nullen, wo Cases und Controls in den kritischen Variablen übereinstimmen. Mit Hilfe des Befehls *find* werden die Positionen der Nullen in „PMMatrix" gesucht, die die Basis für die Identifikation von statistischen Zwillingen darstellen. Datensätze der Controls, die keine Übereinstimmung mit dem jeweiligen Case in den kritischen Variablen haben, werden aus der weiteren Untersuchung ausgeschlossen, indem ihr Eintrag in der Matrix „dist" als *infinity (inf)* gekennzeichnet wird. Bei der Identifikation der statistischen Zwillinge unter Minimierung der Gesamtdistanz aller Paare statistischer Zwillinge kommt die Funktion *assignmentoptimal* zum Einsatz. Sie verlangt die Kennzeichnung von leeren Feldern der Eingangsmatrix mit infinity. Aus programmiertechnischer Sicht wäre die Kennzeichnung leerer Felder mit *NaN* (not-a-number) unter Umständen sinnvoller.

Zur Bestimmung der statistischen Zwillinge nach der Methode des constrained Fuzzy-Matchings unter Minimierung der Gesamtdistanz wird die Funktion *assignmentoptimal* auf die Matrix „dist" mit den Distanzen zwischen allen Cases und allen Controls angewendet.[11] Sie löst die Optimierungsaufgabe als kombinatorisches Problem der optimalen Zuordnung von Cases zu Controls unter Minimierung der Gesamtdistanz (vgl. Abschnitt 4.6.3). Der folgende Auszug aus dem Quellcode zeigt die nötige Vorgehensweise:

```
[assignment, cost] = assignmentoptimal(dist);
zaehler=0;
for index=1:Anzahl_Controls
  if assignment(index)>0
    zaehler=zaehler+1;
    Stat_Zwillinge(zaehler,1:2)=...
    ...[Case_IDs(assignment(index)) Control_IDs(index)];
  end;
end;
Stat_Zwillinge=sortrows(Stat_Zwillinge,1);
```

Die Funktion *assignmentoptimal* arbeitet so, dass jedem Control ein Case oder Null zugewiesen wird. Dabei wird jeder Case berücksichtigt und jeder Control maximal ein Mal verwendet. Für die Gegenüberstellung der statistischen Zwillinge müssen nur solche Fälle betrachtet werden, in denen ein Case zugewiesen wurde, der entsprechende Eintrag in „assignment" also größer 0 ist. Die Matrix „Stat_Zwillinge" speichert die IDs der statistischen Zwillinge, indem die erste Spalte die Case-ID und die zweite Spalte die zugehörige Control-ID enthält. Abschließend wird die Liste statistischer Zwillinge aufsteigend nach Case-IDs sortiert.

Soll die Optimierung der Gesamtdistanz beim statistischen constrained Fuzzy-Matching nicht beachtet werden, so werden die statistischen Zwillinge aufsteigend nach ihren Distanzen zugeordnet. Beginnend mit der kleinsten Distanz zwischen

---

[11] Die Funktion *assignmentoptimal* kann unter http://www.mathworks.com/matlabcentral/fileexchange/6543 zur freien Verfügung bezogen werden.

einem Case und einem Control werden die Paare statistischer Zwillinge sukzessive gebildet. Alle Datensätze der Cases und Controls, die bereits verwendet wurden, werden aus der weiteren Betrachtung ausgeschlossen, wie der folgende Quellcode-Auszug zeigt:

```
for index=1:Anzahl_Cases
  [A,I1]=min(dist);
  [A1,IX]=sort(A);
  if isnan(A1(1)) or isinf(A1(1))
    Case_IDs_neu(index,1)=Case_IDs(IX(1),1);
    Case_IDs(IX(1),:)=[];
    Control_IDs_neu(index,1)=NaN;
  else
    Case_IDs_neu(index,1)=Case_IDs(IX(1),1);
    Case_IDs(IX(1),:)=[];
    [A2(index),I2(index)]=min(dist(:,IX(1)));
    dist(I2(index),:)=[];
    dist(:,IX(1))=[];
    Control_IDs_neu(index,1)=Control_IDs(I2(index),1);
    Control_IDs(I2(index),:)=[];
  end;
end;
Stat_Zwillinge=[Case_IDs_neu Control_IDs_neu];
Stat_Zwillinge=sortrows(Stat_Zwillinge,1);
```

Der Zeilenvektor „A" speichert die kleinsten Werte aus jeder Spalte von „dist". Der i-te ($i = 1,...,n$, n ist die Anzahl Cases) Eintrag von „A" entspricht der kleinsten Distanz zwischen Case i und einem der Controls. In „I1" werden die zugehörigen Indizes der Controls gespeichert, die die geringste Distanz zum jeweiligen Case aufweisen. „A" wird anschließend in „A1" aufsteigend sortiert, so dass die kleinste Distanz zwischen allen Cases und allen Controls an erster Stelle steht. „IX" enthält die Indizes, die der ursprünglichen Stelle der Einträge in „A" entsprechen.

Es muss der Fall abgefangen werden, dass keine Übereinstimmung in den kritischen Variablen vorkommt oder aus anderen Gründen keine Distanz zwischen einem Case und einem oder mehreren Controls berechnet werden kann. In einem solchen Fall kann der erste Eintrag in „A1" keinen Wert oder infinity enthalten. Die ID des betrachteten Cases, für den es keinen geeigneten Control als statistischen Zwilling gibt, wird in den Vektor „Case_IDs_neu" geschrieben. Die Control-ID wird in „Control_IDs_neu" mit NaN gekennzeichnet. Enthält „A1(1)" einen Wert, so wird der Index des Controls mit der geringsten Distanz zu dem betreffenden

Case bestimmt und anschließend der zugehörige Datensatz aus der Matrix „dist", genauso wie der des betrachteten Cases, komplett gelöscht. Die Matrix „dist" wird daher bei jedem Schleifendurchlauf kleiner, weil immer eine Zeile und eine Spalte gelöscht werden. Werden Paare statistischer Zwillinge gefunden, so werden deren Case- und Control-IDs in den Vektoren „Case_IDs_neu" und „Control_IDs_neu" gespeichert. Die Liste aller Paare statistischer Zwillinge wird in „Stat_Zwillinge" abschließend aufsteigend nach Case-IDs sortiert.

Die Suche nach statistischen Zwillingen mit der Methode des statistischen unconstrained Fuzzy-Matchings verläuft analog zum Vorgehen des constrained Fuzzy-Matchings ohne Minimierung der Gesamtdistanz. Der einzige Unterschied ist, dass die Datensätze der Controls, die bereits als statistische Zwillinge Verwendung gefunden haben, nicht aus der Matrix der Distanzen gelöscht und somit nicht aus den weiteren Betrachtungen ausgeschlossen werden. Sie stehen weiterhin als statistische Zwillinge für andere Cases zur Verfügung.

5.2.6 Ausgabe der Ergebnisse

Ergebnis des statistischen Fuzzy-Matchings sind zwei CSV-Dateien mit den Datensätzen der statistischen Zwillinge. Die Datei „Stat_Zwillinge_Cases.csv" enthält die nach IDs aufsteigend sortierten Datensätze der Cases, die Datei „Stat_Zwillinge_Controls.csv" die Datensätze der statistischen Zwillinge aus der Datenmenge der Controls. In letzterer Datei sind die Datensätze so angeordnet, dass sie den Cases entsprechen. Der i-te Datensatz ($i = 1,...,n$, n ist die Anzahl Cases) in der Datei „Stat_Zwillinge_Controls.csv" stellt den statistischen Zwilling zum i-ten Datensatz der Datei „Stat_Zwillinge_Cases.csv" dar. Zusätzlich werden zwei Excel-Dateien erzeugt, „Stat_Zwillinge_Cases_IDs.xls" und „Stat_Zwillinge_Controls_IDs.xls", die nur die IDs der statistischen Zwillinge beinhalten.

Konnte kein statistischer Zwilling zu einem Case gefunden werden, so wird dies in den Ergebnisdateien der Controls in der entsprechenden Zeile durch den Eintrag NaN (not-a-number) kenntlich gemacht.

6 Anwendungsbeispiele des statistischen Fuzzy-Matchings

In diesem Kapitel werden die vorhergehenden Betrachtungen aufgegriffen und Möglichkeiten zur Umsetzung der beschriebenen Vorgehensweise anhand zweier unterschiedlicher empirischer Anwendungsbeispiele vorgestellt.[1] Beide Beispiele sollen verschiedene Ansätze zum Erlangen weiterer Informationen bzw. weiteren Wissens aufzeigen.

6.1 Einstellungen von Arbeitslosen und Erwerbstätigen zur deutschen Vereinigung

Im Rahmen dieses Anwendungsbeispiels soll der bereits in Abschnitt 2.1 beschriebene Ansatz des statistischen Matchings zur Verbesserung statistischer Analysen durch die Beseitigung von Heterogenität in Vergleichsgruppen aufgegriffen werden. Konkret geht es um die Gegenüberstellung der beiden Gruppen der Arbeitslosen und der Erwerbstätigen und deren Einstellungen zur deutschen Vereinigung. Mit Hilfe des statistischen Fuzzy-Matchings sollen Paare statistische Zwillinge aus Arbeitslosen und Erwerbstätigen gebildet werden und die Einstellungen dieser beiden Gruppen zur deutschen Vereinigung im Gegensatz zu den Einstellungen der Gruppen aller Arbeitslosen und aller Erwerbstätigen untersucht werden. Grundlage dieses Anwendungsbeispiels bildet die Allgemeine Bevölkerungsumfrage der Sozialwissenschaften aus dem Jahre 2006, die im nächsten Abschnitt kurz beschrieben wird. Im Anschluss daran wird der Einsatz des statistischen Fuzzy-Matchings zur Lösung dieses Anwendungsproblems erläutert und es wird versucht, die Qualität des statistischen Fuzzy-Matchings zu messen. Schließlich werden die mittels des statistischen Fuzzy-Matchings erlangten neuen Erkenntnisse über Einstellungen zur deutschen Vereinigung untersucht. Parallel zum statistischen Fuzzy-Matching wird ein traditionelles Distanzmatching auf Basis der Ausprägungen der Ausgangsdaten durchgeführt und sowohl die Qualität als auch die

[1] Die statistischen Auswertungen in diesem Kapitel wurden mit der Statistiksoftware SPSS 12.0 für Windows und dem Almo-Statistiksystem 10 gemacht.

Ergebnisse des einfachen Distanzmatchings mit dem statistischen Fuzzy-Matching verglichen.

6.1.1 Allgemeine Bevölkerungsumfrage der Sozialwissenschaften ALLBUS 2006

Mit der Allgemeinen Bevölkerungsumfrage der Sozialwissenschaften (ALLBUS) werden aktuelle Daten über Einstellungen, Verhaltensweisen und Sozialstruktur der Bevölkerung in der Bundesrepublik Deutschland erhoben.[2] Seit 1980[3] wird alle zwei Jahre ein repräsentativer Querschnitt der Bevölkerung in persönlichen Interviews mit konstanten Fragen (bspw. zur Demographie) und speziellen Fragen zur Schwerpunktsetzung jeder Ausgabe befragt.[4] In jeder ALLBUS-Befragung wird eine neue Stichprobe von Befragten gezogen. Die Daten stehen Interessenten für Forschung und Lehre zur freien Verfügung.

Die Grundgesamtheit der ALLBUS-Befragungen bestand bis zum Jahr 1990 aus der wahlberechtigten Bevölkerung der alten Bundesrepublik Deutschland, seit 1991 besteht sie aus der in Privathaushalten lebenden erwachsenen Bevölkerung in Gesamtdeutschland (Einheimische und Ausländer).[5] Seit 1992 werden ca. 2000 bis 2400 Interviews in den alten Bundesländern und ca. 1000 bis 1100 Interviews in den neuen Bundesländern angestrebt, d. h. Ostdeutschland ist überproportional in der Umfrage vertreten (oversample), was bei Analysen und Aussagen über Gesamtdeutschland entsprechend berücksichtigt werden muss.[6]

Die von *TNS Infratest Sozialforschung* durchgeführte Erhebung zur ALLBUS 2006 erstreckte sich auf den Zeitraum von März bis August 2006. Es wurden insgesamt 3421 Personen befragt.[7] Diese verteilen sich mit 2299 Datensätzen auf das Erhebungsgebiet West und mit 1122 Datensätzen auf das Erhebungsgebiet Ost.[8] Es liegen insgesamt 743 Variablen vor. Die inhaltlichen Schwerpunkte der Umfrage

[2] Vgl. [Ges07].
[3] Zunächst in den alten Bundesländern, seit 1991 auch in den neuen Bundesländern.
[4] Vgl. [Blo05].
[5] Vgl. [Zen04].
[6] Vgl. [KWHS01], S. 8.
[7] Mündliche Befragung mit standardisiertem, computergestützem Frageprogramm (CAPI - Computer Assisted Personal Interviewing).
[8] „Personenstichprobe: Zweistufige, disproportional geschichtete Zufallsauswahl in West- (inkl. Westberlin) und Ostdeutschland (inkl. Ostberlin) aus allen deutschsprachigen Personen, die zum Befragungszeitpunkt in Privathaushalten lebten und vor dem 01.01.1988 geboren sind. In der ersten Auswahlstufe wurden Gemeinden in West- und in Ostdeutschland mit einer Wahrscheinlichkeit proportional zur Zahl ihrer erwachsenen Einwohner ausgewählt, in der zweiten Auswahlstufe wurden Personen aus den Einwohnermeldekarteien zufällig gezogen." (Vgl. [Ges06], S. 22.)

des Jahres 2006 beziehen sich im Wesentlichen auf:[9]

- Abtreibung
- Akzeptanz von Immigration, ethnischen Minoritäten und Juden in Deutschland
- Staatsbürgerschaften und Herkunftsland
- Selbsteinschätzung persönlicher Eigenschaften
- Politische Einstellungen
- Einstellungen zur deutschen Vereinigung
- Demographie
- Daten zum Interview
- Arbeitsorientierungen (Zeitanteile für Arbeit und Freizeit, Arbeitsmotivation und Geld, usw.)
- Staat und Regierung

In den folgenden Abschnitten sollen die beschriebenen Daten in einem Anwendungsbeispiel zum statistischen Matching mit Fuzzy Logic verwendet werden.[10] Es sollen Daten von Arbeitslosen und Erwerbstätigen jeweils getrennt nach Ost- und Westdeutschland einander gegenüber gestellt werden, um Unterschiede in den Einstellungen zur deutschen Vereinigung herauszuarbeiten. Konkret soll untersucht werden, ob Arbeitslosigkeit zu einer negativen Einstellung zur deutschen Vereinigung führt. Die folgenden Abschnitte beschreiben die dazu notwendige Vorgehensweise und die erzielten Ergebnisse.

6.1.2 Auswahl der Arbeitslosen und Erwerbstätigen

Zur Durchführung des statistischen Fuzzy-Matchings wurden die zu untersuchenden Fälle zunächst in die Erhebungsgebiete „West“ und „Ost“ anhand der in der ALLBUS dafür vorgesehenen Variablen *V4 Erhebungsgebiet West - Ost* unterteilt.[11] Es standen 1122 Fälle für das Erhebungsgebiet „Ost“ und 2299 Fälle für

[9] Vgl. [Ges06], S. 19ff.

[10] Die in diesem Beitrag benutzten Daten entstammen der „Allgemeinen Bevölkerungsumfrage der Sozialwissenschaften“ (ALLBUS 2006). Das ALLBUS-Programm ist 1980-86 und 1991 von der DFG gefördert worden. Die weiteren Erhebungen wurden von Bund und Ländern über die GESIS (Gesellschaft sozialwissenschaftlicher Struktureinrichtungen) finanziert. ALLBUS wird innerhalb der GESIS an den Standorten Mannheim und Köln in Zusammenarbeit mit dem ALLBUS-Ausschuss realisiert. Die vorgenannten Institutionen und Personen tragen keine Verantwortung für die Verwendung der Daten in diesem Beitrag.

[11] Im Folgenden sollen die Personen des Erhebungsgebiets „West“ auch als Westdeutsche und die Personen aus dem Erhebungsgebiet „Ost“ auch als Ostdeutsche bezeichnet werden.

das Erhebungsgebiet „West" zur Verfügung.[12] Um die Frage der Erwerbstätigkeit zu beantworten wurde auf die Variable *V188 Befragte(r) berufstätig?* zurückgegriffen. Zu den erwerbstätigen Personen wurden solche gezählt, die angaben, einer hauptberuflichen Erwerbstätigkeit ganztags oder halbtags nachzugehen. 534 Personen aus dem Erhebungsgebiet „Ost" und 1116 Personen aus dem Erhebungsgebiet „West" fielen in diese Kategorie.

Die Arbeitslosen wurden anhand zweier Merkmale identifiziert. Zunächst wurden solche Personen berücksichtigt, die in der Variable *V188 Befragte(r) berufstätig?* angaben, nicht erwerbstätig zu sein. Aus diesen beiden Gruppen (552 Ostdeutsche und 1083 Westdeutsche) wurden anschließend die Personen herausgefiltert, die zusätzlich in Variable *V217 Befragte(r): Status der Nichterwerbstätigkeit* angaben, zur Zeit arbeitslos zu sein. Arbeitslose im Sinne dieser Untersuchung sind also Personen, die nicht erwerbstätig (V188) und zusätzlich zur Zeit arbeitslos sind (V217). Würde man nur die Variable V217 zur Bestimmung der Arbeitslosigkeit heranziehen, so könnte es zu Überschneidungen mit „nebenher" Erwerbstätigen kommen, weil diese bei der Frage nach dem Status der Nichterwerbstätigkeit eingeschlossen sind. „Nebenher" Erwerbstätige wurden nicht in die Untersuchungen eingeschlossen, weil sie weder der Seite der Arbeitslosen zugerechnet, noch zu den (hauptberuflich) Erwerbstätigen gezählt werden können. Denn im Sinne der ALLBUS 2006 sind solche Personen nebenher erwerbstätig, „die einer Erwerbstätigkeit nachgehen und gleichzeitig eine Vollzeitschule besuchen (Schüler und Studenten), arbeitslos gemeldet sind oder eine Rente / Pension aufgrund früherer Erwerbstätigkeit beziehen"[13]. Andererseits würde eine ausschließliche Berücksichtigung der nicht erwerbstätigen Personen aus V188 auch Rentner, Schüler, Hausfrauen usw. mit einschließen, die nicht zur Gruppe der Arbeitslosen zu zählen sind. Die Gruppen der Arbeitslosen im Sinne dieser Untersuchung bestehen aus insgesamt 128 Personen des Erhebungsgebiets „Ost" und ebenfalls 128 Personen des Erhebungsgebiets „West".

Für die weiteren Untersuchungen standen sich also in Westdeutschland 128 Arbeitslose und 1116 Erwerbstätige gegenüber, in Ostdeutschland 128 Arbeitslose und 534 Erwerbstätige. Aufgrund der kleineren Anzahl werden die Arbeitslosen als Cases und die Erwerbstätigen als Controls betrachtet.

---

[12] Das Datenhandbuch zur ALLBUS 2006 weist die Verteilung auf die Erhebungsgebiete gewichtet aus, entsprechend des oversamplings der Ostdeutschen: 2789 Fälle für das Erhebungsgebiet „West" und 632 Fälle für das Erhebungsgebiet „Ost". (Vgl. [Ges06], S. 25) Da in diesem Anwendungsbeispiel die Erhebungsgebiete West- und Ostdeutschland immer getrennt voneinander untersucht werden, müssen die Verteilungen nicht gewichtet werden.

[13] Vgl. [TNS06], S. 41.

6.1.3 Matching von Arbeitslosen mit Erwerbstätigen

Vergleicht man Daten von Arbeitslosen mit Daten von Erwerbstätigen, so kann es aufgrund von Heterogenitäten innerhalb einer Gruppe oder innerhalb beider Gruppen dazu kommen, dass sprichwörtlich „Äpfel mit Birnen" verglichen werden. Das statistische Fuzzy-Matching liefert die Basis für eine bessere Vergleichbarkeit der Gruppen, indem statistische Zwillinge aus beiden betrachteten Gruppen einander gegenübergestellt werden, die sich nicht oder nur sehr wenig in den Matchingvariablen unterscheiden.

Als Matchingvariablen für die vorliegende Untersuchung wurden ausgewählt:

- V19 Subjektive Schichteinstufung, Befragte(r)
- V27 Alter, Befragte(r)
- V145 Links-rechts Selbsteinstufung, Befragte(r)
- V174 Geschlecht, Befragte(r)
- V175 Allgemeiner Schulabschluss
- V242 Familienstand

Die Auswahl der Matchingvariablen stellt eine Mischung aus objektiven und subjektiven Attributen zur Beschreibung von Personen dar. Objektiv mess- und bestimmbar sind typische demographische Attribute wie Alter, Geschlecht, allgemeiner Schulabschluss und Familienstand. Subjektive Attribute sind die persönliche Einschätzung der gesellschaftlichen Bevölkerungsschicht und die persönliche Einordnung der politischen Einstellung in der links-rechts Selbsteinstufung. Bewusst verzichtet wurde auf das Einbeziehen von monetären Attributen, wie z. B. die Höhe des Gehalts des bzw. der Befragten oder die Höhe des Haushaltseinkommens, weil sich solche Attribute zwischen Erwerbstätigen und Arbeitslosen zu stark unterscheiden bzw. es keine gute Vergleichsmöglichkeit zwischen Arbeitslosen und Erwerbstätigen darstellt. Die folgende Tabelle 6.1 zeigt die Mittelwerte und Standardabweichungen (in Klammern) der beiden Variablen *V381 Befragter: Nettoeinkommen* und *V441 Haushaltseinkommen* in einer Gegenüberstellung von Arbeitslosen und Erwerbstätigen:[14]

Die Anzahl der Matchingvariablen ist mit sechs Variablen nicht sehr hoch, aber auch nicht sehr niedrig gewählt worden. Auf der einen Seite ist es sicherlich ratsam, möglichst viele Variablen zum Matching zu verwenden, um so viele Informationen wie möglich mit einzubeziehen.[15] Auf der anderen Seite sinkt mit steigender Anzahl an Matchingvariablen die Effizienz der Programme, die Interpretierbarkeit der Modelle und die Chance, dass zu einem Datensatz aufgrund der vielen

[14] Zur Definition der beiden Variablen siehe [Ges06], S. 275 und S. 331.
[15] Vgl. [GSB05], S. 44.

Tabelle 6.1: Vergleich der Einkommen zwischen Arbeitslosen und Erwerbstätigen (in Euro)

	Ostdeutsche		Westdeutsche	
	Arbeitslos	Erwerbstätig	Arbeitslos	Erwerbstätig
Nettoeinkommen	485,19	1264,76	675,84	1678,65
	(252,80)	(684,48)	(457,78)	(989,31)
Haushaltseinkommen	1114,06	2200,68	1160,48	2702,94
	(611,73)	(1046,50)	(658,86)	(1415,19)

nötigen Übereinstimmungen auch ein statistischer Zwilling gefunden wird.[16]

6.1.3.1 Linguistische Terme und Zugehörigkeitsfunktionen

In diesem Abschnitt werden die linguistischen Terme zu den im vorangegangenen Abschnitt bereits vorgestellten Matchingvariablen festgelegt. Neben der sprachlichen Festlegung der Terme werden auch die Zugehörigkeitsfunktionen mit ihren Definitions- und Wertebereichen bestimmt. Die Variable *V19 Subjektive Schichteinstufung, Befragte(r)* weist im Datenhandbuch der ALLBUS 2006 insgesamt neun verschiedene Antwortmöglichkeiten aus:[17]

1. Unterschicht
2. Arbeiterschicht
3. Mittelschicht
4. Obere Mittelschicht
5. Oberschicht
6. Keine dieser Schichten
7. Einstufung abgelehnt
8. Weiß nicht
9. Keine Angabe

Die Variable *V19 Subjektive Schichteinstufung, Befragte(r)* wurde zur weiteren Verarbeitung des statistischen Fuzzy-Matchings in eine linguistische Variable mit linguistischen Termen umgewandelt, die in Abbildung 6.1 dargestellt sind. Die fünf Schichtzuordnungen wurden auf drei reduziert, indem die linguistischen Terme *Unterschicht*, *Mittelschicht* und *Oberschicht* verwendet wurden. Die Antwort-

[16] Vgl. [DZS06], S. 167 und [BA94], S. 1128.
[17] [Ges06] S. 33.

möglichkeiten 6 bis 9 wurden separat als linguistische Terme übernommen. Die Zugehörigkeiten zu den linguistischen Termen wurden wie folgt festgelegt:[18]

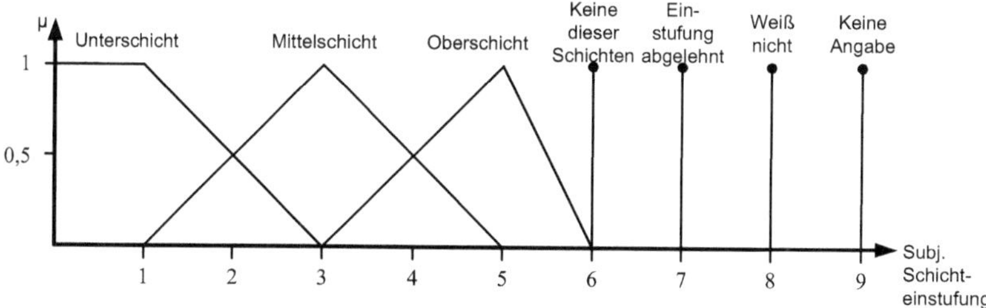

Abbildung 6.1: Linguistische Terme der linguistischen Variablen *Subjektive Schichteinstufung*

Personen, die angaben, der Unterschicht, der Mittelschicht oder der Oberschicht anzugehören, werden diesen mit einem Zugehörigkeitsgrad von 1 zugeordnet. Personen, die sich selbst in die Arbeiterschicht einordnen, wurden der Unterschicht und der Mittelschicht mit einem Zugehörigkeitsgrad von je $0,5$ zugeordnet. Schließlich wurden Personen, die sich der oberen Mittelschicht angehörig fühlten, sowohl der Mittelschicht als auch der Oberschicht mit einem Zugehörigkeitsgrad von je $0,5$ zugeordnet.

Um die anderen vier Antwortmöglichkeiten *keine dieser Schichten*, *Einstufung abgelehnt*, *weiß nicht* und *keine Angabe* in die linguistische Variable zu übertragen, wurden diese ebenfalls als linguistische Terme dargestellt. Die Wertebereiche der linguistischen Terme sind so gewählt, dass entweder der Zugehörigkeitsgrad 1 vergeben wird, oder der Zugehörigkeitsgrad 0. D. h. die Antwortmöglichkeit *keine dieser Schichten* bekommt für den korrespondierenden linguistischen Term den Zugehörigkeitsgrad 1 zugewiesen, für alle anderen linguistischen Terme den Zugehörigkeitsgrad 0. Analog werden die restlichen drei linguistischen Terme behandelt. Die mathematischen Grundlagen für dieses Vorgehen wurden in Abschnitt 3.1.2 in Definition (3.3) gelegt, indem gezeigt wurde, dass reelle Zahlen und Intervalle Spezialfälle von unscharfen Zahlen sind.

Die Einbeziehung dieser vier Antwortmöglichkeiten ist notwendig, um die Vergleichbarkeit zwischen den Datensätzen der Umfrage herzustellen. Im Hinblick auf das statistische Fuzzy-Matching sollen nämlich solche Datensätze als statistische Zwillinge zusammengeführt werden, die in jeder Variable dieselben oder

[18] Obwohl es keine Werte zwischen den einzelnen Kategorien der ordinal skalierten Variablen gibt, werden die Zugehörigkeitsfunktionen zur besseren Veranschaulichung hier und im Folgenden in Dreiecks- oder Trapezform dargestellt.

möglichst ähnliche Werte aufweisen. Das bedeutet, dass nur solche Personen einander gegenübergestellt werden können, die bspw. beide die Schichteinstufung abgelehnt oder beide keine Angabe zu dieser Frage gemacht haben. Um diese Variable in den weiteren Ausführungen als ordinal skaliert betrachten zu können, müssen die letzten vier Antwortmöglichkeiten bei statistischen Analysen wie bspw. Hypothesentests nach dem Matching-Vorgang in Form von fehlenden Werten ausgeschlossen werden.[19]

Die zweite Matchingvariable *V27 Alter, Befragte(r)* ist im Datenhandbuch der ALLBUS 2006 aus den Angaben zum Geburtsjahr und dem Erhebungsdatum errechnet worden. Die in Abbildung 6.2 dargestellten linguistischen Terme sind in Anlehnung an die Alterskategorien der Variable *V28 Alter, Befragte(r), kategorisiert*[20] gewählt worden.

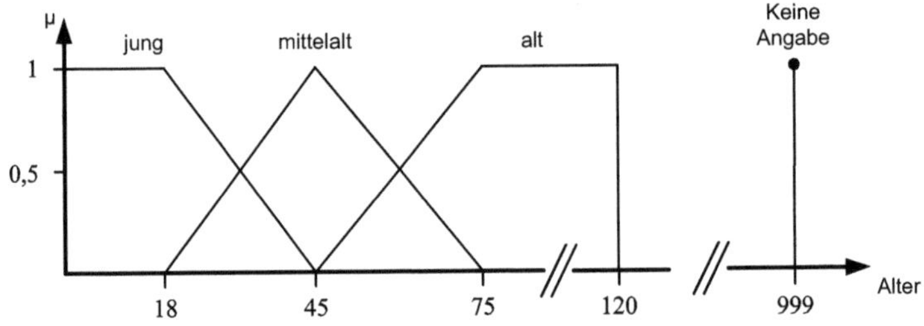

Abbildung 6.2: Linguistische Terme der linguistischen Variablen *Alter*

Bis zu einem Alter von 18 Jahren gehören Personen demnach mit einem Zugehörigkeitsgrad von 1 dem linguistischen Term *jung* an. Der Altersbereich von 19 bis 44 Jahren ist zu bestimmten Graden den linguistischen Termen *jung* und *mittelalt* zugehörig, eine 45-jährige Person gehört mit einem Zugehörigkeitsgrad von 1 zur Gruppe der Mittelalten. Personen im Alter von 46 bis 74 Jahren gehören sowohl der Gruppe der Mittelalten als auch der Gruppe der Alten an. Eine 60-jährige Person wird beiden Gruppen mit einem Grad von je $0,5$ zugeordnet. Ab einem Alter von 75 Jahren gehören Personen vollständig zur Gruppe der alten Menschen. *Keine Angabe* wurde in der ALLBUS 2006 mit dem Wert 999 kodiert, was bei der Modellierung der linguistischen Terme auch so beibehalten wurde.

[19] Bei den Westdeutschen gaben vier Cases und fünf Controls an, keiner dieser Schichten anzugehören, zwei Cases und neun Controls lehnten die Einstufung ab und ein Case und fünf Controls machten keine Angabe oder wussten keine Antwort auf die Frage. Bei den Ostdeutschen gaben je zwei Cases und Controls an, keiner dieser Schichten anzugehören, sieben Controls lehnten die Einstufung ab und ein Control machte keine Angabe bzw. wusste es nicht.

[20] [Ges06], S. 37.

Der Variablen *V145 Links-rechts Selbsteinstufung, Befragte(r)* sind im Datenhandbuch der ALLBUS 2006 insgesamt elf verschiedene Antwortmöglichkeiten mit den Werten 1 bis 10 bzw. 99 für *keine Angabe* beigemessen worden.[21] Die Befragten konnten ihre politische Einstellung im Sinne einer „links-rechts-Einstufung" auf einer Skala von 1 bis 10 ausdrücken. 1 bedeutet die am stärksten mögliche „linke" politische Einstellung, 10 die am stärksten mögliche „rechte" politische Einstellung. Abbildung 6.3 stellt die linguistische Variable *Links-rechts Selbsteinstufung* mit ihren linguistischen Termen *links*, *Mitte*, *rechts* und *keine Angabe* dar, wie sie für das statistische Fuzzy-Matching festgelegt wurde. Die poli-

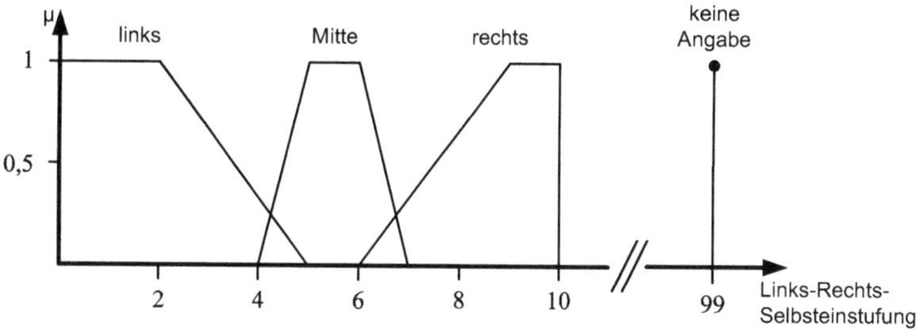

Abbildung 6.3: Linguistische Terme der linguistischen Variablen *Links-rechts Selbsteinstufung*

tischen Einstellungen, die den ordinal skalierten Kategorien 1 und 2 entsprechen, wurden mit einem Zugehörigkeitsgrad von 1 dem linguistischen Term *links* zugeordnet, die ordinal skalierten Kategorien 9 und 10 mit einem Grad von 1 dem linguistischen Term *rechts*. Zur politischen Einstellung *Mitte* wurden nur die beiden Kategorien 5 und 6 mit einem Zugehörigkeitsgrad von 1 gezählt. Die Kategorien 3 und 4 bzw. 7 und 8 wurden den linguistischen Termen *links* bzw. *rechts* mit den aus Abbildung 6.3 hervorgehenden Zugehörigkeitsgraden zugeordnet.

Nach Kruse et al. (1997) und Grass (2004) ist es nicht notwendig, dass die Summe der Zugehörigkeitsgrade eines scharfen Eingabewertes zu den linguistischen Termen 1 ergeben muss. Diese Art der Zuweisung der Zugehörigkeitsgrade zu linguistischen Termen wird nicht häufig verwendet, ist aber durchaus einsetzbar und soll daher in diesem Anwendungsbeispiel gezeigt werden. Der Anwender des statistischen Fuzzy-Matchings hat bei der Wahl der linguistischen Terme in Verbindung mit den Zugehörigkeitsfunktionen umfangreiche Wahlmöglichkeiten.

---

[21] [Ges06], S. 117.

Die dichotome Variable *V174 Geschlecht, Befragte(r)* wurde direkt als linguistische Variable in das statistische Fuzzy-Matching übernommen, indem allen an der Umfrage teilgenommenen Männern die Zugehörigkeitsgrade 1 zum linguistischen Term *männlich* und 0 zu *weiblich* zugewiesen wurde. Die umgekehrte Zuweisung der Zugehörigkeitsgrade galt entsprechend für alle teilnehmenden Frauen, wie es Abbildung 6.4 zeigt. Fehlende Werte kommen nicht vor. Für diese Matchingvariable wurde bei der Suche nach den statistischen Zwillingen ein perfect match gefordert, d. h. es wurde perfekte Übereinstimmung der Cases mit ihren statistischen Zwillingen gefordert, sodass nur Frauen mit Frauen und nur Männer mit Männern zusammengeführt werden dürfen.

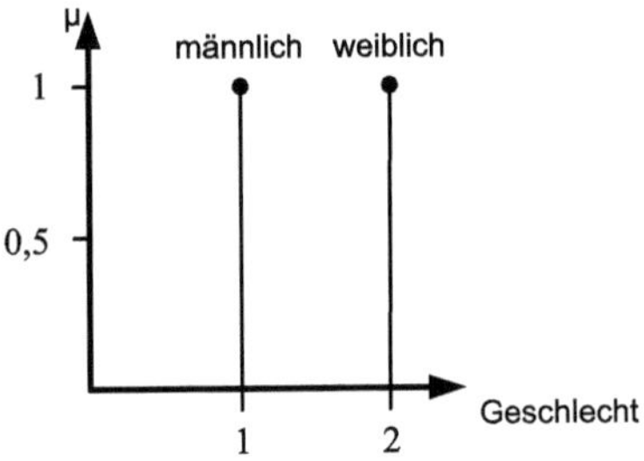

Abbildung 6.4: Linguistische Terme der linguistischen Variablen *Geschlecht*

Die Frage nach dem allgemeinbildenden Schulabschluss der Teilnehmer an der ALLBUS 2006 konnte anhand folgender Antwortmöglichkeiten angegeben werden:[22]

1. Schule beendet ohne Abschluss.
2. Volks- / Hauptschulabschluss bzw. polytechnische Oberschule mit Abschluss 8. oder 9. Klasse
3. Mittlere Reife, Realschulabschluss bzw. polytechnische Oberschule mit Abschluss 10. Klasse
4. Fachhochschulreife (Abschluss einer Fachoberschule etc.)
5. Abitur bzw. erweiterte Oberschule mit Abschluss 12. Klasse (Hochschulreife)

[22] [Ges06], S. 141.

6. Anderer Schulabschluss
7. Noch Schüler
8. Keine Angabe

Abbildung 6.5 zeigt die linguistische Variable *V175 Allgemeiner Schulabschluss* mit den zugehörigen linguistischen Termen, wie sie für das statistische Fuzzy-Matching modelliert wurde. Der Abschluss *Schule beendet ohne Abschluss* wird

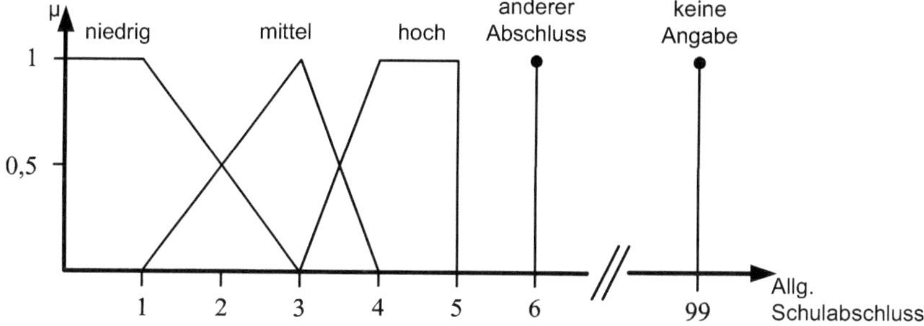

Abbildung 6.5: Linguistische Terme der linguistischen Variablen *Allgemeiner Schulabschluss*

mit einem Zugehörigkeitsgrad von 1 dem linguistischen Term *niedrig* zugewiesen. Ein Volks- / Hauptschulabschluss wird den linguistischen Termen *niedrig* und *mittel* mit einem Grad von je 0, 5 beigemessen. Mittlere Reife ist ein *mittlerer* Schulabschluss mit Zugehörigkeitsgrad 1. Die Fachhochschulreife und das Abitur werden als hoher Schulabschluss mit Zugehörigkeitsgrad 1 angesehen. Die Antwortmöglichkeiten *anderer Schulabschluss* und *keine Angabe* werden den entsprechenden linguistischen Termen mit einem Zugehörigkeitsgrad von je 1 zugeordnet. Die in dieser Untersuchung betrachteten Fälle der arbeitslosen und erwerbstätigen Ost- bzw. Westdeutschen enthielten keine Personen, die angaben noch Schüler zu sein. Daher wurde die Antwortmöglichkeit *noch Schüler* nicht als linguistischer Term der linguistischen Variablen *V175 Allgemeiner Schulabschluss* umgesetzt. Die Variable kann aus diesem Umstand heraus als ordinal angesehen werden, zumal bei den Ostdeutschen zusätzlich keine Person angab, einen anderen Schulabschluss zu haben, bei den Westdeutschen lediglich ein Case und ein Control.

Beim statistischen Fuzzy-Matching wurde bei der Frage nach dem allgemeinen Schulabschluss eine maximale Abweichung zwischen Cases und ihren statistischen Zwillingen von 2 zugelassen. So sollte verhindert werden, dass (im schlimmsten Fall) eine Person mit Hochschulreife mit einer anderen Person, die lediglich über einen Hauptschulabschluss oder gar keinen Schulabschluss verfügt, verglichen wird.

Da die Variable *V242 Familienstand* genauso wie die Variable *V174 Geschlecht, Befragte(r)* nicht ordinal[23], sondern nominal skaliert ist, d. h. kategorial ungeordnet, wurde hier auf fließende Übergänge zwischen den linguistischen Termen verzichtet und jeder Antwortmöglichkeit ein eigener linguistischer Term mit Zugehörigkeitsgrad 1 zugewiesen, wie Abbildung 6.6 zeigt.

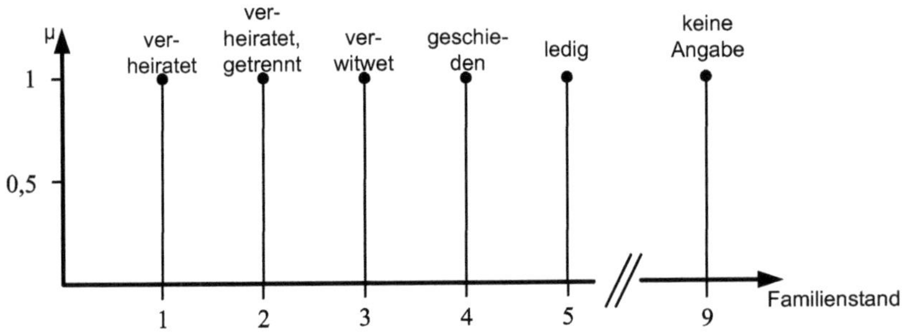

Abbildung 6.6: Linguistische Terme der linguistischen Variablen *Familienstand*

Ein großer Vorteil des statistischen Fuzzy-Matchings gegenüber anderen Matching-Methoden ist das Einbeziehen fehlender Werte, verweigerter Angaben und nominal skalierter Variablen in den Matchingprozess. Mit Hilfe der Methode des statistischen Fuzzy-Matchings ist es möglich, diese Werte differenziert zu betrachten und bspw. solche Datensätze als statistische Zwillinge zu identifizieren, die beide bei der Frage nach der subjektiven Schichteinschätzung die Einstufung abgelehnt haben oder die beide *keine Angabe* zu einer anderen Frage gemacht haben. Voraussetzung dafür ist allerdings, dass sich die statistischen Zwillinge in anderen Variablen ähnlich sind, in denen Angaben gemacht wurden. Es muss also eine Begrenzung für eine minimale Anzahl identischer Matchingvariablen gezogen werden, die bei beiden Datensätzen vorhanden sein muss, damit ein noch aussagekräftiger Teil der Ausgangsdaten zum Finden der statistischen Zwillinge herangezogen werden kann. Für dieses Anwendungsbeispiel wird festgelegt, dass mindestens drei identische Matchingvariablen mit konkreten Angaben bei beiden statistischen Zwillingen vorhanden sein müssen.

---

[23] Die Variable *V174 Geschlecht, Befragte(r)* ist sogar dichotom.

Die Basis dieses Vorgehens wird vom Grundgedanken des statistischen Matchings geliefert, der das Finden zusätzlicher Informationen über Datensätze bzw. Individuen durch die Hinzunahme weiterer Attribute aus anderen Quellen beinhaltet.[24] Bezogen auf das statistische Fuzzy-Matching bedeutet das, dass die Anzahl der Matchingvariablen in Fällen mit fehlenden Werten oder verweigerten Angaben verkleinert wird und angenommen werden kann, dass sich statistische Zwillinge, die sich in einem Teil der Matchingvariablen ähnlich sind, auch in einer oder mehreren anderen Matchingvariablen mit fehlenden Werten oder verweigerten Angaben ähnlich sein werden.[25]

Die in dieses Anwendungsbeispiel eingehenden Datensätze ostdeutscher Erwerbstätiger weisen in 28 Fällen je einen fehlenden Wert bzw. verweigerte Angaben in den Matchingvariablen auf und in zwei Fällen je zwei fehlende Werte bzw. verweigerte Angaben. Bei den ostdeutschen Arbeitslosen gibt es elf Datensätze mit jeweils einem fehlenden Wert bzw. einer verweigerten Angabe. Westdeutsche Arbeitslose weisen insgesamt 23 Datensätze mit fehlenden Werten bzw. verweigerten Angaben in den Matchingvariablen auf, darunter befinden sich 21 Datensätze mit je einem, ein Datensatz mit zwei und einer mit drei verweigerten Angaben. Die westdeutschen Erwerbstätigen weisen insgesamt 92 Datensätze mit je einem, sieben mit zwei und einen Datensatz mit drei verweigerten Angaben auf.

Bei keinem mittels des statistischen Fuzzy-Matchings ermittelten Paar statistischer Zwillinge wurde die Anforderung, dass mindestens drei identische Matchingvariablen ohne fehlende Werte bzw. verweigerte Angaben sein müssen, verletzt.

6.1.3.2 Matching-Güte

Nachdem die statistischen Zwillinge mit der Methode des statistischen Fuzzy-Matchings identifiziert worden sind, wird in diesem Abschnitt die Qualität der Angleichung der statistischen Zwillinge in den Matchingvariablen beurteilt. Es werden beide Arten des statistischen Fuzzy-Matchings betrachtet: Constrained und unconstrained Fuzzy-Matching.[26] Constrained Matching bedeutet, dass jedem Case ein Control als statistischer Zwilling zugeordnet wird, wobei jeder Control nur genau ein Mal verwendet werden darf. Dabei wird immer der Control einem Case als statistischer Zwilling zugeordnet, der die geringste Distanz aller Controls zu diesem Case aufweist. Beide statistischen Zwillinge werden aus der weiteren Betrachtung ausgeschlossen und die Zuordnung mit den restlichen Cases und Controls

[24] Vgl. [NA07], S. 1 und [vKG02], S. 1ff.

[25] Zu den Grundlagen des statistischen Matchings siehe auch Abschnitt 2.1.

[26] Vgl. auch den Abschnitt 2.4.

analog fortgesetzt. Die Optimierung (Minimierung) der Gesamtdistanz zwischen den Cases und ihren statistischen Zwillingen wird in diesem Anwendungsbeispiel nicht berücksichtigt. Existieren mehrere Controls mit der niedrigsten Distanz zu einem Case, so wird der Control mit der niedrigeren Ordnungszahl als statistischer Zwilling ausgewählt. Beim statistischen unconstrained Fuzzy-Matching darf jeder Control beliebig oft als statistischer Zwilling auftreten. So wird erreicht, dass jedem Case der am besten geeignete Control als statistischer Zwilling zugeordnet wird.

Zur Beurteilung der Güte des statistischen Fuzzy-Matchings werden die Verteilungen der Matchingvariablen der statistischen Zwillinge aus der Gruppe der Erwerbstätigen in Bezug auf die Verteilungen der Matchingvariablen der Cases beurteilt und die Verbesserungen im Vergleich zu der Lage der Verteilungen der Cases und aller Controls betrachtet. Da diese Art der Gütemessung nicht spezifisch für beide in dieser Arbeit vorgestellten Anwendungsbeispiele ist, wird in diesem Abschnitt eine allgemeine Beschreibung gegeben. Zum Einsatz kommen dabei statistische Methoden zur Analyse bzw. zum Vergleichen von Verteilungen. Drei der sechs Matchingvariablen sind ordinal skaliert (*V19 Subjektive Schichteinstufung, Befragte(r), V145 Links-rechts Selbsteinstufung, Befragte(r)* und *V175 Allgemeiner Schulabschluss*), zwei nominal skaliert (*V174 Geschlecht, Befragte(r)* und *V242 Familienstand*) und eine metrisch skaliert (*Alter, Befragte(r)*).[27] Ordinal skalierte Variablen werden mit der Ridit-Analyse[28] untersucht, metrisch skalierte Variablen mit Hilfe des Student-T-Tests und anhand von Lagemaßen wie bspw. des Mittelwerts und nominal skalierte Variablen mit der Prüfgröße des χ^2-Homogenitätstests.

Mit Hilfe so genannter Homogenitätstests soll getestet werden, ob unabhängige Zufallsvariablen die gleiche Wahrscheinlichkeitsverteilung besitzen.[29] Dabei muss vorausgesetzt werden, dass die Wertebereiche aller Zufallsvariablen übereinstimmen.[30] In der Testgröße des χ^2-Homogenitätstests werden die auftretenden absoluten Häufigkeiten mit den erwarteten Häufigkeiten verglichen: Je weniger diese Werte voneinander abweichen, desto kleiner wird die Testgröße.[31] Für die Beurteilung des Grads der Anpassung der Verteilungen von Cases und Controls bzw. der statistischen Zwillinge von nominal skalierten Matchingvariablen wird die Prüfgröße des χ^2-Homogenitätstests herangezogen, d. h. die Summe der quadrierten Diskrepanzen zwischen den beobachteten und erwarteten Häufigkeiten in

[27] Zur Unterscheidung verschiedenartig skalierter Variablen siehe z. B. [Bro06], S. 76ff.
[28] Die Ridit-Analyse wurde von [Bro58] eingeführt, um ordinale Variablen analysieren zu können.
[29] Vgl. [Bos98], S. 391.
[30] Vgl. [Bos07], S. 212.
[31] Vgl. [Voß04], S. 458.

Relation zu den erwarteten Häufigkeiten.[32] Da die erwartete Häufigkeit in jeder Kategorie als Voraussetzung für die Durchführung des χ^2-Homogenitätstests mindestens 5 betragen muss,[33] wurden Kategorien der Variablen *V242 Familienstand* zusammengelegt. Die beiden Antwortkategorien *verheiratet, getrennt lebend* und *verwitwet* waren sowohl bei den ostdeutschen als auch bei den westdeutschen Arbeitslosen zu schwach besetzt, um den χ^2-Homogenitätstest verwenden zu können. Unter den westdeutschen Arbeitslosen waren drei Personen verheiratet aber getrennt lebend und eine Person verwitwet. Die ostdeutschen Arbeitslosen wiesen zwei Personen auf, die verheiratet waren, aber getrennt lebten und vier Personen, die verwitwet waren. Aus inhaltlichen Überlegungen heraus wurde die Kategorie *verheiratet, getrennt lebend* mit der Kategorie *verheiratet* zusammengelegt und *verwitwet* mit *geschieden*, sodass die Voraussetzungen für die Durchführung des χ^2-Homogenitätstests erfüllt waren.

Da die Ridit-Analyse für die Behandlung ordinal skalierter Variablen recht unbekannt ist, soll sie an dieser Stelle kurz erläutert werden. Sie wurde von Bross (1958) eingeführt, um ordinal skalierte Antworten aus Erhebungen analysieren zu können. Der Name wurde in Analogie zu „logit" und „probit" als Möglichkeiten der Datentransformation gewählt, wobei sich logits und probits auf theoretische Verteilungen beziehen, Ridits aber „relative to an identified distribution" sind.[34] Die Antwortalternativen bei ordinal skalierten Variablen sind Kategorien, welche Abschnitte einer quantitativen Messdimension repräsentieren, wobei aber oft nicht festgestellt werden kann, wie groß diese Abschnitte sind.[35] Bspw. könnte man sich bei der Frage nach der Beliebtheit eines Popstars, der eher polarisierend wirkt, vorstellen, dass die beiden Kategorien *gut* und *schlecht* einen recht großen Bereich der Messdimension repräsentieren, während die Kategorie *mittelmäßig* einen eher kleinen Bereich abdeckt. Genau anders herum würde man es bei der Beliebtheitsfrage eines ausgleichend wirkenden Popstars vermuten.

Würde man ordinal skalierte Variablen wie nominale oder wie metrische behandeln, so würde man im ersten Fall auf Information verzichten, nämlich die Ordinalität der Kategorien, im anderen Fall einen Fehler machen, weil man Informationen über die Abstände verwendet, die gar nicht enthalten sind.[36]

Bei der Ridit-Analyse werden Verteilungen mit einer festzulegenden Referenzgruppe verglichen, die standardmäßig den Ridit-Wert $0,5$ erhält, wobei der Ridit-

[32] Vgl. [Haf00], S. 169. Die Testgröße des χ^2-Homogenitätstests wird in dieser Arbeit als deskriptives Maß zur Beurteilung der Güte des Matchings verwendet und nicht im Sinne statistischer Hypothesentests.

[33] Vgl. z. B. [Mar03] S. 131.

[34] Vgl. [PQS97], S. 420.

[35] Vgl. [Hol03], S. 45.

[36] Vgl. [Hol03], S. 45.

Wert im Intervall $[0,1]$ standardisiert ist.[37] Die Wahl der Referenzgruppe sollte nach theoretischen Gesichtspunkten geschehen.[38] Die anderen Gruppen werden mit dieser Referenzgruppe verglichen und die Abweichungen festgestellt. Ein Ridit-Wert von $< 0,5$ bedeutet, dass mehr Personen der Vergleichsgruppe in den niedrigeren Kategorien geantwortet haben, ein Ridit-Wert $> 0,5$ bedeutet, dass sich mehr Personen für die oberen Kategorien entschieden haben.[39] Die Berechnung der Ridit-Werte und der Ridit-Signifikanztest werden in Anhang A genauer erläutert.

Ostdeutsche: Constrained Matching

Zur Bestimmung der Güte des Matchings wurden bei den ordinal skalierten Matchingvariablen die im vorigen Abschnitt beschriebenen Ridit-Werte verwendet, die metrischen Matchingvariablen wurden anhand des Mittelwerts verglichen und die nominal skalierten Variablen mittels der Prüfgröße des χ^2-Homogenitätstests.

Zunächst werden Cases und Controls gegenübergestellt, um die Basis für die Beurteilung von Verbesserungen oder Verschlechterungen in der Anpassung der Verteilungen zu schaffen. Dies geschieht getrennt nach Skalierung der Matchingvariablen. Die folgenden Tabellen 6.2 und 6.3 beinhalten die Ridit-Werte der ordinal und die Mittelwerte der metrisch skalierten Matchingvariablen.

Tabelle 6.2: Ridit-Werte der ordinal skalierten Matchingvariablen: Ostdeutsche Cases ($n = 127$) und Controls ($n = 534$)

	V19 Subjektive Schichteinstufung	V145 Links-rechts Selbsteinstufung	V175 Allgemeiner Schulabschluss
Cases	0,5000	0,5000	0,5000
Controls	0,7191	0,5034	0,6524

Die Prüfgröße des χ^2-Homogenitätstests der nominal skalierten Matchingvariablen *V242 Familienstand* zwischen ostdeutschen Cases ($n = 127$) und ostdeutschen Controls ($n = 534$) beträgt 84,2430. Die Variable *V174 Geschlecht, Befragte(r)* wird aus dieser Betrachtung ausgeschlossen, da ein perfect match gefordert wurde, d. h. die Verteilung der statistischen Zwillinge entspricht der Verteilung der Cases exakt.

[37] Vgl. z. B. [Bed90], S. 603ff.
[38] Vgl. [Wu07], S. 678.
[39] Vgl. [SD96], S. 351ff.

Tabelle 6.3: Mittelwerte der metrisch skalierten Matchingvariable *Alter*: Ostdeutsche Cases ($n = 127$) und Controls ($n = 534$)

	V27 Alter
Cases	42,41
Controls	42,23

Im Folgenden sollen die Verteilungen der nach Durchführung des statistischen Fuzzy-Matchings gefundenen statistischen Zwillinge mit den Verteilungen der Cases (Referenzgruppe) verglichen werden und die Verbesserung bzw. Verschlechterung der Anpassung der Verteilungen in Relation zu den Verteilungen der Controls mittels des *Sample Percent Reduction in Bias* ausgedrückt werden. Das Sample Percent Reduction in Bias ist eine Messgröße nach Rubin (1973) und Rosenbaum und Rubin (1985), mit der geprüft werden kann, wie stark sich die Matchingvariablen von Cases und Controls nach dem Matching angeglichen haben.[40] Dazu wurde für jede einzelne metrisch skalierte Matchingvariable der Mittelwert, für jede ordinal skalierte Matchingvariable der Ridit-Wert und für jede nominal skalierte Variable die Prüfgröße des χ^2-Homogenitätstests der Cases und Controls vor und nach Matching gemäß

$$SB_i = 1 - \frac{\left| x_i^{Cases} - x_i^{Stat.\ Zwillinge} \right|}{\left| x_i^{Cases} - x_i^{Controls} \right|} \tag{6.1}$$

verglichen. x_i stellt je nach Skalierung der betrachteten Variablen den Mittelwert oder den Ridit-Wert der i-ten Matchingvariablen dar. Es werden also bei metrisch skalierten Variablen die absoluten Differenzen der Mittelwerte der Cases und ihrer statistischen Zwillinge in Relation zur absoluten Differenz der Mittelwerte der Cases und aller Controls betrachtet. Bei der nominal skalierten Variablen *Familienstand* werden die Prüfgrößen des χ^2-Homogenitätstests zum Vergleich herangezogen. Da diese bereits die Differenz aus beobachteten und erwarteten Häufigkeiten der einzelnen Kategorien beinhalten, wird der Zähler des Sample Percent Reduction in Bias in diesem Fall durch die Prüfgröße des χ^2-Homogenitätstests zwischen Cases und ihren statistischen Zwillingen gebildet und der Nenner durch die Prüfgröße des χ^2-Homogenitätstests zwischen Cases und allen Controls.

Bei der Ermittlung der Güte des statistischen Fuzzy-Matchings wird auf die Ausgangsdaten zurückgegriffen und es werden bspw. die Mittelwerte des Alters

[40] Vgl. [GSB05], S. 51.

der verschiedenen Gruppen betrachtet. An dieser Stelle wäre es auch denkbar, die mittels des statistischen Fuzzy-Matchings ermittelten Distanzen zwischen den Datensätzen zur Messung der Güte zu verwenden, die nicht direkt auf den Ausgangsdaten beruhen, sondern die Distanzen der Zugehörigkeit zur Regelbasis darstellen. Um aber eine Vergleichbarkeit des statistischen Fuzzy-Matchings mit dem einfachen Distanzmatching herstellen zu können und identische Wertebereiche der Distanzen[41] zu erzielen, wurde diese Vorgehensweise gewählt. Aus Sicht des statistischen Fuzzy-Matchings wurde also bewusst ein ungünstiger Weg eingeschlagen, da das einfache Distanzmatching die Distanzen der Ausgangsdaten versucht zu minimieren.

Das statistische Fuzzy-Matching wurde unter Verwendung verschiedener Verknüpfungen der Regeln durchgeführt, wie es bereits in Abschnitt 4.5 erläutert wurde. Es wurden folgende Regelverknüpfungen jeweils mit Berechnung der Distanzen zwischen den Datensätzen mittels der absoluten und der euklidischen Distanz bestimmt:

- „und"-Verknüpfung,
- „oder"-Verknüpfung,
- kompensatorischer „MinMax-Operator" mit unterschiedlichen Kompensationsgraden $\gamma \in [0,1]$,
- kompensatorischer „algebraischer ProdSum-Operator" mit unterschiedlichen Kompensationsgraden $\gamma \in [0,1]$,
- „und"-Verknüpfung unter vorheriger Anwendung des Fuzzy c-Means Algorithmus' zur objektiven Bestimmung von Zugehörigkeitsgraden (s. Abschnitt 3.4.2),
- „oder"-Verknüpfung unter vorheriger Anwendung des Fuzzy c-Means Algorithmus'.

Es sollen in dieser Arbeit und speziell in diesem Anwendungsbeispiel viele mögliche Regelverknüpfungen vorgestellt werden, um deren unterschiedliche Arbeitsweisen und Ergebnisse zu veranschaulichen. Welche Verknüpfung der Regeln letztendlich gewählt wird, liegt im Ermessen des Anwenders und an der zugrundeliegenden betriebswirtschaftlichen Fragestellung. Die hier erzielten und im

[41] Die Distanzen beim einfachen Distanzmatching werden auf Basis der in das Intervall $[0,1]$ standardisierten Ausgangswerte bestimmt, beim statistischen Fuzzy-Matching auf Grundlage der Zugehörigkeitsgrade zur Regelbasis.

Folgenden beschriebenen Ergebnisse verdeutlichen, dass die „und"-Verknüpfung der Regeln nicht zwangsläufig bessere Matchingergebnisse liefern muss als bspw. die „oder"-Verknüpfung. Im Gegensatz zur „oder"-Verknüpfung müssen bei der „und"-Verknüpfung alle linguistischen Terme mit bestimmten Zugehörigkeiten erfüllt werden. Dies könnte die Vermutung nahelegen, dass mit der „und"-Verknüpfung daher bessere Ergebnisse erzielt werden können.

Tabelle 6.4[42] zeigt die Ridit-Werte der ordinal skalierten, die Mittelwerte der metrisch skalierten und die Prüfgrößen des χ^2-Homogenitätstests der nominal skalierten Matchingvariablen der statistischen Zwillinge der ostdeutschen Arbeitslosen (Referenzgruppe bei der Ridit-Analyse und bei der Ermittlung der Prüfgröße des χ^2-Homogenitätstests) unter Anwendung der unterschiedlichen Regelverknüpfungen beim statistischen Fuzzy-Matching. Die Referenzwerte der Cases werden in dieser und den nächsten Tabellen nicht mehr aufgelistet, da sie bereits in den Tabellen 6.2 und 6.3 sowie im Text dargestellt wurden. Sowohl beim constrained als auch beim unconstrained Matching werden insgesamt 127 Paare (von 128 möglichen Paaren) statistischer Zwillinge gefunden. Einem der Cases konnte kein Control als statistischer Zwilling zugewiesen werden, da dieser die Angabe des Schulabschlusses verweigerte und die Matching-Bedingung, dass der Abstand zwischen Cases und ihren statistischen Zwillingen in dieser Variablen maximal 2 betragen durfte, somit nicht erfüllt werden konnte. Die 127 Paare statistischer Zwillinge bilden die Basis für die weiteren Betrachtungen, da diese beiden Gruppen zum Vergleich der Güte der Anpassungen der Verteilungen einander gegenübergestellt werden.

Tabelle 6.4: Statistische Zwillinge der ostdeutschen Arbeitslosen, constrained Fuzzy-Matching: Ridit-Werte der ordinal skalierten, Mittelwerte der metrisch skalierten und Prüfgrößen der χ^2-Homogenitätstests der nominal skalierten Matchingvariablen ($n = 127$)

Verknüpfungsart	V19	V27	V145	V175	V242
und-Verkn., abs.	0,6231	41,74	0,4897	0,5893	3,0500
und-Verkn., eukl.	0,6200	41,77	0,4923	0,5885	3,4200
oder-Verkn., abs.	0,5999	42,23	0,5079	0,5549	0,1450
oder-Verkn., eukl.	0,5906	41,81	0,5063	0,5476	0,2250
MinMax-Op., $\gamma = 0,1$, abs.	0,5999	42,13	0,5079	0,5585	0,2430
MinMax-Op., $\gamma = 0,1$, eukl.	0,5906	41,87	0,5042	0,5479	0,2250
MinMax-Op., $\gamma = 0,3$, abs.	0,5999	42,21	0,5036	0,5549	0,2430

[42] Die Abkürzung *abs.* steht für die Verwendung der absoluten Distanz, *eukl.* für die euklidische Distanz.

MinMax-Op., $\gamma = 0,3$, eukl.	0,5906	41,81	0,5063	0,5476	0,2250
MinMax-Op., $\gamma = 0,5$, abs.	0,5999	42,23	0,5079	0,5549	0,1450
MinMax-Op., $\gamma = 0,5$, eukl.	0,5906	41,81	0,5063	0,5476	0,2250
MinMax-Op., $\gamma = 0,7$, abs.	0,5999	42,23	0,5057	0,5549	0,2430
MinMax-Op., $\gamma = 0,7$, eukl.	0,5906	41,91	0,5116	0,5512	0,2250
MinMax-Op., $\gamma = 0,9$, abs.	0,5937	41,73	0,5038	0,5585	0,0610
MinMax-Op., $\gamma = 0,9$, eukl.	0,5906	42,06	0,5021	0,5512	0,2250
Alg. PS-Op., $\gamma = 0,1$, abs.	0,6100	42,04	0,5012	0,5385	0,0400
Alg. PS-Op., $\gamma = 0,1$, eukl.	0,6100	42,05	0,4841	0,5322	0,1450
Alg. PS-Op., $\gamma = 0,3$, abs.	0,6100	42,04	0,5012	0,5385	0,0400
Alg. PS-Op., $\gamma = 0,3$, eukl.	0,6100	42,05	0,4841	0,5322	0,1450
Alg. PS-Op., $\gamma = 0,5$, abs.	0,6100	42,04	0,5012	0,5385	0,0400
Alg. PS-Op., $\gamma = 0,5$, eukl.	0,6100	42,05	0,4841	0,5322	0,1450
Alg. PS-Op., $\gamma = 0,7$, abs.	0,6100	42,04	0,5012	0,5385	0,0400
Alg. PS-Op., $\gamma = 0,7$, eukl.	0,6100	42,09	0,4856	0,5322	0,1450
Alg. PS-Op., $\gamma = 0,9$, abs.	0,6131	42,03	0,5001	0,5385	0,0400
Alg. PS-Op., $\gamma = 0,9$, eukl.	0,6185	41,34	0,4979	0,5325	0,1450
fcm-oder-Verkn., abs.	0,6929	42,20	0,5001	0,6386	14,5880
fcm-oder-Verkn., eukl.	0,6961	42,19	0,4996	0,6386	16,2950
fcm-und-Verkn., abs.	0,6438	41,48	0,5091	0,5011	23,4060
fcm-und-Verkn., eukl.	0,6565	41,47	0,5071	0,5148	18,7750

Die beiden kompensatorischen Operatoren sind nicht für $\gamma = 0$ bzw. $\gamma = 1$ gerechnet worden, weil sie dann jeweils einer s-Norm bzw. einer t-Norm entsprechen und diese bereits durch die „oder"- bzw. „und"-Verknüpfung abgedeckt sind. Der „MinMax-Operator" würde für $\gamma = 0$ dieselben Ergebnisse liefern wie die „oder"-Verknüpfung und für $\gamma = 1$ dieselben Ergebnisse wie die „und"-Verknüpfung. Der algebraische ProdSum-Operator[43] stellt für $\gamma = 0$ die algebraische Summe dar, also eine reine s-Norm und für $\gamma = 1$ das algebraische Produkt, also eine reine t-Norm. Die kompensatorischen Operatoren wurden beispielhaft mit den Kompensationsgraden 0,1, 0,3, 0,5, 0,7 und 0,9 gerechnet. Darüber hinaus sind alle Matchingvariablen beim algebraischen ProdSum-Operator gleich gewichtet worden.

Die folgende Tabelle 6.5 zeigt das Sample Percent Reduction in Bias, also die Angleichung der Verteilungen von Cases und statistischen Zwillingen nach statistischem constrained Fuzzy-Matching:

[43] In der Tabelle wird der algebraische ProdSum-Operator mit alg. PS-Op. abgekürzt.

Tabelle 6.5: Statistische Zwillinge der ostdeutschen Arbeitslosen, constrained Fuzzy-Matching: Sample Percent Reduction in Bias ($n = 127$)

Verknüpfungsart	V19	V27	V145	V175	V242
und-Verkn., abs.	0,4382	−2,8250	−2,0294	0,4140	0,9638
und-Verkn., eukl.	0,4523	−2,6438	−1,2647	0,4193	0,9594
oder-Verkn., abs.	0,5440	−0,0234	−1,3235	0,6398	0,9983
oder-Verkn., eukl.	0,5865	−2,4248	−0,8529	0,6877	0,9973
MinMax-Op., $\gamma = 0,1$, abs.	0,5440	−0,5952	−1,3235	0,6161	0,9971
MinMax-Op., $\gamma = 0,1$, eukl.	0,5865	−2,0818	−0,2353	0,6857	0,9973
MinMax-Op., $\gamma = 0,3$, abs.	0,5440	−0,1378	−0,0588	0,6398	0,9971
MinMax-Op., $\gamma = 0,3$, eukl.	0,5865	−2,4248	−0,8529	0,6877	0,9973
MinMax-Op., $\gamma = 0,5$, abs.	0,5440	−0,0234	−1,3235	0,6398	0,9983
MinMax-Op., $\gamma = 0,5$, eukl.	0,5865	−2,4248	−0,8529	0,6877	0,9973
MinMax-Op., $\gamma = 0,7$, abs.	0,5440	−0,0234	−0,6765	0,6398	0,9971
MinMax-Op., $\gamma = 0,7$, eukl.	0,5865	−1,8531	−2,4118	0,6640	0,9973
MinMax-Op., $\gamma = 0,9$, abs.	0,5723	−2,8822	−0,1176	0,6161	0,9993
MinMax-Op., $\gamma = 0,9$, eukl.	0,5865	−0,9954	0,3824	0,6640	0,9973
Alg. PS-Op., $\gamma = 0,1$, abs.	0,4979	−1,1098	0,6471	0,7474	0,9995
Alg. PS-Op., $\gamma = 0,1$, eukl.	0,4979	−1,0526	−3,6765	0,7887	0,9983
Alg. PS-Op., $\gamma = 0,3$, abs.	0,4979	−1,1098	0,6471	0,7474	0,9995
Alg. PS-Op., $\gamma = 0,3$, eukl.	0,4979	−1,0526	−3,6765	0,7887	0,9983
Alg. PS-Op., $\gamma = 0,5$, abs.	0,4979	−1,1098	0,6471	0,7474	0,9995
Alg. PS-Op., $\gamma = 0,5$, eukl.	0,4979	−1,0526	−3,6765	0,7887	0,9983
Alg. PS-Op., $\gamma = 0,7$, abs.	0,4979	−1,1098	0,6471	0,7474	0,9995
Alg. PS-Op., $\gamma = 0,7$, eukl.	0,4979	−0,8239	−3,2353	0,7887	0,9983
Alg. PS-Op., $\gamma = 0,9$, abs.	0,4838	−1,1670	0,9706	0,7474	0,9995
Alg. PS-Op., $\gamma = 0,9$, eukl.	0,4592	−5,1121	0,3824	0,7867	0,9983
fcm-oder-Verkn., abs.	0,1196	−0,1950	0,9706	0,0906	0,8268
fcm-oder-Verkn., eukl.	0,1050	−0,2521	0,8824	0,0906	0,8066
fcm-und-Verkn., abs.	0,3437	−4,3116	−1,6765	0,9928	0,7222
fcm-und-Verkn., eukl.	0,2857	−4,3688	−1,0882	0,9029	0,7771

Man erkennt, dass in den Matchingvariablen $V19$, $V175$ und $V242$ bei allen Verknüpfungen eine positive Angleichung der Verteilungen der statistischen Zwillinge an die Cases erreicht werden konnte. Die Angleichungen der Verteilungen der Matchingvariable *Alter* fielen bei allen Verknüpfungen negativ aus, weil der Altersdurchschnitt der Controls mit 42,23 Jahren sehr dicht am Altersdurchschnitt der Cases (42,41 Jahre) liegt. Keine Gruppe statistischer Zwillinge erreichte einen Altersdurchschnitt, der näher an dem der Cases lag, als die Gruppe aller Controls. Die statistischen Zwillinge, die mittels der „oder"-Verknüpfung in Verbindung mit der absoluten Distanz und mittels des MinMax-Operators, einem γ von $0,5$ oder $0,7$ und in Verbindung mit der absoluten Distanz bestimmt wurden, erreichten nach Rundung auf zwei Nachkommastellen genau den Altersdurchschnitt der Controls. Die Verteilung der politischen *links-rechts Selbsteinstufung (V145)* der Controls lag ebenfalls mit einem Ridit-Wert von $0,5034$ sehr dicht an der Verteilung der Cases. Neun Gruppen von statistischen Zwillingen wiesen eine Verteilung in dieser Variablen auf, die besser an die Verteilung der Cases angepasst war als die der Controls.

Ostdeutsche: Unconstrained Matching

Im Folgenden sollen die Matchingergebnisse des statistischen unconstrained Fuzzy-Matchings betrachtet werden, bei dem jeder Control beliebig oft als statistischer Zwilling verwendet werden darf. Tabelle 6.6 zeigt die Lageparameter der Verteilungen der Matchingvariablen der statistischen Zwillinge im Vergleich zu den Verteilungen der Cases.[44]

Tabelle 6.6: Statistische Zwillinge der ostdeutschen Arbeitslosen, unconstrained Fuzzy-Matching: Ridit-Werte der ordinal skalierten, Mittelwerte der metrisch skalierten und Prüfgrößen der χ^2-Homogenitätstests der nominal skalierten Matchingvariablen ($n = 127$)

Verknüpfungsart	V19	V27	V145	V175	V242
und-Verkn., abs.	0,5983	42,00	0,4809	0,5852	3,3030
und-Verkn., eukl.	0,5921	41,99	0,4759	0,5844	3,3030
oder-Verkn., abs.	0,5689	42,27	0,4969	0,5367	0,0400
oder-Verkn., eukl.	0,5689	42,21	0,5077	0,5331	0,0560
MinMax-Op., $\gamma = 0,1$, abs.	0,5689	42,22	0,4948	0,5367	0,0610
MinMax-Op., $\gamma = 0,1$, eukl.	0,5689	42,24	0,5060	0,5334	0,0560
MinMax-Op., $\gamma = 0,3$, abs.	0,5689	42,25	0,4926	0,5367	0,0610
MinMax-Op., $\gamma = 0,3$, eukl.	0,5689	42,18	0,5082	0,5331	0,0560
MinMax-Op., $\gamma = 0,5$, abs.	0,5689	42,27	0,4969	0,5367	0,0400
MinMax-Op., $\gamma = 0,5$, eukl.	0,5689	42,18	0,5082	0,5331	0,0560

[44] Bei allen Verknüpfungen werden mindestens 90 unterschiedliche Controls als statistische Zwillinge verwendet. Im Falle der „und"-Verknüpfung unter vorheriger Anwendung des Fuzzy c-means Clusterings zur objektiven Bestimmung der Zugehörigkeitsgrade werden bei der absoluten Distanz 89 unterschiedliche Controls verwendet und bei der euklidischen Distanz 79.

MinMax-Op., $\gamma = 0,7$, abs.	0,5689	42,27	0,4948	0,5367	0,6100
MinMax-Op., $\gamma = 0,7$, eukl.	0,5689	42,23	0,5134	0,5331	0,5600
MinMax-Op., $\gamma = 0,9$, abs.	0,5689	41,82	0,4948	0,5404	0,0000
MinMax-Op., $\gamma = 0,9$, eukl.	0,5689	42,00	0,5042	0,5367	0,0000
Alg. PS-Op., $\gamma = 0,1$, abs.	0,5898	42,25	0,4892	0,5287	0,0560
Alg. PS-Op., $\gamma = 0,1$, eukl.	0,5813	42,99	0,4883	0,5261	0,0560
Alg. PS-Op., $\gamma = 0,3$, abs.	0,5898	42,25	0,4892	0,5287	0,0560
Alg. PS-Op., $\gamma = 0,3$, eukl.	0,5813	42,99	0,4883	0,5261	0,0560
Alg. PS-Op., $\gamma = 0,5$, abs.	0,5836	42,27	0,4881	0,5287	0,0560
Alg. PS-Op., $\gamma = 0,5$, eukl.	0,5720	42,81	0,4893	0,5261	0,0560
Alg. PS-Op., $\gamma = 0,7$, abs.	0,5836	42,27	0,4881	0,5287	0,0560
Alg. PS-Op., $\gamma = 0,7$, eukl.	0,5712	42,52	0,4781	0,5261	0,0560
Alg. PS-Op., $\gamma = 0,9$, abs.	0,5867	42,02	0,4802	0,5287	0,0560
Alg. PS-Op., $\gamma = 0,9$, eukl.	0,5898	41,61	0,5066	0,5191	0,0560
fcm-oder-Verkn., abs.	0,7080	42,22	0,4993	0,6597	14,8940
fcm-oder-Verkn., eukl.	0,7152	41,99	0,4975	0,6477	12,5040
fcm-und-Verkn., abs.	0,5936	40,93	0,5007	0,5421	1,6890
fcm-und-Verkn., eukl.	0,5635	37,22	0,4893	0,5567	5,5860

Die Ergebnisse nach statistischem unconstrained Fuzzy-Matching zeigen, dass in den Matchingvariablen $V19$, $V27$, $V175$ und $V242$ insgesamt eine bessere Angleichung der Verteilungen erreicht werden konnte, als dies beim constrained Matching der Fall war. Schlechtere Anpassungen als beim constrained Matching ergeben sich lediglich bei der Variablen $V242$ unter Verwendung der „und"-Verknüpfung und der absoluten Distanz, bei der Variablen $V175$ unter Verwendung des Fuzzy c-Means Clusterings zur objektiven Bestimmung der Zugehörigkeitsgrade und allen Verknüpfungen und bei der Variablen $V19$ unter Verwendung des Fuzzy c-Means Clusterings in Verbindung mit der „und"-Verknüpfung der Regeln.

Die Altersdurchschnitte der Gruppen der statistischen Zwillinge liegen bei den meisten Regelverknüpfungen näher am Altersdurchschnitt der Cases, als dies beim constrained Matching der Fall war. Ausnahmen treten in folgenden Fällen auf: Unter Verwendung des algebraischen ProdSum-Operators und der euklidischen Distanz bei γ-Werten von $0,1$, $0,3$ und $0,5$ und unter Verwendung des algebraischen ProdSum-Operators in Verbindung mit der absoluten Distanz und einem γ von $0,9$; darüber hinaus bei Verwendung des Fuzzy c-Means Clusterings in Verbindung mit der „und"-Verknüpfung und in Verbindung mit der „oder"-Verknüpfung unter Verwendung der euklidischen Distanz.

Die Verteilungen der politischen *links-rechts Selbsteinstufung* (Variable $V145$) sind in den meisten Fällen weniger gut an die Verteilung der Cases angepasst, als dies beim constrained Matching der Fall war. Es ergeben sich acht Ausnahmen mit einer besseren Anpassung der Verteilungen, die aus Tabelle 6.7 im Vergleich zu Tabelle 6.5 deutlich werden.

Tabelle 6.7: Statistische Zwillinge der ostdeutschen Arbeitslosen, unconstrained Fuzzy-Matching: Sample Percent Reduction in Bias ($n = 127$)

Verknüpfungsart	V19	V27	V145	V175	V242
und-Verkn., abs.	0,5513	−1,3371	−4,6176	0,4409	0,9608
und-Verkn., eukl.	0,5796	−1,3943	−6,0882	0,4462	0,9608
oder-Verkn., abs.	0,6855	0,2057	0,0882	0,7592	0,9995
oder-Verkn., eukl.	0,6855	−0,1371	−1,2647	0,7828	0,9993
MinMax-Op., $\gamma = 0,1$, abs.	0,6855	−0,0800	−0,5294	0,7592	0,9993
MinMax-Op., $\gamma = 0,1$, eukl.	0,6855	0,0343	−0,7647	0,7808	0,9993
MinMax-Op., $\gamma = 0,3$, abs.	0,6855	0,0914	−1,1765	0,7592	0,9993
MinMax-Op., $\gamma = 0,3$, eukl.	0,6855	−0,3086	−1,4118	0,7828	0,9993
MinMax-Op., $\gamma = 0,5$, abs.	0,6855	0,2057	0,0882	0,7592	0,9995
MinMax-Op., $\gamma = 0,5$, eukl.	0,6855	−0,3086	−1,4118	0,7828	0,9993
MinMax-Op., $\gamma = 0,7$, abs.	0,6855	0,2057	−0,5294	0,7592	0,9928
MinMax-Op., $\gamma = 0,7$, eukl.	0,6855	−0,0229	−2,9412	0,7828	0,9934
MinMax-Op., $\gamma = 0,9$, abs.	0,6855	−2,3657	−0,5294	0,7349	1,0000
MinMax-Op., $\gamma = 0,9$, eukl.	0,6855	−1,3371	−0,2353	0,7592	1,0000
Alg. PS-Op., $\gamma = 0,1$, abs.	0,5901	0,0914	−2,1765	0,8117	0,9993
Alg. PS-Op., $\gamma = 0,1$, eukl.	0,6289	−2,3200	−2,4412	0,8287	0,9993
Alg. PS-Op., $\gamma = 0,3$, abs.	0,5901	0,0914	−2,1765	0,8117	0,9993
Alg. PS-Op., $\gamma = 0,3$, eukl.	0,6289	−2,3200	−2,4412	0,8287	0,9993
Alg. PS-Op., $\gamma = 0,5$, abs.	0,6184	0,2057	−2,5000	0,8117	0,9993
Alg. PS-Op., $\gamma = 0,5$, eukl.	0,6714	−1,2914	−2,1471	0,8287	0,9993
Alg. PS-Op., $\gamma = 0,7$, abs.	0,6184	0,2057	−2,5000	0,8117	0,9993
Alg. PS-Op., $\gamma = 0,7$, eukl.	0,6750	0,3657	−5,4412	0,8287	0,9993
Alg. PS-Op., $\gamma = 0,9$, abs.	0,6043	−1,2229	−4,8235	0,8117	0,9993
Alg. PS-Op., $\gamma = 0,9$, eukl.	0,5901	−3,5657	−0,9412	0,8747	0,9993
fcm-oder-Verkn., abs.	0,0507	−0,0800	0,7941	−0,0479	0,8232
fcm-oder-Verkn., eukl.	0,0178	−1,3943	0,2647	0,0308	0,8516
fcm-und-Verkn., abs.	0,5728	−7,4514	0,7941	0,7238	0,9800
fcm-und-Verkn., eukl.	0,7102	−28,6514	−2,1471	0,6280	0,9337

Ostdeutsche: Distanzmatching
In diesem Unterabschnitt wird ein Vergleich zwischen der Güte des statistischen Fuzzy-Matchings und der Güte des Matchings auf Basis der Distanzen der tatsächlichen Ausprägungen der Matchingvariablen gezogen. Die tatsächlichen Ausprägungen der ostdeutschen Arbeitslosen und Erwerbstätigen in den betreffenden Variablen wurden dazu in das Intervall $[0,1]$ normiert. Fehlende Werte und verweigerte Angaben wurden beim Matching als fehlende Werte betrachtet, da sie im Gegensatz zum statistischen Fuzzy-Matching nicht sinnvoll bei der Bestimmung der Distanzen eingeordnet werden können. Somit wurde beim einfachen Distanzmatching auch jedem Case ein Control als statistischer Zwilling zugeordnet, d. h. man erhielt 128 Paare statistischer Zwillinge. Dies hatte kleine Änderungen der Lageparameter der Verteilungen der Matchingvariablen der Cases zur Folge und somit auch Änderungen der Ridit-Werte und Prüfgrößen der χ^2-Homogenitätstests der Controls im Vergleich zu den Cases (Referenzgruppe). Die Prüfgröße des χ^2-Homogenitätstests der nominal skalierten Matchingvariablen *V242 Familienstand* zwischen ostdeutschen Cases ($n = 128$) und Controls ($n = 534$) beträgt $80,5590$. Die folgenden Tabellen 6.8 und 6.9 zeigen die Ridit-Werte der ordinal und die Mittelwerte der metrisch skalierten Matchingvariablen.

Tabelle 6.8: Ridit-Werte der ordinal skalierten Matchingvariablen: Ostdeutsche Cases ($n = 128$) vs. Controls ($n = 534$)

	V19 Subjektive Schichteinstufung	V145 Links-rechts Selbsteinstufung	V175 Allgemeiner Schulabschluss
Cases	$0,5000$	$0,5000$	$0,5000$
Controls	$0,7231$	$0,5032$	$0,6524$

Tabelle 6.9: Mittelwerte der metrisch skalierten Matchingvariable *Alter*: Ostdeutsche Cases ($n = 128$) und Controls ($n = 534$)

	V27 Alter
Cases	$42,50$
Controls	$42,23$

Die folgende Tabelle 6.10 beinhaltet die unterschiedlichen Lageparameter der Matchingvariablen der Paare statistischer Zwillinge, die mit Hilfe des einfachen

Distanzmatchings gefunden wurden.

Tabelle 6.10: Statistische Zwillinge der ostdeutschen Arbeitslosen, einfaches constrained Distanzmatching: Ridit-Werte der ordinal skalierten, Mittelwerte der metrisch skalierten und Prüfgrößen der χ^2-Homogenitätstests der nominal skalierten Matchingvariablen ($n = 128$)

Distanz	V19	V27	V145	V175	V242
abs. Distanz	0,5930	42,04	0,4867	0,5318	0,0150
eukl. Distanz	0,5869	42,55	0,4876	0,5293	0,0150

Auch das Sample Percent Reduction in Bias ergibt sich beim einfachen Distanzmatching analog zum statistischen Fuzzy-Matching und ist in Tabelle 6.11 dargestellt.

Tabelle 6.11: Statistische Zwillinge der ostdeutschen Arbeitslosen, einfaches constrained Distanzmatching: Sample Percent Reduction in Bias ($n = 128$)

Distanz	V19	V27	V145	V175	V242
abs. Distanz	0,5755	−1,1098	−2,9118	0,7913	0,9998
eukl. Distanz	0,6034	0,1938	−2,6471	0,8077	0,9998

Vergleicht man diese Ergebnisse mit dem statistischen constrained Fuzzy-Matching und dort insbesondere mit der „oder“-Verknüpfung, dann ist die Güte der Anpassungen der Verteilungen beim statistischen Fuzzy-Matching etwas besser. In den Matchingvariablen $V19$ und $V242$ weichen die Ergebnisse nur marginal voneinander ab, die größte Differenz ist ein Ridit-Wert von $0,0315$. Der Altersdurchschnitt der Gruppen der statistischen Zwillinge liegt unter Verwendung der absoluten Distanz beim statistischen Fuzzy-Matching sehr nahe am Altersdurchschnitt der Cases; das einfache Distanzmatching unter Verwendung der euklidischen Distanz schneidet sogar noch etwas besser ab. Die Anpassung der Verteilung der Matchingvariable $V145$ fällt beim Fuzzy-Matching wesentlich besser aus als beim Distanzmatching, während dieses wiederum eine bessere Anpassung der Verteilung der Matchingvariablen $V175$ erreicht. Betrachtet man die durchschnittliche Gesamtanpassung[45] aller Matchingvariablen, so schneidet das statistische Fuzzy-

[45] Die durchschnittliche Gesamtanpassung über alle Matchingvariablen für eine Verknüpfungsart wird aus dem Mittelwert der Werte des Sample Percent Reduction in Bias aller Matchingvariablen er-

Matching mit einer mittleren Anpassung von $16,70\%$ besser ab als das Distanzmatching mit einer mittleren Anpassung von $-0,85\%$.[46] Während sich die Verteilungen der statistischen Zwillinge nach Fuzzy-Matching also angeglichen haben, ist beim Distanzmatching eine negative Anpassung der Verteilungen im Vergleich zum Ausgangszustand eingetreten.

Die Ergebnisse des einfachen unconstrained Distanzmatchings zeigen die Tabellen 6.12 und 6.13:

Tabelle 6.12: Statistische Zwillinge der ostdeutschen Arbeitslosen, einfaches unconstrained Distanzmatching: Ridit-Werte der ordinal skalierten, Mittelwerte der metrisch skalierten und Prüfgrößen der χ^2-Homogenitätstests der nominal skalierten Matchingvariablen ($n = 128$)

Distanz	V19	V27	V145	V175	V242
abs. Distanz	0,5684	42,26	0,4924	0,5185	0,0580
eukl. Distanz	0,5777	42,01	0,4853	0,5113	0,0580

Tabelle 6.13: Statistische Zwillinge der ostdeutschen Arbeitslosen, einfaches unconstrained Distanzmatching: Sample Percent Reduction in Bias ($n = 128$)

Distanz	V19	V27	V145	V175	V242
abs. Distanz	0,6878	0,1481	−1,2353	0,8786	0,9993
eukl. Distanz	0,6454	−1,2813	−3,3235	0,9259	0,9993

Vergleicht man auch hier die Ergebnisse des einfachen unconstrained Distanzmatchings mit den Ergebnissen des statistischen unconstrained Fuzzy-Matchings und dort wieder mit der „oder"-Verknüpfung, so lassen sich ähnliche Schlussfolgerungen ziehen wie beim constrained Matching. Die Anpassungen der Variablen $V19$ und $V242$ fallen sehr ähnlich aus. Das einfache Distanzmatching erreicht bei der Variablen $V175$ etwas bessere Angleichungen, während das statistische Fuzzy-Matching bei den Angleichungen des Altersdurchschnitts und der politischen links-rechts Selbsteinstufung besser abschneidet. Bei der durchschnittlichen Gesamtanpassung der Verteilungen der Matchingvariablen schneidet das statistische Fuzzy-Matching unter Verwendung der „oder"-Verknüpfung und der absolu-

rechnet.

[46] Bezogen auf die „oder"-Verknüpfung der Regeln des statistischen Fuzzy-Matchings.

ten Distanz mit einer Anpassung von 54,76% wieder besser ab als das Distanzmatching mit 29,57%.

Generell kann zum Vergleich der Ergebnisse des constrained mit denen des unconstrained Matchings festgehalten werden, dass die Wahl des am besten geeigneten statistischen Zwillings (unconstrained Matching) sowohl auf Basis der Zugehörigkeitsgrade zur Regelbasis als auch auf Grundlage der Distanzen der tatsächlichen Ausprägungen der Matchingvariablen nicht immer bessere Anpassungen der Verteilungen nach sich zieht.

Westdeutsche: Constrained Matching

Genau wie bei der Betrachtung der Güte des statistischen Fuzzy-Matchings zwischen ostdeutschen Arbeitslosen und Erwerbstätigen sollen bei der westdeutschen Bevölkerung zunächst Cases und Controls gegenübergestellt werden, um die Basis für die Beurteilung von Verbesserungen oder Verschlechterungen in den Anpassungen der Verteilungen der Matchingvariablen zu schaffen. Dies wird in den folgenden Tabellen 6.14 und 6.15 für die ordinal und metrisch skalierten Matchingvariablen dargestellt. Die Prüfgröße des χ^2-Homogenitätstests der nominal skalierten Matchingvariablen *V242 Familienstand* zwischen westdeutschen Cases ($n = 128$) und Controls ($n = 1116$) beträgt 59,3370. Die Variable *V174 Geschlecht, Befragte(r)* wurde wiederum aus der Betrachtung ausgeschlossen, da perfekte Übereinstimmung zwischen Cases und ihren statistischen Zwillingen gefordert wurde.

Tabelle 6.14: Ridit-Werte der ordinal skalierten Matchingvariablen: Westdeutsche Cases ($n = 128$) und Controls ($n = 1116$)

	V19 Subjektive Schichteinstufung	V145 Links-rechts Selbsteinstufung	V175 Allgemeiner Schulabschluss
Cases	0,5000	0,5000	0,5000
Controls	0,6609	0,5116	0,6448

Tabelle 6.15: Mittelwerte der metrisch skalierten Matchingvariable *Alter*: Westdeutsche Cases ($n = 128$) und Controls ($n = 1116$)

	V27 Alter
Cases	39,39
Controls	42,31

Im Folgenden sollen die Verteilungen der nach Durchführung des statistischen Fuzzy-Matchings gefundenen Gruppen statistischer Zwillinge mit der Verteilung der Cases (Referenzgruppe) verglichen werden und die Verbesserung bzw. Verschlechterung der Anpassung der Verteilungen mittels des Sample Percent Reduction in Bias ausgedrückt werden. Tabelle 6.16 beinhaltet die Lageparameter der Verteilungen:

Tabelle 6.16: Statistische Zwillinge der westdeutschen Arbeitslosen, constrained Fuzzy-Matching: Ridit-Werte der ordinal skalierten, Mittelwerte der metrisch skalierten und Prüfgrößen der χ^2-Homogenitätstests der nominal skalierten Matchingvariablen ($n = 128$)

Verknüpfungsart	V19	V27	V145	V175	V242
und-Verkn., abs.	0,5651	40,11	0,5104	0,5496	0,1480
und-Verkn., eukl.	0,5600	40,05	0,5216	0,5371	0,1480
oder-Verkn., abs.	0,5323	40,47	0,5107	0,5171	0,2870
oder-Verkn., eukl.	0,5304	40,23	0,5075	0,5116	0,0840
MinMax-Op., $\gamma = 0,1$, abs.	0,5323	40,49	0,5086	0,5171	0,2870
MinMax-Op., $\gamma = 0,1$, eukl.	0,5304	40,21	0,5096	0,5116	0,0840
MinMax-Op., $\gamma = 0,3$, abs.	0,5323	40,49	0,5086	0,5171	0,2870
MinMax-Op., $\gamma = 0,3$, eukl.	0,5304	40,20	0,5096	0,5116	0,0840
MinMax-Op., $\gamma = 0,5$, abs.	0,5323	40,47	0,5107	0,5171	0,2870
MinMax-Op., $\gamma = 0,5$, eukl.	0,5304	40,32	0,5083	0,5116	0,0840
MinMax-Op., $\gamma = 0,7$, abs.	0,5323	40,48	0,5107	0,5171	0,2870
MinMax-Op., $\gamma = 0,7$, eukl.	0,5304	40,22	0,5033	0,5116	0,0840
MinMax-Op., $\gamma = 0,9$, abs.	0,5339	40,45	0,5038	0,5171	0,2870
MinMax-Op., $\gamma = 0,9$, eukl.	0,5363	40,09	0,5094	0,5147	0,0780
Alg. PS-Op., $\gamma = 0,1$, abs.	0,5702	41,13	0,5232	0,5251	0,3370
Alg. PS-Op., $\gamma = 0,1$, eukl.	0,5560	40,62	0,5116	0,5239	0,3370
Alg. PS-Op., $\gamma = 0,3$, abs.	0,5702	41,13	0,5232	0,5251	0,3370
Alg. PS-Op., $\gamma = 0,3$, eukl.	0,5560	40,62	0,5116	0,5239	0,3370
Alg. PS-Op., $\gamma = 0,5$, abs.	0,5702	41,24	0,5232	0,5251	0,3370

Alg. PS-Op., $\gamma = 0,5$, eukl.	0,5501	40,48	0,5164	0,5239	0,3370
Alg. PS-Op., $\gamma = 0,7$, abs.	0,5702	41,13	0,5232	0,5251	0,3370
Alg. PS-Op., $\gamma = 0,7$, eukl.	0,5533	40,67	0,5164	0,5233	0,0840
Alg. PS-Op., $\gamma = 0,9$, abs.	0,5672	40,91	0,5181	0,5251	0,3300
Alg. PS-Op., $\gamma = 0,9$, eukl.	0,5539	40,65	0,5137	0,5171	0,0780
fcm-oder-Verkn., abs.	0,5675	39,12	0,4963	0,5131	1,6320
fcm-oder-Verkn., eukl.	0,5516	39,27	0,4993	0,5079	0,8240
fcm-und-Verkn., abs.	0,5576	39,85	0,5220	0,5073	0,0920
fcm-und-Verkn., eukl.	0,5769	40,72	0,4705	0,5694	3,6730

Die folgende Tabelle 6.17 zeigt das Sample Percent Reduction in Bias der Matchingvariablen des statistischen constrained Fuzzy-Matchings der westdeutschen statistischen Zwillinge aus der Gruppe der Erwerbstätigen:

Tabelle 6.17: Statistische Zwillinge der westdeutschen Arbeitslosen, constrained Fuzzy-Matching: Sample Percent Reduction in Bias ($n = 128$)

Verknüpfungsart	V19	V27	V145	V175	V242
und-Verkn., abs.	0,5954	0,7551	0,1034	0,6575	0,9975
und-Verkn., eukl.	0,6271	0,7753	−0,8621	0,7438	0,9975
oder-Verkn., abs.	0,7993	0,6315	0,0776	0,8819	0,9952
oder-Verkn., eukl.	0,8111	0,7137	0,3534	0,9199	0,9986
MinMax-Op., $\gamma = 0,1$, abs.	0,7993	0,6247	0,2586	0,8819	0,9952
MinMax-Op., $\gamma = 0,1$, eukl.	0,8111	0,7205	0,1724	0,9199	0,9986
MinMax-Op., $\gamma = 0,3$, abs.	0,7993	0,6247	0,2586	0,8819	0,9952
MinMax-Op., $\gamma = 0,3$, eukl.	0,8111	0,7240	0,1724	0,9199	0,9986
MinMax-Op., $\gamma = 0,5$, abs.	0,7993	0,6315	0,0776	0,8819	0,9952
MinMax-Op., $\gamma = 0,5$, eukl.	0,8111	0,6829	0,2845	0,9199	0,9986
MinMax-Op., $\gamma = 0,7$, abs.	0,7993	0,6281	0,0776	0,8819	0,9952
MinMax-Op., $\gamma = 0,7$, eukl.	0,8111	0,7171	0,7155	0,9199	0,9986
MinMax-Op., $\gamma = 0,9$, abs.	0,7893	0,6384	0,6724	0,8819	0,9952
MinMax-Op., $\gamma = 0,9$, eukl.	0,7744	0,7616	0,1897	0,8985	0,9987
Alg. PS-Op., $\gamma = 0,1$, abs.	0,5637	0,4055	−1,0000	0,8267	0,9943
Alg. PS-Op., $\gamma = 0,1$, eukl.	0,6520	0,5801	0,0000	0,8349	0,9943
Alg. PS-Op., $\gamma = 0,3$, abs.	0,5637	0,4055	−1,0000	0,8267	0,9943
Alg. PS-Op., $\gamma = 0,3$, eukl.	0,6520	0,5801	0,0000	0,8349	0,9943
Alg. PS-Op., $\gamma = 0,5$, abs.	0,5637	0,3678	−1,0000	0,8267	0,9943
Alg. PS-Op., $\gamma = 0,5$, eukl.	0,6886	0,6281	−0,4138	0,8349	0,9943

Alg. PS-Op., $\gamma = 0,7$, abs.	0,5637	0,4055	−1,0000	0,8267	0,9943
Alg. PS-Op., $\gamma = 0,7$, eukl.	0,6687	0,5630	−0,4138	0,8391	0,9943
Alg. PS-Op., $\gamma = 0,9$, abs.	0,5823	0,4808	−0,5603	0,8267	0,9944
Alg. PS-Op., $\gamma = 0,9$, eukl.	0,6650	0,5699	−0,1810	0,8819	0,9987
fcm-oder-Verkn., abs.	0,5805	0,9055	0,6810	0,9095	0,9725
fcm-oder-Verkn., eukl.	0,6793	0,9568	0,9397	0,9454	0,9861
fcm-und-Verkn., abs.	0,6420	0,8445	−0,8966	0,9496	0,9984
fcm-und-Verkn., eukl.	0,5221	0,5459	−1,5431	0,5207	0,9381

Die Ergebnisse zeigen, dass in allen Matchingvariablen mit Ausnahme der Variablen $V145$ deutliche Verbesserungen in den Anpassungen der Verteilungen zwischen den statistischen Zwillingen im Vergleich zu den Verteilungen der Matchingvariablen der Controls (d. h. aller Erwerbstätigen) erzielt werden konnten. Lediglich die Anpassungen in der politischen links-rechts-Selbsteinstufung fallen teilweise negativ aus. Dies ist bei Verwendung der „und"-Verknüpfung in Verbindung mit der euklidischen Distanz der Fall, bei der Verwendung des algebraischen ProdSum-Operators, mit Ausnahme der beiden γ-Werte $0,1$ und $0,3$ in Verbindung mit der euklidischen Distanz und bei Verwendung des Fuzzy c-Means Clusterings zur automatisierten Bestimmung der Zugehörigkeitsgrade in Verbindung mit der „und"-Verknüpfung der Regeln.

Westdeutsche: Unconstrained Matching

Die mittels des statistischen unconstrained Fuzzy-Matchings zwischen westdeutschen Arbeitslosen und Erwerbstätigen erzielten Ergebnisse sind in den folgenden Tabellen 6.18 und 6.19 zusammengefasst.[47] Zunächst werden wiederum die Verteilungen der statistischen Zwillinge aus der Gruppe der Erwerbstätigen in Relation zu den Verteilungen der Arbeitslosen dargestellt.

[47] Bei allen Verknüpfungen werden mindestens 108 unterschiedliche Controls als statistische Zwillinge verwendet. Im Falle der „und"-Verknüpfung unter vorheriger Anwendung des Fuzzy c-means Clusterings zur objektiven Bestimmung der Zugehörigkeitsgrade werden bei der euklidischen Distanz 86 unterschiedliche Controls verwendet.

Tabelle 6.18: Statistische Zwillinge der westdeutschen Arbeitslosen, unconstrained Fuzzy-Matching: Ridit-Werte der ordinal skalierten, Mittelwerte der metrisch skalierten und Prüfgrößen der χ^2-Homogenitätstests der nominal skalierten Matchingvariablen ($n = 128$)

Verknüpfungsart	V19	V27	V145	V175	V242
und-Verkn., abs.	0,5563	40,57	0,5300	0,5503	2,8090
und-Verkn., eukl.	0,5498	40,43	0,5346	0,5311	1,3480
oder-Verkn., abs.	0,5333	40,34	0,5191	0,5219	0,2870
oder-Verkn., eukl.	0,5285	40,19	0,5127	0,5142	0,0840
MinMax-Op., $\gamma = 0,1$, abs.	0,5333	40,37	0,5170	0,5219	0,2870
MinMax-Op., $\gamma = 0,1$, eukl.	0,5285	40,17	0,5148	0,5142	0,0840
MinMax-Op., $\gamma = 0,3$, abs.	0,5333	40,35	0,5170	0,5219	0,2870
MinMax-Op., $\gamma = 0,3$, eukl.	0,5285	40,20	0,5127	0,5142	0,0840
MinMax-Op., $\gamma = 0,5$, abs.	0,5333	40,34	0,5191	0,5219	0,2870
MinMax-Op., $\gamma = 0,5$, eukl.	0,5285	40,28	0,5136	0,5142	0,0840
MinMax-Op., $\gamma = 0,7$, abs.	0,5333	40,34	0,5191	0,5219	0,2870
MinMax-Op., $\gamma = 0,7$, eukl.	0,5285	40,16	0,5085	0,5142	0,0840
MinMax-Op., $\gamma = 0,9$, abs.	0,5320	40,26	0,5130	0,5196	0,2870
MinMax-Op., $\gamma = 0,9$, eukl.	0,5320	39,99	0,5113	0,5173	0,0840
Alg. PS-Op., $\gamma = 0,1$, abs.	0,5497	40,80	0,5155	0,5091	0,3370
Alg. PS-Op., $\gamma = 0,1$, eukl.	0,5409	40,55	0,5154	0,5091	0,3370
Alg. PS-Op., $\gamma = 0,3$, abs.	0,5497	40,80	0,5155	0,5091	0,3370
Alg. PS-Op., $\gamma = 0,3$, eukl.	0,5409	40,55	0,5154	0,5091	0,3370
Alg. PS-Op., $\gamma = 0,5$, abs.	0,5497	40,80	0,5155	0,5091	0,3370
Alg. PS-Op., $\gamma = 0,5$, eukl.	0,5379	40,52	0,5133	0,5091	0,3370
Alg. PS-Op., $\gamma = 0,7$, abs.	0,5507	40,81	0,5224	0,5134	0,3370
Alg. PS-Op., $\gamma = 0,7$, eukl.	0,5427	40,47	0,5103	0,5085	0,0840
Alg. PS-Op., $\gamma = 0,9$, abs.	0,5507	40,68	0,5152	0,5134	0,3370
Alg. PS-Op., $\gamma = 0,9$, eukl.	0,5339	40,37	0,5126	0,5045	0,0840
fcm-oder-Verkn., abs.	0,5885	40,72	0,4898	0,5094	2,3180
fcm-oder-Verkn., eukl.	0,5916	41,00	0,5012	0,5118	1,1430
fcm-und-Verkn., abs.	0,6013	41,01	0,4962	0,5118	0,0550
fcm-und-Verkn., eukl.	0,5900	40,44	0,4963	0,5143	9,2700

Die Verbesserungen bzw. Verschlechterungen der Anpassungen der Verteilungen im Vergleich zur Gruppe der Controls mittels des Sample Percent Reduction in Bias sind in Tabelle 6.19 enthalten:

Tabelle 6.19: Statistische Zwillinge der westdeutschen Arbeitslosen, unconstrained Fuzzy-Matching: Sample Percent Reduction in Bias ($n = 128$)

Verknüpfungsart	V19	V27	V145	V175	V242
und-Verkn., abs.	0,6501	0,5973	−1,5862	0,6526	0,9527
und-Verkn., eukl.	0,6905	0,6452	−1,9828	0,7852	0,9773
oder-Verkn., abs.	0,7930	0,6760	−0,6466	0,8488	0,9952
oder-Verkn., eukl.	0,8229	0,7274	−0,0948	0,9019	0,9986
MinMax-Op., $\gamma = 0,1$, abs.	0,7930	0,6658	−0,4655	0,8488	0,9952
MinMax-Op., $\gamma = 0,1$, eukl.	0,8229	0,7342	−0,2759	0,9019	0,9986
MinMax-Op., $\gamma = 0,3$, abs.	0,7930	0,6726	−0,4655	0,8488	0,9952
MinMax-Op., $\gamma = 0,3$, eukl.	0,8229	0,7240	−0,0948	0,9019	0,9986
MinMax-Op., $\gamma = 0,5$, abs.	0,7930	0,6760	−0,6466	0,8488	0,9952
MinMax-Op., $\gamma = 0,5$, eukl.	0,8229	0,6966	−0,1724	0,9019	0,9986
MinMax-Op., $\gamma = 0,7$, abs.	0,7930	0,6760	−0,6466	0,8488	0,9952
MinMax-Op., $\gamma = 0,7$, eukl.	0,8229	0,7377	0,2672	0,9019	0,9986
MinMax-Op., $\gamma = 0,9$, abs.	0,8011	0,7034	−0,1207	0,8646	0,9952
MinMax-Op., $\gamma = 0,9$, eukl.	0,8011	0,7959	0,0259	0,8805	0,9986
Alg. PS-Op., $\gamma = 0,1$, abs.	0,6911	0,5185	−0,3362	0,9372	0,9943
Alg. PS-Op., $\gamma = 0,1$, eukl.	0,7458	0,6041	−0,3276	0,9372	0,9943
Alg. PS-Op., $\gamma = 0,3$, abs.	0,6911	0,5185	−0,3362	0,9372	0,9943
Alg. PS-Op., $\gamma = 0,3$, eukl.	0,7458	0,6041	−0,3276	0,9372	0,9943
Alg. PS-Op., $\gamma = 0,5$, abs.	0,6911	0,5185	−0,3362	0,9372	0,9943
Alg. PS-Op., $\gamma = 0,5$, eukl.	0,7644	0,6144	−0,1466	0,9372	0,9943
Alg. PS-Op., $\gamma = 0,7$, abs.	0,6849	0,5151	−0,9310	0,9075	0,9943
Alg. PS-Op., $\gamma = 0,7$, eukl.	0,7346	0,6315	0,1121	0,9413	0,9986
Alg. PS-Op., $\gamma = 0,9$, abs.	0,6849	0,5596	−0,3103	0,9075	0,9943
Alg. PS-Op., $\gamma = 0,9$, eukl.	0,7893	0,6658	−0,0862	0,9689	0,9986
fcm-oder-Verkn., abs.	0,4500	0,5459	0,1207	0,9351	0,9609
fcm-oder-Verkn., eukl.	0,4307	0,4500	0,8966	0,9185	0,9807
fcm-und-Verkn., abs.	0,3704	0,4466	0,6724	0,9185	0,9991
fcm-und-Verkn., eukl.	0,4406	0,6418	0,6810	0,9012	0,8438

Lässt man die Matchingvariable $V145$ zunächst außer Acht, dann fallen die Ergebnisse des statistischen unconstrained Fuzzy-Matchings unter Verwendung der „und“-Verknüpfung, der „oder“-Verknüpfung und des MinMax-Operators sehr ähnlich zu den Ergebnissen des statistischen constrained Fuzzy-Matchings aus. Die Anpassungen der Verteilungen sind teilweise beim unconstrained Matching marginal besser, teilweise beim constrained Matching. Die Ergebnisse des unconstrained Matchings unter Verwendung des algebraischen ProdSum-Operators unter Auslassung der Variablen $V145$ fallen im Vergleich zum constrained Matching deutlich besser ($V19$, $V27$ und $V175$) bzw. identisch ($V242$)[48] aus. Die unter Verwendung des Fuzzy c-Means Clusterings entstandenen Ergebnisse lassen keine klare Aussage darüber zu, welche Art des Matchings zu bevorzugen wäre, da die Ergebnisse des unconstrained Matchings teilweise besser, aber auch teilweise schlechter ausfallen als die Ergebnisse des constrained Matchings.

Die Anpassungen der Verteilungen der Variablen $V145$ fallen beim unconstrained Matching insgesamt schlechter aus als beim constrained Matching, da die meisten Regelverknüpfungen negative Anpassungen der Verteilungen liefern. Lediglich der MinMax-Operator mit Werten von $\gamma = 0,7$ und $\gamma = 0,9$, der algebraische ProdSum-Operator mit $\gamma = 0,9$ (jeweils in Verbindung mit der euklidischen Distanz) und die vier fcm-Verknüpfungen ergeben eine positive Anpassung an die Verteilung der Cases.

Westdeutsche: Distanzmatching

Beim statistischen Fuzzy-Matching der westdeutschen Arbeitslosen mit Erwerbstätigen wird —im Gegensatz zu den Ostdeutschen— zu jedem Case ein statistischer Zwilling gefunden. Daher sind die Lageparameter der Cases und Controls des einfachen Distanzmatchings identisch zu denen des statistischen Fuzzy-Matchings. Im Folgenden werden daher nur die Lagemaße der Verteilungen der statistischen Zwillinge und die Güte des Matchings anhand des Sample Percent Reduction in Bias in den Tabellen 6.20 und 6.21 aufgeführt.

Tabelle 6.20: Statistische Zwillinge der westdeutschen Arbeitslosen, einfaches constrained Distanzmatching: Ridit-Werte der ordinal skalierten, Mittelwerte der metrisch skalierten und Prüfgrößen der χ^2-Homogenitätstests der nominal skalierten Matchingvariablen ($n = 128$)

Distanz	V19	V27	V145	V175	V242
abs. Distanz	0,5332	39,97	0,5264	0,5068	0,0070
eukl. Distanz	0,5360	39,68	0,5299	0,5050	0,1160

48 Das Ergebnis des algebraischen ProdSum-Operators mit $\gamma = 0,7$ und der euklidischen Distanz fällt etwas besser beim unconstrained Matching aus als beim constrained Matching.

Tabelle 6.21: Statistische Zwillinge der westdeutschen Arbeitslosen, einfaches constrained Distanzmatching: Sample Percent Reduction in Bias ($n = 128$)

Distanz	V19	V27	V145	V175	V242
abs. Distanz	0,7937	0,8027	−1,2759	0,9530	0,9999
eukl. Distanz	0,7763	0,9021	−1,5776	0,9655	0,9980

Die auf Basis der Distanzen der in das Intervall $[0,1]$ normierten tatsächlichen Ausprägungen der Matchingvariablen erzielten Ergebnisse lassen sich zunächst identisch zu den Ergebnissen des statistischen Fuzzy-Matchings interpretieren: Mit Ausnahme der politischen links-rechts Selbsteinstufung ($V145$) sind in allen Variablen deutliche positive Anpassungen an die Verteilungen der Cases gelungen. Die Anpassungen der Variablen $V145$ fallen wie beim statistischen constrained Fuzzy-Matching negativ aus.

Vergleicht man die Ergebnisse wiederum mit denen des statistischen constrained Fuzzy-Matchings und insbesondere mit der „oder"-Verknüpfung, so lassen sich folgende Feststellungen treffen:

- Die Anpassungen in den Variablen $V19$ und $V242$ fallen sehr ähnlich aus.
- Das einfache Distanzmatching erreicht etwas bessere Anpassungen beim Altersdurchschnitt ($V27$) und beim allgemeinen Schulabschluss ($V175$).
- Das statistische Fuzzy-Matching erzielt deutlich bessere Ergebnisse bei der Anpassung der politischen links-rechts-Selbsteinstufung ($V145$) als das einfache Distanzmatching.

Greift man auch hier wieder die „oder"-Verknüpfung der Regeln beim statistischen Fuzzy-Matching beispielhaft heraus und vergleicht die durchschnittliche Gesamtanpassung der Matchingvariablen mit der des Distanzmatchings, so schneidet das statistische Fuzzy-Matching mit einer Anpassung von $75,93\,\%$ besser ab als das Distanzmatching mit $45,47\,\%$.

Die nächsten beiden Tabellen 6.22 und 6.23 beinhalten die Ergebnisse des unconstrained Distanzmatchings der westdeutschen Arbeitslosen mit Erwerbstätigen:

Tabelle 6.22: Statistische Zwillinge der westdeutschen Arbeitslosen, einfaches unconstrained Distanzmatching: Ridit-Werte der ordinal skalierten, Mittelwerte der metrisch skalierten und Prüfgrößen der χ^2-Homogenitätstests der nominal skalierten Matchingvariablen ($n = 128$)

Distanz	V19	V27	V145	V175	V242
abs. Distanz	0,5183	39,72	0,5159	0,5034	0,0230
eukl. Distanz	0,5100	39,64	0,5164	0,5034	0,0230

Tabelle 6.23: Statistische Zwillinge der westdeutschen Arbeitslosen, einfaches unconstrained Distanzmatching: Sample Percent Reduction in Bias ($n = 128$)

Distanz	V19	V27	V145	V175	V242
abs. Distanz	0,8863	0,8884	−0,3707	0,9765	0,9996
eukl. Distanz	0,9378	0,9158	−0,4138	0,9765	0,9996

Bis auf eine einzige Ausnahme ($V242$ unter Verwendung der absoluten Distanz) konnten beim statistischen unconstrained Distanzmatching bessere Anpassungen der Verteilungen erzielt werden als beim constrained Distanzmatching. Vergleicht man auch diese Ergebnisse mit dem statistischen unconstrained Fuzzy-Matching[49], so erkennt man, dass die Anpassungen der Verteilungen der Matchingvariablen mit Werten für die durchschnittliche Gesamtanpassung von 67,12 % für das statistische Fuzzy-Matching und von 68,32 % für das Distanzmatching annähernd gleich gut ausfallen.[50]

6.1.4 Ergebnisse

Wie in der Einleitung zu diesem Anwendungsbeispiel bereits erläutert wurde, soll die Einstellung zur deutschen Vereinigung von Arbeitslosen und Erwerbstätigen getrennt nach Ost- und Westdeutschland untersucht werden und konkret der Frage nachgegangen werden: Führt Arbeitslosigkeit zu einer negativen Einstellung zur deutschen Vereinigung?

[49] Der Vergleich wird wie bei allen diesen Vergleichen bisher anhand der „oder"-Verknüpfung gezogen.

[50] An dieser Stelle wird darauf hingewiesen, dass beim statistischen Fuzzy-Matching unter Verwendung des MinMax-Operators in Verbindung mit der euklidischen Distanz und einem Kompensationsgrad von $\gamma = 0,7$ eine durchschnittliche Gesamtanpassung von 74,57 % erreicht wurde.

Um diese Fragestellung zu untersuchen wurden die in der ALLBUS 2006 erhobenen Fragen zur deutschen Vereinigung zur Analyse herangezogen. Es wurden die folgenden neun Fragen zu diesem Thema gestellt bzw. die Einschätzungen der Bürger zu den folgenden Aussagen erhoben:[51]:

1. V491: Die Bürger in den alten Bundesländern sollten zu mehr Opfern bereit sein, um die Lage der Bürger in den neuen Bundesländern zu verbessern.
2. V492: Die Bürger in den neuen Bundesländern sollten mehr Geduld zeigen, was die Verbesserung ihrer Lage betrifft.
3. V493: Die Wiedervereinigung hat für die Bürger in den alten Bundesländern mehr Vorteile als Nachteile gebracht.
4. V494: Die Wiedervereinigung hat für die Bürger in den neuen Bundesländern mehr Vorteile als Nachteile gebracht.
5. V495: Was aus den Menschen in den neuen Bundesländern wird, hängt im Wesentlichen davon ab, was sie zu leisten bereit sind.
6. V496: Die Bürger im anderen Teil Deutschlands sind mir in vielem fremder als die Bürger anderer Staaten.
7. V497: Viele Bürger in den neuen Bundesländern sind dem Leistungsdruck in einer freien Marktwirtschaft nicht gewachsen.
8. V498: Man sollte endlich aufhören danach zu fragen, ob jemand während des alten DDR-Regimes für die Stasi gearbeitet hat oder nicht.
9. V499: Der Sozialismus ist im Grunde eine gute Idee, die nur schlecht ausgeführt wurde.

Die Befragten konnten anhand der folgenden Kategorien antworten:

- 1. Stimme voll zu
- 2. Stimme eher zu
- 3. Stimme eher nicht zu
- 4. Stimme nicht zu
- 8. Weiß nicht
- 9. Keine Angabe

---

[51] Vgl. [Ges06], S. 332ff.

Betrachtet man die letzten beiden Antwortmöglichkeiten bei statistischen Analysen als fehlende Werte, so handelt es sich bei diesen Items um ordinal skalierte Variablen.

Eine gewöhnliche statistische Analyse der unterschiedlichen Einstellungen von Arbeitslosen und Erwerbstätigen wäre, diese beiden Gruppen getrennt nach Ost- und Westdeutschland einander gegenüberzustellen, um signifikante Unterschiede zu ermitteln. Nach Cochran (1953), Smith (1997) und Rässler (2002) sind folgende Bedenken bei dieser Vorgehensweise angebracht:[52]

- Es werden zwei nicht vergleichbare Gruppen gegenübergestellt.
- Die Ergebnisse hängen primär von der relativ großen Vergleichsgruppe ab.
- Die Vergleichsgruppe ist in der Regel heterogen.

Im Folgenden werden die oben genannten neun Items mit Hilfe des Ridittests[53] auf signifikante[54] Unterschiede zwischen den Verteilungen der einzelnen Gruppen untersucht. Zunächst werden die Unterschiede zwischen den Cases und allen Controls betrachtet, also der gerade beschriebene bedenkliche Ansatz verfolgt. Um die Nachteile dieses Ansatzes auszugleichen und zwei Gruppen gegenüberzustellen, die sowohl dieselbe Größe als auch ähnliche Eigenschaften aufweisen, werden signifikante Unterschiede in den Einstellungen zur deutschen Vereinigung zwischen den Cases und den nach den verschiedenen Regelverknüpfungen gefundenen Gruppen statistischer Zwillinge betrachtet.

Misst man die Reliabilität dieser neun beschriebenen Items mittels Cronbachs-*alpha*[55], so ergeben sich recht niedrige Werte für die interne Konsistenz dieser Skala mit Werten von $\alpha = 0,274$ für alle Fälle (Ost- und Westdeutsche zusammen, $n = 1906$) bzw. von $\alpha = 0,266$ für die Ostdeutschen ($n = 662$) und $\alpha = 0,385$ für die Westdeutschen ($n = 1244$). Niedrige Werte für die interne Konsistenz legen den Schluss nahe, dass es sich nicht um eine eindimensionale, sondern um eine mehrdimensionale Skala handelt.[56] Daher wurde zusätzlich eine Faktoranalyse durchgeführt und die ermittelten Faktoren ebenfalls in die Betrachtung der Unterschiede zwischen Arbeitslosen und Erwerbstätigen einbezogen. Alle neun Items wurden zur Faktoranalyse herangezogen und die Antwortmöglichkeiten *weiß nicht* und *keine Angabe* als fehlende Werte deklariert. Unter Auslassung der Variablen

52 Vgl. [Coc53], S. 684ff., [Smi97], S. 326f., [RÖ2], S. 15ff. und [Bac02], S. 6f.
53 Vgl. [KW69], S. 206ff. und Anhang A.
54 Es gilt das Signifikanzniveau von $\alpha = 0,05$.
55 Vgl. [Cro51] und [RP02], S. 120ff.
56 Vgl. [Häd06], S. 105.

V496 Bürger im anderen Teil der BRD fremd? wurden sowohl für ostdeutsche als auch für westdeutsche Arbeitslose und Erwerbstätige dieselben drei Faktoren gefunden:

- Faktor 1 („Verhalten und Beurteilung des Ostens"): V492, V494, V495 und V497
- Faktor 2 („Verhalten und Beurteilung des Westens"): V491 und V493
- Faktor 3 („Sozialismus und Stasi"): V498 und V499

Bei der Wahl der Faktoren wurde dem Kaiser-Guttman-Kriterium[57] gefolgt und es wurden nur Faktoren mit einem Eigenwert größer 1 extrahiert.[58] Eigenwerte sind ein Maß für den absoluten Anteil der durch einen Faktor aufgeklärten Varianz in Bezug auf die Gesamtvarianz.[59] Faktoren mit Eigenwerten größer 1 erklären mindestens ihren eigenen Varianzanteil.

Die Eigenwerte der Faktoren der ostdeutschen Arbeitslosen und Erwerbstätigen waren: 1. Eigenwert $1,85$; 2. Eigenwert $1,34$; 3. Eigenwert $1,03$. Die Eigenwerte der Faktoren der Westdeutschen: 1. Eigenwert $2,01$; 2. Eigenwert $1,27$; 3. Eigenwert $1,06$. Die erklärte Gesamtvarianz lag bei den Ostdeutschen bei $52,70\,\%$ und bei den Westdeutschen bei $54,24\,\%$. Die Einbeziehung der Variablen *V496* hätte die erklärende Gesamtvarianz der Faktoren der Ostdeutschen auf $49,8\,\%$ und die der Westdeutschen auf $50,24\,\%$ reduziert. Dies würde der Forderung wiedersprechen, dass mindestens $50\,\%$ der Varianz der Indikatoren erklärt werden sollte.[60] Somit wurde diese Variable nicht bei der Faktoranalyse berücksichtigt. Zusätzlich ist der inhaltliche Bezug dieses Items nicht ganz klar, wenn vom „anderen Teil der BRD" gesprochen wird.

Die (rotierten)[61] aller Variablen lagen betragsmäßig bis auf drei Ausnahmen alle über $0,6$ und sind somit als „stark" zu bezeichnen.[62] Die drei niedrigeren Faktorladungen lagen alle zwischen $0,5$ und $0,6$ und entsprechen den üblichen Anforderungen, dass Faktorladungen $> 0,4$ sein sollten.[63]

---

[57] Vgl. [KD59] und [Gut54].
[58] Vgl. [Koh03], S. 170.
[59] Vgl. [BE07], S. 8f.
[60] Vgl. [Sch07c], S. 167.
[61] Schiefwinklige Rotation nach dem Quartimin-Verfahren.
[62] Vgl. [Sch04], S. 604.
[63] Vgl. [Wal08], S. 120.

6.1.4.1 Einstellungen zur deutschen Vereinigung

In diesem Abschnitt werden Arbeitslose allen Erwerbstätigen — getrennt nach Ost- und Westdeutschland — gegenübergestellt, um signifikante Unterschiede in den Einstellungen zur deutschen Vereinigung zwischen diesen beiden Gruppen zu ermitteln. Diese Unterschiede sollen anschließend mit Hilfe des statistischen Fuzzy-Matchings genauer untersucht werden, um sie zu bestätigen, zu korrigieren oder evtl. zu verwerfen. Die genauen Ergebnisse der Signifikanztests, die in den nächsten drei Abschnitten beschrieben werden, sind in Anhang B aufgelistet.

Ostdeutsche

Ostdeutsche Arbeitslose unterschieden sich in den Einstellungen zur deutschen Vereinigung von allen ostdeutschen Erwerbstätigen signifikant[64] ($\alpha \leq 0,05$) in den Variablen *V491*, *V494*, *V495* und *V496*.[65] Erwerbstätige stimmten der Behauptung *V491 Westdeutsche sollten zu mehr Opfern bereit sein, um die Lage der Bürger in den neuen Bundesländern zu verbessern* und *V496 Die Bürger im anderen Teil Deutschlands sind mir in vielem fremder als die Bürger anderer Staaten* signifikant weniger zu als Arbeitslose. Auf der anderen Seite beurteilten die Erwerbstätigen die anderen beiden Behauptungen *V494 Die Wiedervereinigung hat für die Bürger in den neuen Bundesländern mehr Vorteile als Nachteile gebracht* und *V495 Was aus den Menschen in den neuen Bundesländern wird, hängt im Wesentlichen davon ab, was sie zu leisten bereit sind* mit signifikant mehr Zustimmung.

In den drei Faktoren „Verhalten und Beurteilung des Ostens“, „Verhalten und Beurteilung des Westens“ und „Sozialismus und Stasi“ unterschieden sich die ostdeutschen Erwerbstätigen von den Arbeitslosen jeweils signifikant.[66] Dem Faktor „Verhalten und Beurteilung des Ostens“ wurde von Erwerbstätigen signifikant häufiger zugestimmt als von Arbeitslosen, während umgekehrt die Erwerbstätigen den anderen beiden Faktoren signifikant weniger zustimmten.[67]

Westdeutsche

Westdeutsche Erwerbstätige unterschieden sich von Arbeitslosen lediglich in der Behauptung *V499 Der Sozialismus ist im Grunde eine gute Idee, die nur schlecht ausgeführt wurde*. Erwerbstätige stimmten dieser Aussage signifikant weniger zu

---

[64] Getestet wurde auf paarweise Riditdifferenzen, da es sich um ordinal skalierte Variablen handelt.

[65] Siehe Tabelle B.1.

[66] Bei den metrisch skalierten Faktoren wurde bei Annahme der Normalverteilung nach Kolmogorov-Smirnov und Varianzhomogenität der gewöhnliche T-Test verwendet, bei Varianzheterogenität der T-Test nach Welch. Konnte die Normalverteilung nicht angenommen werden, so wurde der Mann-Whitney-U-Test zur Bestimmung der signifikanten Unterschiede herangezogen.

[67] Siehe Tabelle B.1.

als Arbeitslose. Dementsprechend war auch nur im Faktor „Sozialismus und Stasi“ eine entsprechende signifikante Unterscheidung zwischen Erwerbstätigen und Arbeitslosen zu erkennen.[68]

6.1.4.2 Neue Erkenntnisse über Einstellungen zur deutschen Vereinigung durch Fuzzy-Matching

In diesem Abschnitt werden die Unterschiede in den Einstellungen zur deutschen Vereinigung zwischen den Arbeitslosen und ihren statistischen Zwillingen analysiert. Nachdem im vorangegangenen Abschnitt die Unterschiede zwischen den Arbeitslosen und allen Erwerbstätigen betrachtet wurden, soll nun untersucht werden, ob diese Unterschiede bestätigt werden können oder evtl. korrigiert werden müssen. Das statistische Fuzzy-Matching liefert die Grundlage für bessere Vergleiche dieser beiden Gruppen, indem die Arbeitslosen nun mit ihren statistischen Zwillingen verglichen werden und so die Heterogenität der Gruppe der Erwerbstätigen aufgehoben wird.

Ostdeutsche

Nach statistischem constrained Fuzzy-Matching konnten die signifikanten Unterschiede in den Variablen *V494* und *V495* sowie im Faktor „Verhalten und Beurteilung des Ostens“ im Vergleich zu den Unterschieden zwischen Arbeitslosen und allen Erwerbstätigen bestätigt werden.[69] Alle betrachteten Regelverknüpfungen ergaben ebenfalls signifikante Unterscheidungen.[70] Der Unterschied in der Variablen *V491* war nur noch bei folgenden Regelverknüpfungen signifikant: unter Verwendung der „und“-Verknüpfung und bei allen vier Verknüpfungen, die auf Basis der objektiven Bestimmung der Zugehörigkeitsgrade mit Hilfe des Fuzzy c-Means Algorithmus’ bestimmt wurden. Die Unterscheidung in der Behauptung *V496 Die Bürger im anderen Teil Deutschlands sind mir in vielem fremder als die Bürger anderer Staaten* konnte nach statistischem Fuzzy-Matching nur teilweise bestätigt werden. Signifikante Unterschiede ergaben sich unter Verwendung der folgenden Verknüpfungen: „und“-Verknüpfung, „oder“-Verknüpfung in Verbindung mit der absoluten Distanz, MinMax-Operator für alle Werte von γ, jedoch für $\gamma \leq 0,5$ nur in Verbindung mit der absoluten Distanz, algebraischer ProdSum-Operator mit $\gamma = 0,9$ und unter Verwendung der euklidischen Distanz und bei allen

[68] Siehe Tabelle B.7.

[69] Siehe Tabelle B.2.

[70] Lediglich bei Verwendung des algebraischen ProdSum-Operators, $\gamma = 0,7$ und unter Verwendung der euklidischen Distanz ist die Riditdifferenz zum Signifikanzniveau $\alpha = 0,05$ in der Variablen *V495* nicht signifikant.

FCM-Verknüpfungen.

Bei den Faktoren „Verhalten und Beurteilung des Westens“ und „Sozialismus und Stasi“ ergaben sich keine signifikanten Unterschiede mehr zwischen Arbeitslosen und ihren statistischen Zwillingen. Lediglich die „und“-Verknüpfung unter vorheriger Anwendung des FCM ergab einen signifikanten Unterschied im Faktor „Verhalten und Beurteilung des Westens“.

Nach statistischem unconstrained Fuzzy-Matching konnten die signifikanten Unterschiede zwischen Arbeitslosen und Erwerbstätigen in den Variablen *V494* und *V495* weiterhin bestätigt werden.[71] Die Behauptung *V491 Westdeutsche sollten zu mehr Opfern bereit sein, um die Lage der Bürger in den neuen Bundesländern zu verbessern* wurde allerdings nur noch bei Verwendung der „oder“-Verknüpfung unter vorheriger Anwendung des FCM signifikant unterschiedlich beurteilt. Ein ähnliches Ergebnis wie beim constrained Fuzzy-Matching war in der Variable *V496* zu beobachten. Der MinMax-Operator wies hier für $\gamma = 0,7$ und $\gamma = 0,9$ nur in Verbindung mit der absoluten Distanz einen signifikanten Unterschied aus, während beim constrained Fuzzy-Matching auch die euklidische Distanz einen signifikanten Unterschied ermittelte. Allerdings ergab der algebraische ProdSum-Operator für $\gamma = 0,5$ und $\gamma = 0,7$ in Verbindung mit der absoluten Distanz ebenfalls einen signifikanten Unterschied zwischen Arbeitslosen und Erwerbstätigen, der beim constrained Fuzzy-Matching noch nicht zu beobachten war. Unter Anwendung des FCM ermittelte nur noch die „oder“-Verknüpfung einen signifikanten Unterschied.

Neu zu beobachten waren signifikante Unterschiede in der Aussage *V492 Die Bürger in den neuen Bundesländern sollten mehr Geduld zeigen, was die Verbesserung ihrer Lage betrifft.* Erwerbstätige stimmten dieser Behauptung häufiger zu und es ergaben sich signifikante Unterschiede unter Verwendung der folgenden Verknüpfungen: „oder“-Verknüpfung, MinMax-Operator für alle Werte von γ, algebraischer ProdSum-Operator für alle Werte von γ, allerdings nur in Verbindung mit der euklidischen Distanz, „oder“-Verknüpfung in Verbindung mit dem FCM und „und“-Verknüpfung in Verbindung mit dem FCM und der absoluten Distanz. Als „Ausrutscher“ kann vermutlich der signifikante Unterschied in der Variablen *V499 Der Sozialismus ist im Grunde eine gute Idee, die nur schlecht ausgeführt wurde* bezeichnet werden, der sich bei der „und“-Verknüpfung unter Verwendung des FCM in Verbindung mit der euklidischen Distanz ergab.[72]

Bei den drei Faktoren konnte das Ergebnis des constrained Fuzzy-Matchings bestätigt werden. Der Faktor „Verhalten und Beurteilung des Ostens“ unterschied sich weiterhin signifikant zwischen Arbeitslosen und Erwerbstätigen, während bei

[71] Siehe Tabelle B.3.

[72] Siehe Tabelle B.3.

den anderen beiden Faktoren keine signifikanten Unterschiede zu erkennen waren. Lediglich die „und"-Verknüpfung unter Verwendung des FCM wies signifikante Unterschiede im Faktor „Sozialismus und Stasi" aus.

Westdeutsche

Wendete man das statistische Fuzzy-Matching auf die westdeutschen Arbeitslosen und Erwerbstätigen an, so waren nach constrained Fuzzy-Matching einige Unterschiede in den Einstellungen zur deutschen Vereinigung zu beobachten.[73] Der Behauptung *V493 Die Wiedervereinigung hat für die Bürger in den alten Bundesländern mehr Vorteile als Nachteile gebracht* wurde von erwerbstätigen statistischen Zwillingen unter Anwendung der folgenden Regelverknüpfungen signifikant seltener zugestimmt als von Arbeitslosen: MinMax-Operator mit $\gamma = 0,9$ und unter Verwendung der absoluten Distanz, algebraischer ProdSum-Operator für alle Werte von γ, mit Ausnahme von $\gamma = 0,9$ in Verbindung mit der euklidischen Distanz und der „und"-Verknüpfung unter vorheriger Anwendung des FCM in Verbindung mit der absoluten Distanz.

Die Aussage *V494 Die Wiedervereinigung hat für die Bürger in den neuen Bundesländern mehr Vorteile als Nachteile gebracht* wurde von den statistischen Zwillingen der westdeutschen Arbeitslosen, die mit Hilfe der „und"-Verknüpfung der Regeln ermittelt wurden, signifikant häufiger bejaht.

Die signifikante Unterscheidung zwischen den westdeutschen Arbeitslosen und allen Erwerbstätigen in der Variablen *V499* konnte nach statistischem constrained Fuzzy-Matching nicht bestätigt werden. Lediglich nach der „und"-Verknüpfung in Verbindung mit dem FCM und der absoluten Distanz ergab sich, dass die statistischen Zwillinge der Arbeitslosen dieser Behauptung signifikant seltener zustimmten als die Arbeitslosen.

Bei den beiden Faktoren „Verhalten und Beurteilung des Ostens" und „Verhalten und Beurteilung des Westens" konnte bestätigt werden, dass keine signifikanten Unterschiede zwischen Arbeitslosen und Erwerbstätigen vorlagen, während die signifikante Unterscheidung im Faktor „Sozialismus und Stasi" nicht bestätigt werden konnte.[74]

Die Anwendung des statistischen unconstrained Fuzzy-Matchings auf die westdeutschen Arbeitslosen und Erwerbstätigen untermauerte die signifikanten Unterschiede zwischen diesen beiden Gruppen in den Variablen *V493* und *V494*.[75] In

[73] Siehe Tabelle B.8.

[74] Der Faktor „Verhalten und Beurteilung des Westens" wurde nach Anwendung der „und"-Verknüpfung in Verbindung mit dem FCM signifikant unterschiedlich zwischen Arbeitslosen und Erwerbstätigen beantwortet. Erwerbstätige stimmten seltener zu als Arbeitslose.

[75] Siehe Tabelle B.9.

der Variablen *V493* ergaben sich noch häufiger signifikante Unterschiede als beim constrained Fuzzy-Matching. Auch die Zustimmung zur Behauptung *V494 Die Wiedervereinigung hat für die Bürger in den neuen Bundesländern mehr Vorteile als Nachteile gebracht* fiel nicht mehr nur nach der „und"-Verknüpfung signifikant unterschiedlich aus, sondern auch bei der „oder"-Verknüpfung in Verbindung mit der euklidischen Distanz und bei dem MinMax-Operator für $\gamma = 0,3$ und $0,7$ jeweils in Verbindung mit der euklidischen Distanz.

Ein signifikanter Unterschied in den Einstellungen zur deutschen Vereinigung ergab sich nach Verwendung der „und"-Verknüpfung in Verbindung mit dem FCM und der absoluten Distanz in der Variablen *V496 Die Bürger im anderen Teil Deutschlands sind mir in vielem fremder als die Bürger anderer Staaten*. Erwerbstätige stimmten dieser Aussage häufiger zu als Arbeitslose. Darüber hinaus ergab sich noch eine Unterscheidung zwischen Arbeitslosen und Erwerbstätigen in der Variablen *V499* nach Anwendung der „und"-Verknüpfung in Verbindung mit der absoluten Distanz: Erwerbstätige stimmten dieser Behauptung signifikant weniger zu als Arbeitslose.

Auch nach statistischem unconstrained Fuzzy-Matching konnte kein signifikanter Unterschied im Faktor „Sozialismus und Stasi" bestätigt werden. Die anderen beiden Faktoren wurden lediglich nach Verwendung der „und"-Verknüpfung und der absoluten Distanz unterschiedlich zwischen Arbeitslosen und Erwerbstätigen beurteilt („Verhalten und Beurteilung des Ostens") bzw. nach Verwendung der „und"-Verknüpfung in Verbindung mit der euklidischen Distanz und der „und"-Verknüpfung mit der absoluten Distanz nach vorheriger Bestimmung der Zugehörigkeitsgrade mittels des FCM („Verhalten und Beurteilung des Westens").

6.1.4.3 Erkenntnisse über Einstellungen zur deutschen Vereinigung durch einfaches Distanzmatching

In diesem Abschnitt werden die Einstellungen von Arbeitslosen gegenüber ihren statistischen Zwillingen aus der Gruppe der Erwerbstätigen betrachtet, wie sie aus dem einfachen Distanzmatching heraus entstanden sind. Die Ergebnisse werden wiederum mit den Unterschieden, die sich aus dem Vergleich der Arbeitslosen mit allen Erwerbstätigen ergeben haben, verglichen.

Ostdeutsche

Nach einfachem Distanzmatching ließen sich ähnliche Ergebnisse wie beim statistischen Fuzzy-Matching beobachten. Bei Verwendung des constrained Matchings und der absoluten Distanz ergaben sich signifikante Unterschiede zwischen Arbeitslosen und Erwerbstätigen in den Variablen *V494-V496* und im Faktor „Verhalten und Beurteilung des Ostens".[76] Wendete man die euklidische Distanz zur Bestimmung der statistischen Zwillinge an, so konnten signifikante Unterscheidungen in den Variablen *V491, V494* und *V496* sowie im Faktor „Verhalten und Beurteilung des Ostens" beobachtet werden.

Das einfache unconstrained Matching lieferte dieselben Ergebnisse wie das constrained Matching, mit den Ausnahmen, dass bei Verwendung der absoluten Distanz kein signifikanter Unterschied mehr in der Variablen *V495* bestand und bei Verwendung der euklidischen Distanz nicht mehr in der Variablen *V491*, sondern in der Variablen *V495* signifikante Unterschiede herrschten.[77]

Westdeutsche

Das einfache constrained Distanzmatching brachte keine Gruppe statistischer Zwillinge hervor, die eine Variable oder einen der drei Faktoren unterschiedlich zu den Arbeitslosen beurteilte.[78]

Unter Verwendung des einfachen unconstrained Distanzmatchings ergaben sich signifikante Unterschiede zwischen den Arbeitslosen und ihren statistischen Zwillingen in der Behauptung *V493* und im Faktor „Verhalten und Beurteilung des Westens". Erwerbstätige stimmten diesen Behauptungen seltener zu als Arbeitslose.[79]

6.1.5 Zusammenfassung

Die Ergebnisse des statistischen Fuzzy-Matchings und auch die Ergebnisse des einfachen Distanzmatchings zeigen, dass das statistische Matching wertvolle Dienste beim Vergleich zweier Gruppen von Datensätzen liefern kann. Durch das Aufheben der Heterogenität der Vergleichsgruppe wird die Basis für qualitativ bessere statistische Analysen zu Unterschieden und Gemeinsamkeiten beider Gruppen bereitet.

Beim statistischen Fuzzy-Matching der ostdeutschen Arbeitslosen mit Erwerbstätigen wurde deutlich, dass die ermittelten Unterschiede zwischen Arbeitslosen und allen Erwerbstätigen nach Gegenüberstellung der statistischen Zwillinge nur teilweise bestätigt werden konnten. So konnte der signifikante Unterschied in der Einschätzung zur Variablen *V491 Die Bürger in den alten Bundesländern sollten zu mehr Opfern bereit sein, um die Lage der Bürger in den neuen Bundesländern zu verbessern*, der zwischen Arbeitslosen und Erwerbstätigen herrschte, nach

[76] Siehe Tabelle B.5.
[77] Siehe Tabelle B.6.
[78] Siehe Tabelle B.10.
[79] Siehe Tabelle B.11.

statistischem Fuzzy-Matching und nach statistischem Distanzmatching (insbesondere nach unconstrained Matching) nicht bestätigt werden, genauso wie die Unterschiede in den beiden Faktoren „Verhalten und Beurteilung des Westens" und „Sozialismus und Stasi". Dem gegenüber konnten die signifikanten Unterschiede zwischen Arbeitslosen und Erwerbstätigen in den Einstellungen zu den Variablen *V494-V496* und zum Faktor „Verhalten und Beurteilung des Ostens" bestätigt werden.

Bei der Betrachtung der Westdeutschen konnten die signifikanten Unterschiede zwischen Arbeitslosen und Erwerbstätigen in der Variablen *V499 Der Sozialismus ist im Grunde eine gute Idee, die nur schlecht ausgeführt wurde*, und im Faktor „Sozialismus und Stasi" sowohl nach statistischem Fuzzy-Matching als auch nach Distanzmatching nicht bestätigt werden. Allerdings konnte insbesondere durch das statistische unconstrained Fuzzy-Matching eine signifikant unterschiedliche Einstellung der Erwerbstätigen im Vergleich zu den Arbeitslosen in der Variablen *V493 Die Wiedervereinigung hat für die Bürger in den alten Bundesländern mehr Vorteile als Nachteile gebracht* festgestellt werden. Erwerbstätige stimmten dieser Aussage signifikant weniger zu als Arbeitslose. Ferner konnte durch statistisches Fuzzy-Matching eine deutliche Diskrepanz in den Einstellungen zur gleichen Frage bezogen auf die neuen Bundesländer festgestellt werden (*V493*), die allerdings nicht bei allen Regelverknüpfungen statistisch signifikant war. Erwerbstätige stimmten dieser Aussage häufiger zu als Arbeitslose. Diese letzten beiden Ergebnisse konnten nur vom einfachen unconstrained Distanzmatching in Verbindung mit der absoluten Distanz im Fall der Variablen *V493* erzielt werden.

Betrachtet man die Ergebnisse des statistischen Fuzzy-Matchings und die des Distanzmatchings, so lassen sich einige Unterschiede feststellen. Die Ergebnisse für die ostdeutschen Arbeitslosen und Erwerbstätigen nach Durchführung des statistischen Fuzzy-Matchings (besonders des unconstrained Fuzzy-Matchings) deuten auf eine signifikant unterschiedliche Auffassung der Erwerbstätigen in der Variablen *V492* im Vergleich zu den Arbeitslosen hin, die vom Distanzmatching nicht erkannt wurde. Erwerbstätige stimmten dieser Frage signifikant häufiger zu als Arbeitslose. Die signifikanten Unterschiede in der Variablen *V496*, die vom Distanzmatching in allen Fällen ausgewiesen wurden, wurden vom statistischen Fuzzy-Matching eher indifferent bewertet, denn im Fall des constrained Fuzzy-Matchings wird dieser signifikante Unterschied in etwas mehr als der Hälfte aller Fälle bestätigt, im Fall des unconstrained Fuzzy-Matchings in etwas weniger als der Hälfte aller Fälle. Darüber hinaus wurde die signifikant unterschiedliche Einstellung zwischen Arbeitslosen und Erwerbstätigen in der Variablen *V495* vom Distanzmatching nur in zwei von vier Fällen bestätigt, vom statistischen Fuzzy-

Matching aber von allen Regelverknüpfungen (mit einer Ausnahme beim constrained Matching). Eine weitere Auffälligkeit ergab sich für die Variable *V493*. Die statistischen Zwillinge, die mittels des Distanzmatchings identifiziert wurden, beurteilten diese Frage alle mit mehr Zustimmung als die Vergleichsgruppe der Arbeitslosen. Die Ergebnisse des statistischen Fuzzy-Matchings sind konträr dazu. Diese statistischen Zwillinge beurteilten diese Frage mit weniger Zustimmung als die Referenzgruppe der Arbeitslosen (abgesehen von wenigen Ausnahmen beim unconstrained Fuzzy-Matching).

Die auffälligsten Unterschiede in den Ergebnissen des statistischen Fuzzy-Matchings zum Distanzmatching der westdeutschen Arbeitslosen mit Erwerbstätigen ergaben sich in den Variablen *V493* und *V494*. Einige Gruppen statistischer Zwillinge, die mittels des statistischen constrained Fuzzy-Matchings ermittelt wurden, wiesen signifikante Unterschiede im Vergleich zur Referenzgruppe der Arbeitslosen in der Beantwortung der Frage *V493* auf. Nach statistischem unconstrained Fuzzy-Matching wurde dieses Ergebnis noch verstärkt. Das Distanzmatching ermittelte lediglich eine Gruppe statistischer Zwillinge, die sich ebenfalls signifikant von den Arbeitslosen unterschieden. In allen Fällen beurteilten Erwerbstätige die Frage *V493* mit weniger Zustimmung als die Arbeitslosen. Ein ähnliches Fazit lässt sich für die Variable *V494* ziehen. Das Distanzmatching ermittelte keine Gruppe statistischer Zwillinge, die diese Frage signifikant anders beurteilten als die Arbeitslosen, während es beim statistischen constrained Fuzzy-Matching zwei Gruppen und beim statistischen unconstrained Fuzzy-Matching immerhin fünf Gruppen statistischer Zwillinge gab, die diese Frage signifikant häufiger bejahten als die Arbeitslosen.

Grundsätzlich lässt sich also festhalten, dass das statistische Fuzzy-Matching im Vergleich zum statistischen Distanzmatching wesentlich flexibler eingesetzt werden kann. Es bietet den Einsatz vieler unterschiedlicher Verknüpfungen der Regeln, die an das jeweilige Matchingproblem angepasst werden können. Die Art der Regelverknüpfung sollte bereits vor Durchführung des statistischen Fuzzy-Matchings aus theoretischen Gesichtspunkten heraus festgelegt werden.

Versucht man, die Güte der Matchingergebnisse zu beurteilen, um festzustellen, welche Methode des statistischen Matchings zu bevorzugen wäre, so könnte man bspw. die Durchschnitte der Werte des Sample Percent Reduction in Bias der Angleichung an die Referenzverteilungen in den Matchingvariablen für jede Verknüpfungsart berechnen und mit denen des Distanzmatchings vergleichen. Daran ließe sich abschätzen, welche Methode die besseren Ergebnisse in Bezug auf die durchschnittliche Angleichung aller Matchingvariablen liefert. Vergleicht man zunächst die besten Ergebnisse des statistischen Fuzzy-Matchings mit den besten Ergebnissen des Distanzmatchings, dann ergeben sich folgende Resultate: Für die Ostdeutschen lieferte das statistische constrained Fuzzy-Matching mit dem algebraischen ProdSum-Operator, einem Kompensationsgrad von $\gamma = 0,9$ und in Verbindung mit der absoluten Distanz eine durchschnittliche Gesamtangleichung aller Matchingvariablen von $40,69\,\%$, während das statistische constrained Distanzmatching im besten Fall auf eine Gesamtangleichung von $-0,85\,\%$ kam. Beim unconstrained Matching erreichte das statistische Fuzzy-Matching im besten Fall eine Gesamtangleichung von $54,76\,\%$[80] und das Distanzmatching von $29,57\,\%$. Bei den Westdeutschen fielen die Ergebnisse ebenfalls zugunsten des statistischen Fuzzy-Matchings aus, denn im Fall des constrained Matchings erreichte das Fuzzy-Matching eine Gesamtangleichung der Matchingvariablen von $90,15\,\%$[81] gegenüber $45,47\,\%$ beim Distanzmatching und im Fall des unconstrained Matchings von $74,57\,\%$[82] gegenüber $68,32\,\%$. Die teilweise schlechteren Anpassungen der Verteilungen nach unconstrained Matching im Vergleich zum constrained Matching treten dann auf, wenn sich die Verteilungen der Cases und aller Controls vor dem Matching bereits sehr ähnlich sind. Dies ist bei Ost- und Westdeutschen jeweils bei der Variablen *V145 Links-rechts Selbsteinstufung* der Fall und bei den Ostdeutschen bei der Variablen *V27 Alter*. Obwohl die vom Fuzzy-Matching errechnete Distanz[83] zwischen allen Paaren statistischer Zwillinge beim unconstrained Matching kleiner ist als beim constrained Matching, spiegelt sich dies nicht im Vergleich der Verteilungen der Ausgangsdaten der statistischen Zwillinge wider. Die Forderung des constrained Matching, jeden Datensatz der Controls nur einmal als statistischen Zwilling zuzulassen, erleichtert zudem die Annäherung der Verteilung der statistischen Zwillinge an die Ausgangsverteilung aller Controls und somit auch an die Verteilung der Cases in solchen Fällen, in denen sich Cases und Controls sehr ähnlich sind.

Müsste man sich für eine Verknüpfungsart der Regeln für das gesamte Anwendungsbeispiel beim statistischen Fuzzy-Matching entscheiden, so könnte man bspw. die „oder"-Verknüpfung wählen. Diese erzielte – wiederum gemessen an der durchschnittlichen Gesamtanpassung aller Matchingvariablen – bei den Ostdeutschen eine Anpassung von $16,70\,\%$ beim statistischen constrained Fuzzy-Matching gegenüber der besten Anpassung des constrained Distanzmatchings von $-0,85\,\%$ und eine Anpassung von $54,76\,\%$ beim statistischen unconstrained Fuzzy-Matching gegenüber $29,57\,\%$ der besten Anpassung des unconstrained Distanzmatchings.

[80] Sowohl die „oder"-Verknüpfung in Verbindung mit der absoluten Distanz als auch der MinMax-Operator in Verbindung mit einem γ von $0,5$ und der absoluten Distanz erreichen das beste Ergebnis.

[81] „Oder"-Verknüpfung in Verbindung mit der euklidischen Distanz unter vorheriger Anwendung des FCM.

[82] MinMax-Operator, $\gamma = 0,7$, euklidische Distanz.

[83] Diese Distanz wird nicht zur Messung der Matching-Güte verwendet.

Bei den Westdeutschen erreichte die „oder"-Verknüpfung eine Gesamtanpassung von $75,93\,\%$ beim constrained Fuzzy-Matching gegenüber $45,47\,\%$ beim constrained Distanzmatching und von $67,12\,\%$ beim unconstrained Fuzzy-Matching gegenüber $68,32\,\%$ beim unconstrained Distanzmatching. Mit Ausnahme des letzten Vergleichs, in dem die Güte des statistischen Fuzzy-Matchings minimal schlechter ausfällt als die des Distanzmatchings, schneidet das statistische Fuzzy-Matching auch hier deutlich besser ab als das Distanzmatching.

Somit liefert das statistische Fuzzy-Matching nicht nur die besseren Matching-Ergebnisse gemessen an der Güte der Angleichung der Matchingvariablen an die Referenzverteilung, es ermöglicht auch eine detaillierte Interpretation der Unterschiede zwischen den Arbeitslosen und Erwerbstätigen.

Um die eingangs gestellte Frage, ob Arbeitslosigkeit zu einer negativen Einstellung zur deutschen Vereinigung führt, zu beantworten, muss man Ost- und Westdeutschland getrennt voneinander analysieren. Legt man bei der Betrachtung des statistischen Fuzzy-Matchings die „oder"-Verknüpfung der Regeln und die statistischen Zwillinge des unconstrained Fuzzy-Matchings zugrunde, dann lassen sich folgende Aussagen treffen: ostdeutsche Arbeitslose und Erwerbstätige unterscheiden sich signifikant in den Variablen *V492*, *V494*, *V495* und *V496*. Erwerbstätige stimmen der Behauptung, dass ihnen die Bürger im anderen Teil Deutschlands in vielem fremder seien als die Bürger anderer Staaten (*V496*), signifikant weniger zu als die Arbeitslosen. Ferner bejahen Erwerbstätige die Aussage *V495 Was aus den Menschen in den neuen Bundesländern wird, hängt im Wesentlichen davon ab, was sie zu leisten bereit sind* signifikant häufiger als Arbeitslose. Bei der Beurteilung der Frage, ob die Wiedervereinigung mehr Vor- als Nachteile für die Bürger in den neuen Bundesländern gebracht hat (*V494*), stimmen die Erwerbstätigen mit signifikant mehr Zustimmung ab als die Arbeitslosen. Schließlich sind die Erwerbstätigen auch signifikant häufiger der Meinung, dass die Bürger in den neuen Bundesländern mehr Geduld zeigen sollten, was die Verbesserung ihrer Lage betrifft (*V492*) als die Arbeitslosen. Nimmt man diese vier Merkmale zusammen, so lässt sich eine negativere Einstellung der ostdeutschen Arbeitslosen zur deutschen Vereinigung im Vergleich zu ihren statistischen Zwillingen aus der Gruppe aller Erwerbstätigen erkennen.

Betrachtet man die westdeutschen Arbeitslosen im Vergleich zu ihren statistischen Zwillingen aus der Gruppe der westdeutschen Erwerbstätigen, die mittels des statistischen Fuzzy-Matchings unter Zuhilfenahme der „oder"-Verknüpfung der Regeln ermittelt wurden, so lässt sich kein vergleichbares Fazit zu den Ostdeutschen ziehen. Die westdeutschen Arbeitslosen unterscheiden sich signifikant von den westdeutschen Erwerbstätigen in den Variablen *V493* und *V494*. Erwerbstätige stimmen der Behauptung, dass die Wiedervereinigung mehr Vorteile für die

Bürger in den alten Bundesländern gebracht hat (*V493*), signifikant weniger zu als Arbeitslose. Darüber hinaus sind Erwerbstätige signifikant häufiger der Meinung, dass die Wiedervereinigung mehr Vorteile für die Bürger in den neuen Bundesländern gebracht hat (*V494*), als die Arbeitslosen. Auf Grundlage dieser Ergebnisse lässt sich sicherlich keine deutliche Aussage darüber machen, dass Arbeitslose der deutschen Wiedervereinigung positiver gegenüberstehen als Erwerbstätige. Eine leichte Tendenz dazu ist aber sicherlich erkennbar.

Selbstverständlich lässt sich die Frage nach den tatsächlich vorhandenen unterschiedlichen Einstellungen von Arbeitslosen und Erwerbstätigen zur deutschen Vereinigung nicht abschließend und sicher beantworten. Die Anwendung des statistischen Fuzzy-Matchings zeigt allerdings, dass der Vergleich zweier homogener Gruppen bestehende Ergebnisse des Vergleichs heterogener Gruppen verbessern kann, indem Ergebnisse teilweise bestätigt oder widerlegt werden können.

6.2 Nutzer sozialer Online-Netzwerke und Einstellungen gegenüber Weblogs

In diesem Anwendungsbeispiel soll der ursprüngliche Ansatz des statistischen Matchings, wie er bereits in Abschnitt 2.2 formuliert wurde, aufgegriffen und weitere Informationen über jeden Datensatz aus der Menge der Cases durch das Hinzufügen zusätzlicher Attribute eines Datensatzes aus der Gruppe der Controls gefunden werden.[84] Dazu werden zwei Online-Umfragen zu Anwendungen des Web 2.0 miteinander verknüpft, um Inhalte zu beiden Umfragen in einer einzigen Menge von Datensätzen vorhalten zu können. Die Menge der Cases wird gebildet von der Online-Umfrage zur Nutzung *sozialer Online-Netzwerke*[85], die Menge der Controls von der Online-Umfrage „Wie ich blogge?!“[86] zum Verhalten von Lesern und Autoren von *Weblogs*. Als Ergebnis sollen Aussagen über das Verhalten von Autoren und Lesern von Weblogs in sozialen Online-Netzwerken und umgekehrt die Einstellungen von Nutzern sozialer Online-Netzwerke zu Weblogs möglich sein.

Im Folgenden werden die beiden verwendeten Online-Umfragen zunächst kurz beschrieben. Anschließend wird das Vorgehen des statistischen Fuzzy-Matchings

[84] Vgl. [vKG02], S. 3.

[85] Die Umfrage zur Nutzung sozialer Online-Netzwerke entstand im Rahmen einer von Prof. Dr. Paul Alpar betreuten Diplomarbeit am Institut für Wirtschaftsinformatik der Philipps-Universität Marburg. Siehe auch [Mau07].

[86] Die Online-Umfrage „Wie ich blogge?! Die Weblog-Umfrage 2005“ wurde von der Forschungsstelle „Neue Kommunikationsmedien“ an der Otto-Friedrich-Universität Bamberg durchgeführt.

zum Finden der statistischen Zwillinge erörtert, ehe Ergebnisse der Analysen der künstlich erzeugten Menge von Datensätzen zum Verhalten in sozialen Online-Netzwerken und Weblogs berichtet werden.

6.2.1 Beschreibung der verwendeten Daten

6.2.1.1 Mehrwert sozialer Online-Netzwerke aus Benutzersicht

Die „Online-Umfrage[87] zur Nutzung sozialer Online-Netzwerke" war ein Bestandteil der Diplomarbeit „Mehrwert sozialer Online-Netzwerke aus Benutzersicht – Eine empirische Untersuchung", die am Institut für Wirtschaftsinformatik der Philipps-Universität Marburg von Prof. Dr. Paul Alpar betreut wurde.[88] Der einführende Teil des Fragebogens sollte das generelle Verhalten der Teilnehmer der Umfrage im Internet bestimmen. Der Kern der Umfrage enthielt konkrete Fragen zur tatsächlichen Nutzung von sozialen Online-Netzwerken, zu den Zielen der Teilnahme, zur Erfüllung der Erwartungen und zu den dort gepflegten Kontakten. Den Abschluss der Umfrage bildeten einige Fragen zur Demografie der Teilnehmer und zur Einstellung zum Identitätsmanagement, d. h. inwieweit die Teilnehmer der Umfrage bspw. bereit sind, persönliche Daten wie ihre E-Mail-Adresse im Internet preiszugeben oder weitere freiwillige Angaben zu machen.[89]

Die 361 verwertbaren[90] Datensätze der Umfrage gingen als Cases in das Anwendungsbeispiel zur Erzeugung einer künstlichen Menge von Datensätzen mit sowohl Attributen zur Einstellung gegenüber sozialen Online-Netzwerken als auch Attributen zum Verhalten von Lesern und Autoren von Weblogs ein.

6.2.1.2 Wie ich blogge?! Die Weblog-Umfrage 2005

Die Umfrage „Wie ich blogge?!" wurde im Oktober 2005 erstmals durchgeführt und im Juli und August 2006 durch eine Nachbefragung ergänzt.[91] Im Juni 2007 sind die Daten für wissenschaftliche Zwecke freigegeben worden. Diese Erhebung wurde in Form einer Online-Umfrage und mit Unterstützung einiger Weblog-Anbieter unter aktiven und passiven Nutzern von Weblogs durchgeführt.[92] Neben demografischen Angaben wurden u.a. die Motive der *Blogger*[93] zum Führen von

[87] Zu den theoretischen Grundlagen von Online-Umfragen siehe z. B. [Att06].
[88] Siehe [Mau07].
[89] Weitere Informationen zum Identitätsmanagement in sozialen Netzwerken finden sich z. B. in [KMMW06].
[90] Zum Ausschluss von Datensätzen siehe [MAN08], S. 215f.
[91] Vgl. [Sch07a].
[92] Vgl. [SW06], S. 5.
[93] Blogger ist die Kurzform für Verfasser bzw. Herausgeber von Weblogs. Vgl. [MS04], S. 159.

Weblogs, ihre Themen, ihre Einstellungen zur Anonymität in *Blogs*[94], der Umgang mit Kommentaren zu ihren Blogeinträgen, der Leserkreis ihrer Blogs und die Merkmale ihrer *Blogroll*[95] abgefragt.[96] Weiterhin wurden Fragen zu den Lesegewohnheiten von Weblogs und zu den Erwartungen an die Inhalte von Blogs gestellt. Schließlich konnten die Teilnehmer der Umfrage ihre subjektive Einschätzung zum Grad ihrer Eignung als Trendsetter und zur Zukunft der Weblogs abgeben. Der Bereich des Fragebogens, in dem auf Funktionalitäten von Weblog-Plattformen und die für das betriebene Weblog verwendete Software eingegangen wird, ist für den weiteren Verlauf dieser Arbeit von untergeordnetem Interesse.

Alle 5246 Datensätze der Online-Umfrage „Wie ich blogge?! Die Weblog-Umfrage 2005" gingen als Controls in das im Folgenden näher beschriebene Anwendungsbeispiel ein.

6.2.2 Vergleichbarkeit der verwendeten Daten

Die Erhebung zur Nutzung sozialer Online-Netzwerke wurde im Jahr 2007 durchgeführt, „Wie ich blogge?!" stammt bereits aus dem Jahr 2005. Aufgrund der Schnelllebigkeit des Internets stellt sich die Frage, ob diese beiden Umfragen überhaupt miteinander vergleichbar sind. Betrachtet man dazu die durchschnittliche Verweildauer bei der Onlinenutzung von allen Onlinenutzern gesamt, die im Rahmen der ARD/ZDF-Online-Studien ermittelt wurde, so ist diese von 123 Minuten pro Tag im Jahr 2005 auf 118 Minuten pro Tag in 2007 gesunken.[97] Dieser Unterschied von fünf Minuten pro Tag fällt sehr klein aus und aufgrund der steigenden Popularität des Web 2.0[98] hätte man eher eine umgekehrte Entwicklung erwarten können. Bei den 14–29-Jährigen ist die durchschnittliche Verweildauer minimal von 152 Minuten pro Tag im Jahr 2005 auf 155 Minuten pro Tag im Jahr 2007 angestiegen, während sie bei den 30–49-Jährigen von 123 auf 112 Minuten pro Tag gesunken ist. In der Gruppe 50+ ist die Verweildauer von 82 auf 88 Minuten gestiegen. Abgesehen von marginalen Unterschieden kann man also das Verhalten der Onlinenutzer bzgl. der Verweildauer im Internet in den Jahren 2005 und 2007 miteinander vergleichen.

Insbesondere die Nutzung und Merkmale von Weblogs sind im Jahr 2005 empirisch noch weitgehend unerforscht gewesen, wodurch sich keine aussagekräftigen

[94] Blog ist die Kurzform von Weblog. Vgl. [Bar07], S. 13.

[95] Nach [ABK07] ist die Blogroll eine Liste mit Verweisen eines Weblog-Autors auf andere Weblogs und deren Beiträge, die er selber liest.

[96] Vgl. [Sch07b].

[97] Vgl. [vF07], S. 375f.

[98] Vgl. [AB08], S. 3.

Vergleiche der Nutzung von Weblogs zwischen den Jahren 2005 und 2007 ziehen lassen.[99] Im Jahr 2007 nutzten immerhin 11 % der Onliner Weblogs mindestens gelegentlich aktiv oder passiv.[100] Auch sind Online-Netzwerke bspw. von den ARD/ZDF Onlinestudien erst im Jahr 2007 in die Betrachtung aufgenommen worden, obwohl im Jahr 2007 15 % aller Onliner und bereits 40 % der 14–19-Jährigen und 29 % der 20–29-Jährigen private Netzwerke (wie bspw. StudiVZ, das im Oktober 2005 gegründet wurde)[101] nutzten und 10 % aller Onliner, 16 % der 20–29-Jährigen und 12 % der 30–39-Jährigen berufliche Netzwerke (wie bspw. Xing, das unter dem alten Namen *OpenBC* im Jahr 2003 gegründet wurde)[102].[103]

Beide in diesem Anwendungsbeispiel betrachteten Online-Umfragen können keinen Anspruch auf Repräsentativität erheben, da die Verteilungen der demografischen Merkmale nicht mit denen aller Online-Nutzer übereinstimmen.[104] Im Jahr 2005 waren 55,9 % der Internetnutzer männlich und 44,1 % weiblich.[105] Die Geschlechterverteilung der Umfrage „Wie ich blogge?!" entspricht diesem Ergebnis mit einem Anteil von 55,3 % Männern und 44,7 % Frauen annähernd perfekt. Die Anteile von männlichen und weiblichen Internetnutzern im Jahr 2007 betrugen 52,9 % bzw. 47,1 %.[106] Die Umfrage zur Nutzung sozialer Online-Netzwerke kommt dieser Verteilung mit einem Anteil von 51 % Männern und 49 % Frauen ebenfalls sehr nahe. In den Jahren 2005 bzw. 2007 waren 54,5 % bzw. 51 % der Internetnutzer jünger als 40 Jahre.[107] In der Umfrage „Wie ich blogge?!" waren dies 83,3 % der Teilnehmer und in der Umfrage zur Nutzung sozialer Online-Netzwerke sogar alle. Auch die Verteilung des Berufs der Teilnehmer entspricht nicht der tatsächlichen Verteilung der Internetnutzer, da sich in beiden Umfragen sehr hohe Anteile an Personen in Ausbildung befinden. 41,4 % der Teilnehmer an der Umfrage „Wie ich blogge?!" befanden sich in Ausbildung (hauptsächlich Studenten) und sogar 72,9 % der Teilnehmer an der Umfrage zur Nutzung sozialer Online-Netzwerke. Der von den ARD/ZDF-Online-Studien ermittelte Anteil an Personen in Ausbildung an allen Internetnutzern betrug im Jahr 2005 14,7 % und in 2007 17 %.[108]

Allerdings entsprechen sowohl die Altersverteilungen als auch der hohe Anteil

---

[99] Vgl. [SW06], S. 4.
[100] Vgl. [FG08], S. 358.
[101] Vgl. [FMV08], S. 142.
[102] Vgl. [HKK04], S. 225.
[103] Vgl. [GF07], S. 400.
[104] Vgl. [SW06], S. 2 und [Mau07], S. 48.
[105] Vgl. [vF07], S. 364.
[106] Vgl. [vF07], S. 364.
[107] Vgl. [OS07], S. 408 und [vF05], S. 364.
[108] Vgl. [vF05], S. 364 und [OS07], S. 408.

Studenten in beiden Umfragen eher der Gruppe der Web-2.0-Nutzer als der Gruppe aller Onliner:[109]

- Unter den Web-2.0-Nutzern sind die 14- bis 29-Jährigen überdurchschnittlich stark vertreten (31 % aller Onlinenutzer entsprechen dieser Altersgruppe gegenüber 46 % derjenigen, die Web 2.0 mindestens ein Mal pro Woche nutzen).
- Das formale Bildungsniveau ist bei den Web-2.0-Nutzern überdurchschnittlich hoch, wie der Anteil der Menschen mit Abitur bzw. Studium signalisiert (alle Internetnutzer: 29 %, Web 2.0 mindestens ein Mal pro Woche: 52 %).
- Bei den Web-2.0-Nutzern spielt der Anteil der in Ausbildung befindlichen Menschen (in Ausbildung, Schüler, Studenten) eine weit überdurchschnittliche Rolle (alle Internetnutzer: 19 %, Web 2.0 mindestens ein Mal pro Woche: 36 %).

Sowohl die Umfrage zu sozialen Online-Netzwerken als auch die Weblogs-Umfrage entsprechen in den demografischen Merkmalen der Gruppe der Web-2.0-Nutzer und sind somit bezogen auf die Demografie miteinander vergleichbar.

Betrachtet man die Anteile in Prozent der übrigen Onlineanwendungen, die mindestens einmal pro Woche genutzt werden, im Vergleich der Jahre 2005 und 2007, so lassen sich insgesamt nur geringe Verschiebungen beobachten: Die Anteile der Nutzung von traditionellen Onlineanwendungen, wie das Versenden und Empfangen von E-Mails, Homebanking, Onlineshopping, Onlineauktionen usw. sind in den Jahren 2005 und 2007 miteinander vergleichbar.[110] Größere Verschiebungen der Nutzung von Onlineanwendungen lassen sich lediglich beim Anschauen bzw. Herunterladen von Videos und live Radio hören im Internet beobachten. Beides ist vermutlich auf den enormen Anstieg der Haushalte mit Breitbandanschlüssen zurückzuführen.[111] Im Jahr 2005 haben 6 % aller Nutzer und 16 % der 14–19-Jährigen Videos im Internet geschaut oder heruntergeladen; im Jahr 2007 taten dies bereits 14 % aller Nutzer und 46 % der 14–19-Jährigen. Mindestens ein Mal pro Woche im Internet live Radio gehört wurde im Jahr 2005 von 6 % aller Nutzer; im Jahr 2007 hörten 11 % aller Nutzer mindestens ein Mal pro Woche live Radio im Internet. Im Gegensatz dazu ist der Anteil des „einfach so im Internet surfen" von 50 % im Jahr 2005 auf 38 % im Jahr 2007 gesunken.

Als Ergebnis lässt sich festhalten, dass es für das folgende Anwendungsbeispiel durchaus möglich ist, Daten zu Weblogs aus dem Jahr 2005 und zu sozialen

[109] Vgl. [HTGK07], S. 216.
[110] Vgl. [vF05], S. 371 und [vF07], S. 370 für alle Zahlen in diesem Abschnitt.
[111] Vgl. [BIT08].

Online-Netzwerken aus dem Jahr 2007 miteinander zu vergleichen, da sowohl die Verteilungen der demografischen Merkmale beider Umfragen denen der Gruppe der Web-2.0-Nutzer entspricht (wenn auch nicht exakt) als auch das grundsätzliche Verhalten der Onlinenutzer in den Jahren 2005 und 2007 miteinander vergleichbar ist.

6.2.3 Matching von Nutzern sozialer Online-Netzwerke mit Autoren und Lesern von Weblogs

In den folgenden Unterabschnitten wird die Vorgehensweise des statistischen Fuzzy-Matchings von Nutzern sozialer Online-Netzwerke mit Autoren und Lesern von Weblogs beschrieben, um Aussagen über das Verhalten von aktiven und passiven Nutzern von Weblogs in sozialen Online-Netzwerken und über Einstellungen von Nutzern sozialer Online-Netzwerke gegenüber Weblogs machen zu können. Zunächst wird die Auswahl der Matchingvariablen und die Festlegung der linguistischen Terme erläutert, ehe im Anschluss daran die Güte der Angleichungen der statistischen Zwillinge in den Matchingvariablen betrachtet wird.

6.2.3.1 Auswahl der Matchingvariablen

Als Matchingvariablen für dieses Anwendungsbeispiel wurden die folgenden Attribute ausgewählt:

- Alter
- Geschlecht
- Beruf / Tätigkeit
- Dauer der Internetnutzung pro Woche
- Autor

Die Berücksichtigung der Matchingvariablen *Alter* ist wichtig, um nur Personen mit einem ähnlich hohen Alter als statistische Zwillinge zu identifizieren, denn das Onlineverhalten und insbesondere das Interesse an der Möglichkeit, aktiv Beiträge zu verfassen und ins Internet zu stellen, sinkt mit zunehmendem Alter, wie die Studie von Fisch und Gscheidle (2008) zeigt, wenn man speziell die Antwortmöglichkeit „gar nicht an dieser Möglichkeit interessiert" betrachtet.[112] Die Berücksichtigung des Geschlechts als Matchingvariable ist vor allem damit zu begründen, dass es einen deutlichen Unterschied im Verhalten von männlichen und weiblichen Autoren von Weblogs gibt, wie Schmidt (2008) zeigt.[113] Aus diesem Grund wur-

[112] Vgl. [FG08], S. 357.
[113] Vgl. [Sch08], S. 73ff.

de für die Matchingvariable *Geschlecht* ein perfect match gefordert, um nur Paare von zwei Frauen oder von zwei Männern als statistische Zwillinge zuzulassen.

Der vorangegangene Abschnitt hat bereits die Wichtigkeit der Berücksichtigung des Berufs bzw. der Tätigkeit und die wöchentliche Dauer der Internetnutzung der Teilnehmer an den beiden Umfragen als Matchingvariablen deutlich gemacht. Denn insbesondere ist es die Gruppe der sog. *zielstrebigen Trendsetter*, die die Möglichkeiten des Internets am weitesten ausschöpft und als Web-2.0-affin beschrieben werden kann, folgt man der Studie von Oehmichen (2007) und der darin verwendeten Mediennutzer-Typologie (MNT 2.0) in ihrer zweiten Version.[114] Die *zielstrebigen Trendsetter* sind durch große Anteile an Personen mit hohen Schulabschlüssen gekennzeichnet (weiterführende Schulen und Abitur) sowie einen Altersdurchschnitt von 24,2 Jahren, was zusammen mit der Gruppe der sog. *jungen Wilden* den mit Abstand niedrigsten Altersdurchschnitt darstellt.[115] Auch die sog. Onlinenutzer-Typologie (ONT)[116] kommt zu dem Ergebnis, dass vorwiegend die beiden Gruppen der sog. *jungen Hyperaktiven* und der *jungen Flaneure* das Web 2.0 nutzen: Beide Gruppen zeichnen sich durch die größten Anteile junger Internetnutzer im Vergleich zu den anderen Nutzertypen dieser Typologie und einen hohen Bildungsstand (junge Hyperaktive) bzw. einen hohen Anteil an Personen in Ausbildung (junge Flaneure) aus.[117] Somit ist es sinnvoll, nur Personen aus beiden Studien miteinander zu vergleichen, die den gleichen Beruf bzw. die gleiche Tätigkeit ausüben.

Die Matchingvariable *Autor* unterscheidet Blogger von Weblog-Lesern auf Seiten der „Wie ich blogge!?"-Umfrage. Diese Variable trennt also die aktiven von den passiven Nutzern von Weblogs. Auf Seiten der Umfrage zur Nutzung sozialer Online-Netzwerke war dieses Attribut nicht im Fragenkatalog vorgesehen. Für dieses Anwendungsbeispiel ist diese Variable künstlich erzeugt worden, indem alle Teilnehmer der Umfrage, die bei den Zielen der Netzwerkteilnahme oder bei der tatsächlichen Nutzung der Plattformen angaben, Diskussionsbeiträge zu schreiben, als Autoren angesehen werden. Für 116 der insgesamt 361 Teilnehmer der Umfrage zu sozialen Online-Netzwerken traf dies zu, sie werden also als Autoren bzw. potenzielle Blogger angesehen und die restlichen 245 Teilnehmer werden als potenzielle Leser von Blogs betrachtet. Auch bei dieser Matchingvariable wurde ein perfect match verlangt, da sich das Verhalten der passiv partizipierenden Nutzer des Web 2.0 deutlich von dem der aktiv partizipierenden Nutzern unterscheidet,

[114] Vgl. [Oeh07], S. 413ff.

[115] Vgl. [HH07], S. 237ff.

[116] Die OnlineNutzerTypologie (ONT) wurde im Rahmen der ARD/ZDF-Online-Studien im Jahr 2004 entwickelt und stellt eine kontinuierlich genutzte Segmentierung der Onlinenutzer dar. Vgl. [OS04].

[117] Vgl. [OS07], S. 408f.

wie Haas et al. (2007) in ihrer Gruppierung der Web-2.0-Nutzer nach Gestaltungs- und Kommunikationsgrad zeigen.[118]

6.2.3.2 Festlegung der linguistischen Terme

In diesem Unterabschnitt werden die linguistischen Terme zu den bereits vorgestellten Matchingvariablen, die gleichzeitig im Zusammenhang des statistischen Fuzzy-Matchings als linguistische Variablen angesehen werden, festgelegt. Die Einteilung der linguistischen Variablen *Alter* in linguistische Terme (Abbildung 6.7) wurde an den Einteilungen der Altersklassen ausgerichtet, wie sie bspw. von der Arbeitsgemeinschaft Online-Forschung e.V. (AGOF) in den seit 2004 jährlich viermal erscheinenden *internet-facts* verwendet werden.[119]

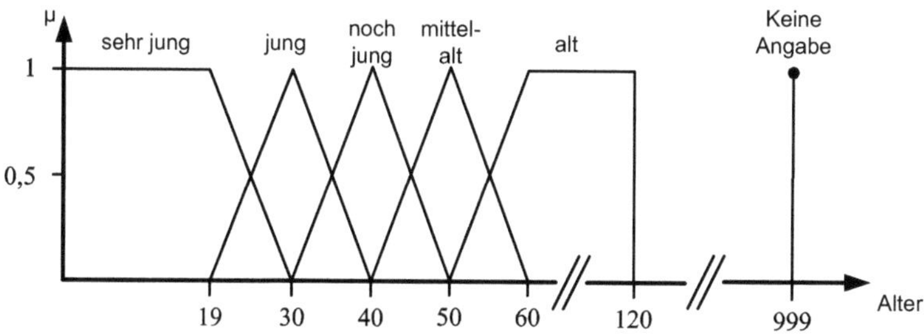

Abbildung 6.7: Linguistische Terme der linguistischen Variablen *Alter*

Gemäß Abbildung 6.7 gehört ein Teilnehmer an einer der beiden zugrundeliegenden Umfragen mit einem Alter von jünger als 20 Jahren mit einem Zugehörigkeitsgrad von 1 zum linguistischen Term *sehr jung*. 20 bis 29-Jährige gehören zu anteiligen Zugehörigkeitsgraden den linguistischen Termen *sehr jung* und *jung* an. Ein 30-jähriger Teilnehmer gehört dem linguistischen Term *jung* mit einem Zugehörigkeitsgrad von 1 an usw. Ab einem Alter von 60 Jahren werden die Teilnehmer der Umfragen dem linguistischen Term *alt* voll zugeordnet. Personen, die keine Angabe zu ihrem Alter machen wollten, werden dem linguistischen Term *keine Angabe* mit einem Zugehörigkeitsgrad von 1 zugewiesen.

Abbildung 6.8 zeigt die linguistischen Terme der linguistischen Variablen *Geschlecht*, die sich in *weiblich*, *männlich* und *keine Angabe* aufteilen. Wie bereits erwähnt, wird ein perfect match beim Finden der statistischen Zwillinge gefordert,

[118] Vgl. [HTGK07], S. 220.
[119] Vgl. [Arb08], S. 7.

sodass es zu keiner Vermischung der Geschlechter bei statistischen Zwillingen kommen kann und auch nicht zugelassen wird, dass ein Teilnehmer der Studie, der die Angabe des Geschlechts verweigert hat, als statistischer Zwilling Verwendung findet.

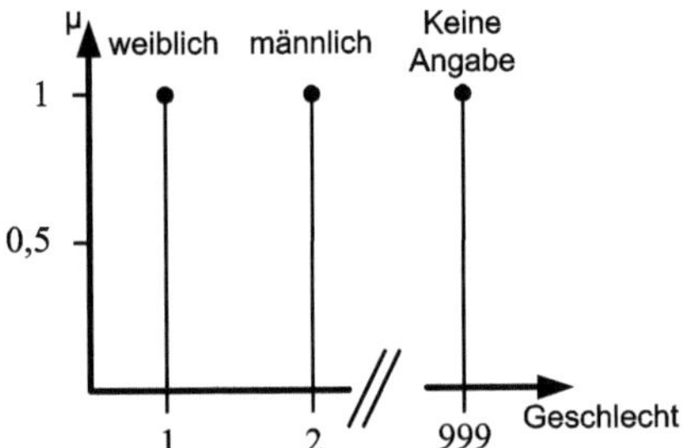

Abbildung 6.8: Linguistische Terme der linguistischen Variablen *Geschlecht*

Die linguistische Variable *Beruf/Tätigkeit* ist ebenso wie die Variable *Geschlecht* nominal skaliert, wodurch anteilige Zugehörigkeitsgrade zu mehreren linguistischen Termen keinen Sinn ergeben. Daher wird auf das in Abschnitt 3.1.2 bereits eingeführte Konzept der unscharfen Zahl zurückgegriffen und linguistische Terme nur punktweise definiert. Für jede Antwortmöglichkeit der beiden Umfragen wird ein linguistischer Term gebildet, der der jeweiligen Antwortkategorie den Zugehörigkeitsgrad 1 zuweist, d. h. jeder möglichen Antwort auf die Frage des Berufs bzw. der aktuellen Tätigkeit wird ein Zugehörigkeitsgrad von 1 zu dem korrespondierenden linguistischen Term zugewiesen und Zugehörigkeitsgrade von 0 zu allen anderen linguistischen Termen, wie Abbildung 6.9 zeigt.

Bei der Festlegung der linguistischen Terme zur *Dauer der Internetnutzung* in Stunden pro Woche in Abbildung 6.10 bildeten die ARD/ZDF-Online-Studien die Grundlage. Im Jahr 2007 betrug die durchschnittliche Verweildauer im Internet unter allen Internetnutzern 118 Minuten pro Tag.[120] Dies bedeutet, dass der durchschnittliche Internetnutzer umgerechnet $13,8$ Stunden pro Woche im Internet verbrachte. Dieser Wert wurde als obere Grenze für den linguistischen Term *niedrig* verwendet, dem noch ein Zugehörigkeitsgrad für eine niedrige Dauer der wöchentlichen Internetnutzung zugewiesen wurde. Internetnutzern, die mehr Zeit im Internet verbrachten als der Durchschnitt aller Internetnutzer im Jahr 2007, aber weniger als der Durchschnitt der 14–29-Jährigen Internetnutzer mit $18,1$[121] Stunden

[120] Vgl. [vF07], S. 375.
[121] Vgl. [vF07], S. 376.

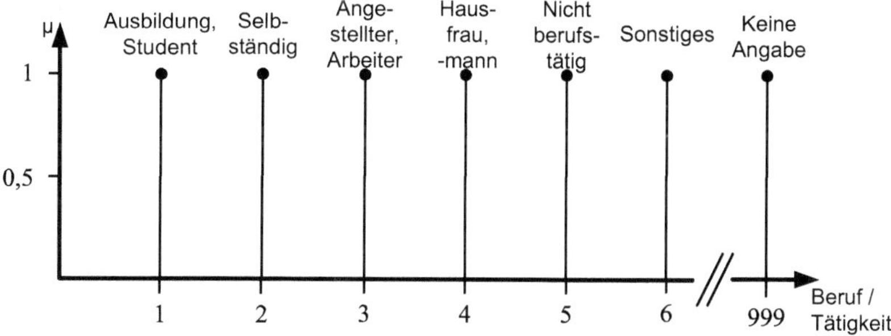

Abbildung 6.9: Linguistische Terme der linguistischen Variablen *Beruf/Tätigkeit*

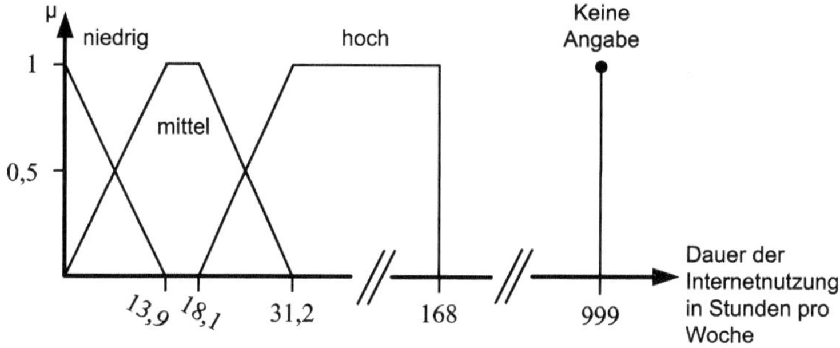

Abbildung 6.10: Linguistische Terme der linguistischen Variablen *Dauer der Internetnutzung*

pro Woche, wurde der Zugehörigkeitsgrad von 1 zum linguistischen Term *mittel* für eine mittelhohe Dauer der Internetnutzung pro Woche zugewiesen. Schließlich wurde die Dauer der Internetnutzung pro Woche, ab der ein Zugehörigkeitsgrad von 1 zum linguistischen Term *hoch* für eine hohe Dauer vergeben wurde, an der durchschnittlichen Verweildauer im Internet der Teilnehmer der „Wie ich blogge!?"-Umfrage festgemacht. Diese verbrachten im Durchschnitt 31,18 Stunden pro Woche online (Standardabweichung: 25,99). Die Teilnehmer der Umfrage zur Nutzung sozialer Online-Netzwerke verbrachten im Schnitt 20,77 Stunden online (Standardabweichung: 17,35). Da eine Woche 168 Stunden besitzt, bildet dieser Wert die obere Grenze für den linguistischen Term *hoch*.

Abbildung 6.11 zeigt schließlich die linguistischen Terme zur linguistischen Variablen *Autor*, die die Teilnehmer der beiden Umfragen als Autoren von Weblogs bzw. als Autoren von Beiträgen in Diskussionsforen kennzeichnen. Zu dieser Variablen existierten in beiden Mengen von Datensätzen keine fehlenden Werte.

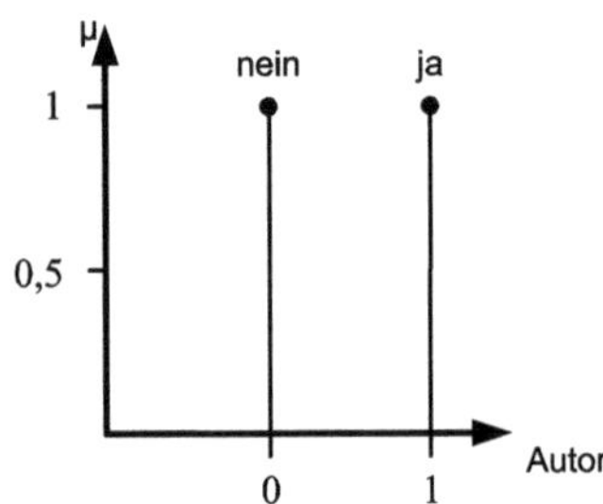

Abbildung 6.11: Linguistische Terme der linguistischen Variablen *Autor*

6.2.3.3 Matching-Güte

Zur Beurteilung der Güte des statistischen Fuzzy-Matchings werden die Verteilungen der Matchingvariablen der statistischen Zwillinge aus der Umfrage „Wie ich blogge!?" in Bezug auf die Verteilungen der Matchingvariablen der Cases, also aus der Umfrage zu sozialen Online-Netzwerken, beurteilt und die Verbesserungen im Vergleich zu den Verteilungen zwischen Cases und allen Controls betrachtet. Zum Einsatz kommen dabei dieselben Methoden, wie sie bereits im Abschnitt 6.1.3.2 verwendet wurden.

Zwei der fünf Matchingvariablen sind metrisch (*Alter* und *Dauer der Internetnutzung*), die anderen drei Matchingvariablen sind nominal skaliert. Die Güte der Angleichungen der Verteilungen bei metrisch skalierten Matchingvariablen der statistischen Zwillinge wird mit Hilfe des Mittelwerts beurteilt und bei nominal skalierten Variablen mit Hilfe der Prüfgröße des χ^2-Homogenitätstests. Da für die beiden Matchingvariablen *Geschlecht* und *Autor* ein perfect match verlangt wurde, beträgt die Güte der Anpassung dieser Verteilungen jeweils 100 %. Sie werden in den weiteren Ausführungen dieses Unterabschnitts nicht weiter berücksichtigt.

Um die Basis für die Beurteilung von Verbesserungen oder Verschlechterungen in der Anpassung der Verteilungen zu schaffen, werden zunächst Cases und Controls gegenübergestellt. Die folgende Tabelle 6.24 zeigt die Mittelwerte der metrisch skalierten Matchingvariablen im Vergleich von Cases (Umfrage zur Nutzung sozialer Online-Netzwerke) und Controls (Umfrage „Wie ich blogge!?").

Die unterschiedlichen Lagen der Verteilungen von Cases und Controls in der nominal skalierten Matchingvariablen *Beruf/Tätigkeit* werden mit Hilfe der Prüfgrö-

Tabelle 6.24: Mittelwerte der Matchingvariablen *Alter* und *Dauer der Internetnutzung*: Cases vs. Controls

	Alter	Dauer der Internetnutzung
Cases (n=361)	25,0978	20,7711
Controls (n=5246)	29,5079	31,1781

ßen des χ^2-Homogenitätstests ausgedrückt. Da die erwartete Häufigkeit als Voraussetzung für die Durchführung des χ^2-Homogenitätstests mindestens fünf betragen muss,[122] wurden Kategorien der Matchingvariablen *Beruf/Tätigkeit* zusammengelegt. Die beiden Antwortkategorien *Hausfrau, -mann* und *nicht berufstätig* wurden in die Kategorie *Sonstige* aufgenommen. Die Umfrage zur Nutzung sozialer Online-Netzwerke enthielt zwei Teilnehmer (0,55 %), die angaben Hausfrau oder -mann zu sein und keinen Teilnehmer (0 %), der nicht berufstätig war. Sechs Teilnehmer (1,6 %) gaben an, einer sonstigen Tätigkeit nachzugehen, sodass diese Gruppe nach dem Zusammenlegen der Kategorien mit insgesamt acht Teilnehmern besetzt war. Die „Wie ich blogge!?"-Umfrage enthielt 96 (1,8 %) Hausfrauen bzw. -männer und 183 (3,5 %) nicht berufstätige Teilnehmer. Zusammen mit den 98 (1,9 %) Personen, die ursprünglich angaben, einer sonstigen Tätigkeit nachzugehen, enthielt die Gruppe nach dem Zusammenlegen der Kategorien insgesamt 377 (7,2 %) Teilnehmer. Die Prüfgröße des χ^2-Homogenitätstests zwischen Cases und Controls nach dem Zusammenlegen der Kategorien beträgt $5110,052$.

Die folgende Tabelle 6.25 zeigt die Mittelwerte der metrisch skalierten und die Prüfgrößen der χ^2-Homogenitätstests der nominal skalierten Matchingvariablen (in Relation zur Verteilung der Cases) der statistischen Zwillinge der Teilnehmer der Umfrage zur Nutzung sozialer Online-Netzwerke nach den verschiedenen Verknüpfungen der Regeln. Anhand dieser Werte kann die Güte der Angleichungen der Verteilungen der statistischen Zwillinge in den Matchingvariablen an die Verteilung der Cases beurteilt werden, indem das Sample Percent Reduction in Bias[123] berechnet wird. Zunächst werden die Ergebnisse des statistischen constrained Fuzzy-Matchings unter Minimierung der Gesamtdistanz aller Paare von statistischen Zwillingen mit Hilfe des Kuhn-Munkres-Algorithmus' betrachtet.[124]

[122] Vgl. [Mar03], S. 131.

[123] Vgl. Formel (6.1).

[124] Vgl. Abschnitt 4.6.3.

Tabelle 6.25: Statistische Zwillinge der Teilnehmer an SN, constrained Fuzzy-Matching: Mittelwerte der metrisch skalierten und Prüfgrößen der χ^2-Homogenitätstests der nominal skalierten Matchingvariablen ($n = 361$)

Verknüpfungsart	Alter	Beruf	Dauer der Internetnutzung
und-Verkn., abs.	24,7701	0,2320	22,1476
und-Verkn., eukl.	24,6482	1,7960	22,0000
oder-Verkn., abs.	24,8858	0,2110	21,7003
oder-Verkn., eukl.	24,8045	0,1980	21,5294
MinMax-Op., $\gamma = 0,1$, abs.	24,8802	0,2110	21,6303
MinMax-Op., $\gamma = 0,1$, eukl.	24,8101	0,1980	21,3754
MinMax-Op., $\gamma = 0,3$, abs.	24,8468	0,2110	21,6555
MinMax-Op., $\gamma = 0,3$, eukl.	24,7793	0,1980	21,3866
MinMax-Op., $\gamma = 0,5$, abs.	24,8468	0,2110	21,7255
MinMax-Op., $\gamma = 0,5$, eukl.	24,7737	0,1980	21,5406
MinMax-Op., $\gamma = 0,7$, abs.	24,8468	0,2110	21,7255
MinMax-Op., $\gamma = 0,7$, eukl.	24,8128	0,1980	21,3361
MinMax-Op., $\gamma = 0,9$, abs.	24,6880	0,5560	21,7031
MinMax-Op., $\gamma = 0,9$, eukl.	24,5978	0,1420	21,3631
Alg. PS-Op., $\gamma = 0,1$, abs.	25,0696	0,0360	22,4286
Alg. PS-Op., $\gamma = 0,1$, eukl.	25,1306	0,1380	22,6201
Alg. PS-Op., $\gamma = 0,3$, abs.	25,0724	0,0360	22,4790
Alg. PS-Op., $\gamma = 0,3$, eukl.	25,0833	0,1380	22,5922
Alg. PS-Op., $\gamma = 0,5$, abs.	24,9944	0,0360	22,4986
Alg. PS-Op., $\gamma = 0,5$, eukl.	24,9944	0,1380	22,6313
Alg. PS-Op., $\gamma = 0,7$, abs.	24,9218	0,0360	22,4242
Alg. PS-Op., $\gamma = 0,7$, eukl.	24,8417	0,0010	22,6425
Alg. PS-Op., $\gamma = 0,9$, abs.	24,8380	0,0360	22,4494
Alg. PS-Op., $\gamma = 0,9$, eukl.	24,4832	0,0360	22,1770
fcm-oder-Verkn., abs.	25,6050	79,4810	21,7331
fcm-oder-Verkn., eukl.	26,2185	101,7200	21,9579
fcm-und-Verkn., abs.	25,1397	64,0130	22,4342
fcm-und-Verkn., eukl.	26,1844	104,1400	22,7514

Das Sample Percent Reduction in Bias berechnet die Güte der Angleichungen der Verteilungen von Cases und ihren statistischen Zwillingen nach Durchführung des statistischen constrained Fuzzy-Matchings unter Minimierung der Gesamtdistanz. Je mehr sich die beiden Verteilungen angeglichen haben, desto näher liegt der Wert des Sample Percent Reduction in Bias an 1.

Tabelle 6.26: Statistische Zwillinge der Teilnehmer an SN, constrained Fuzzy-Matching: Sample Percent Reduction in Bias ($n = 361$)

Verknüpfungsart	Alter	Beruf	Dauer der Internetnutzung
und-Verkn., abs.	0,9257	0,99995	0,8677
und-Verkn., eukl.	0,8981	0,99965	0,8819
oder-Verkn., abs.	0,9519	0,99996	0,9107
oder-Verkn., eukl.	0,9335	0,99996	0,9271
MinMax-Op., $\gamma = 0,1$, abs.	0,9507	0,99996	0,9174
MinMax-Op., $\gamma = 0,1$, eukl.	0,9348	0,99996	0,9419
MinMax-Op., $\gamma = 0,3$, abs.	0,9431	0,99996	0,9150
MinMax-Op., $\gamma = 0,3$, eukl.	0,9278	0,99996	0,9409
MinMax-Op., $\gamma = 0,5$, abs.	0,9431	0,99996	0,9083
MinMax-Op., $\gamma = 0,5$, eukl.	0,9265	0,99996	0,9261
MinMax-Op., $\gamma = 0,7$, abs.	0,9431	0,99996	0,9083
MinMax-Op., $\gamma = 0,7$, eukl.	0,9354	0,99996	0,9457
MinMax-Op., $\gamma = 0,9$, abs.	0,9071	0,99989	0,9104
MinMax-Op., $\gamma = 0,9$, eukl.	0,8866	0,99997	0,9431
Alg. PS-Op., $\gamma = 0,1$, abs.	0,9936	0,99999	0,8407
Alg. PS-Op., $\gamma = 0,1$, eukl.	0,9926	0,99997	0,8223
Alg. PS-Op., $\gamma = 0,3$, abs.	0,9942	0,99999	0,8359
Alg. PS-Op., $\gamma = 0,3$, eukl.	0,9967	0,99997	0,8250
Alg. PS-Op., $\gamma = 0,5$, abs.	0,9766	0,99999	0,8340
Alg. PS-Op., $\gamma = 0,5$, eukl.	0,9766	0,99997	0,8213
Alg. PS-Op., $\gamma = 0,7$, abs.	0,9601	0,99999	0,8412
Alg. PS-Op., $\gamma = 0,7$, eukl.	0,9419	1,00000	0,8202
Alg. PS-Op., $\gamma = 0,9$, abs.	0,9411	0,99999	0,8387
Alg. PS-Op., $\gamma = 0,9$, eukl.	0,8606	0,99999	0,8649
fcm-oder-Verkn., abs.	0,8850	0,98445	0,9076
fcm-oder-Verkn., eukl.	0,7459	0,98009	0,8860
fcm-und-Verkn., abs.	0,9905	0,98747	0,8402
fcm-und-Verkn., eukl.	0,7536	0,97962	0,8097

Aus den Tabellen 6.25 und 6.26 geht hervor, dass in der Matchingvariablen *Be-*

ruf/Tätigkeit eine sehr gute Angleichung der Verteilungen erreicht werden konnte. Die durchschnittliche Güte der Angleichungen über alle Regelverknüpfungen hinweg lag bei 99,75 %, d. h. bis auf wenige Ausnahmen konnte zu jedem Teilnehmer der Umfrage zu sozialen Online-Netzwerken ein statistischer Zwilling aus der „Wie ich blogge!?“-Umfrage gefunden werden, der genau den gleichen Beruf bzw. genau die gleiche Tätigkeit ausübt. Die Angleichungen der Verteilungen in der Matchingvariable *Alter* gelingen insgesamt etwas besser als die Angleichungen in der *Dauer der Internetnutzung*. Im Durchschnitt konnten Angleichungen über alle Regelverknüpfungen hinweg von 92,91 % beim *Alter* und von 87,98 % bei der *Dauer der Internetnutzung* erreicht werden. Bestimmt man die durchschnittliche Gesamtanpassung über alle Matchingvariablen, so schneidet der MinMax-Operator mit einem γ von 0,7 und unter Verwendung der euklidischen Distanz mit einer durchschnittlichen Gesamtanpassung von 96,03 % am besten ab.

Die folgende Tabelle 6.27 zeigt die Mittelwerte der metrisch skalierten und die Prüfgrößen der χ^2-Homogenitätstests der nominal skalierten Matchingvariablen *Beruf/Tätigkeit* des statistischen unconstrained Fuzzy-Matchings. Beim unconstrained Matching wird jedem Case der am besten geeignete Control zugeordnet, ohne Rücksicht auf mehrfaches Verwenden von Controls als statistische Zwillinge. In diesem Fall ist eine Optimierung (Minimierung) der Gesamtdistanz nicht notwendig.

Tabelle 6.27: Statistische Zwillinge der Teilnehmer an SN, unconstrained Fuzzy-Matching: Mittelwerte der metrisch skalierten und Prüfgrößen der χ^2-Homogenitätstests der nominal skalierten Matchingvariablen ($n = 361$)

Verknüpfungsart	Alter	Beruf	Dauer der Internetnutzung
und-Verkn., abs.	25,3435	0,7100	22,0585
und-Verkn., eukl.	25,2936	2,0610	21,9387
oder-Verkn., abs.	25,1699	2,1140	21,6264
oder-Verkn., eukl.	25,3872	0,1980	21,4522
MinMax-Op., $\gamma = 0,1$, abs.	25,1588	2,1140	21,5702
MinMax-Op., $\gamma = 0,1$, eukl.	25,3733	0,1980	21,6910
MinMax-Op., $\gamma = 0,3$, abs.	25,1755	2,1140	21,6601
MinMax-Op., $\gamma = 0,3$, eukl.	25,4039	0,1980	21,6910
MinMax-Op., $\gamma = 0,5$, abs.	25,1699	2,1140	21,6320
MinMax-Op., $\gamma = 0,5$, eukl.	25,3844	0,1980	21,4607
MinMax-Op., $\gamma = 0,7$, abs.	25,1950	2,1140	21,6629

MinMax-Op., $\gamma = 0,7$, eukl.	25,3900	0,1980	21,7669
MinMax-Op., $\gamma = 0,9$, abs.	25,2897	1,2460	21,5815
MinMax-Op., $\gamma = 0,9$, eukl.	25,2953	0,2670	21,5899
Alg. PS-Op., $\gamma = 0,1$, abs.	25,6139	0,0800	21,8904
Alg. PS-Op., $\gamma = 0,1$, eukl.	25,1739	0,0800	21,8680
Alg. PS-Op., $\gamma = 0,3$, abs.	25,5750	0,0800	21,8792
Alg. PS-Op., $\gamma = 0,3$, eukl.	25,6250	0,0800	21,9185
Alg. PS-Op., $\gamma = 0,5$, abs.	25,5833	0,0800	21,8567
Alg. PS-Op., $\gamma = 0,5$, eukl.	25,5139	0,0800	21,8736
Alg. PS-Op., $\gamma = 0,7$, abs.	25,5250	0,0800	21,8427
Alg. PS-Op., $\gamma = 0,7$, eukl.	25,5056	0,0800	21,8090
Alg. PS-Op., $\gamma = 0,9$, abs.	25,4345	0,1980	21,7753
Alg. PS-Op., $\gamma = 0,9$, eukl.	25,3482	0,1980	21,9242
fcm-oder-Verkn., abs.	25,0615	21,1140	21,4775
fcm-oder-Verkn., eukl.	25,0559	22,6230	21,6264
fcm-und-Verkn., abs.	25,0112	24,8410	21,1910
fcm-und-Verkn., eukl.	25,0223	24,4260	21,3483

Betrachtet man auch im Fall des statistischen unconstrained Fuzzy-Matchings das Sample Percent Reduction in Bias, so ergibt sich die folgende Tabelle 6.28:

Tabelle 6.28: Statistische Zwillinge der Teilnehmer an SN, unconstrained Fuzzy-Matching: Sample Percent Reduction in Bias ($n = 361$)

Verknüpfungsart	Alter	Beruf	Dauer der Internetnutzung
und-Verkn., abs.	0,9804	0,99986	0,9597
und-Verkn., eukl.	0,9829	0,99960	0,9445
oder-Verkn., abs.	0,9918	0,99959	0,9321
oder-Verkn., eukl.	0,9905	0,99996	0,9178
MinMax-Op., $\gamma = 0,1$, abs.	0,9862	0,99959	0,9232
MinMax-Op., $\gamma = 0,1$, eukl.	0,9375	0,99996	0,9116
MinMax-Op., $\gamma = 0,3$, abs.	0,9824	0,99959	0,9146
MinMax-Op., $\gamma = 0,3$, eukl.	0,9306	0,99996	0,9116
MinMax-Op., $\gamma = 0,5$, abs.	0,9837	0,99959	0,9173
MinMax-Op., $\gamma = 0,5$, eukl.	0,9350	0,99996	0,9337
MinMax-Op., $\gamma = 0,7$, abs.	0,9780	0,99959	0,9143
MinMax-Op., $\gamma = 0,7$, eukl.	0,9337	0,99996	0,9043

MinMax-Op., $\gamma = 0,9$, abs.	0,9565	0,99976	0,9221
MinMax-Op., $\gamma = 0,9$, eukl.	0,9552	0,99995	0,9213
Alg. PS-Op., $\gamma = 0,1$, abs.	0,8830	0,99998	0,8924
Alg. PS-Op., $\gamma = 0,1$, eukl.	0,9827	0,99998	0,8946
Alg. PS-Op., $\gamma = 0,3$, abs.	0,8918	0,99998	0,8935
Alg. PS-Op., $\gamma = 0,3$, eukl.	0,8805	0,99998	0,8897
Alg. PS-Op., $\gamma = 0,5$, abs.	0,8899	0,99998	0,8957
Alg. PS-Op., $\gamma = 0,5$, eukl.	0,9056	0,99998	0,8941
Alg. PS-Op., $\gamma = 0,7$, abs.	0,9031	0,99998	0,8970
Alg. PS-Op., $\gamma = 0,7$, eukl.	0,9075	0,99998	0,9003
Alg. PS-Op., $\gamma = 0,9$, abs.	0,9237	0,99996	0,9035
Alg. PS-Op., $\gamma = 0,9$, eukl.	0,9432	0,99996	0,8892
fcm-oder-Verkn., abs.	0,9918	0,99587	0,9321
fcm-oder-Verkn., eukl.	0,9905	0,99557	0,9178
fcm-und-Verkn., abs.	0,9804	0,99514	0,9597
fcm-und-Verkn., eukl.	0,9829	0,99522	0,9445

Vergleicht man die Ergebnisse des statistischen constrained Fuzzy-Matchings mit den Ergebnissen des statistischen unconstrained Fuzzy-Matchings[125], so erreicht das constrained Fuzzy-Matching unter Minimierung der Gesamtdistanz insgesamt etwas schlechtere Angleichungen aller drei Matchingvariablen. Beim *Alter* erreicht das constrained Fuzzy-Matching eine durchschnittliche Angleichung über alle Regelverknüpfungen von 92,91 % und das unconstrained Matching von 94,93 %. Bei der *Dauer der Internetnutzung* erlangt das constrained Fuzzy-Matching eine durchschnittliche Angleichung von 87,97 %, das unconstrained Fuzzy-Matching eine von 91,54 %. In der Matchingvariablen *Beruf/Tätigkeit* erzielt das constrained Fuzzy-Matching eine durchschnittliche Angleichung von 99,75 % und das unconstrained Fuzzy-Matching von 99,92 %. Bei der Gesamtangleichung über alle Matchingvariablen erreicht das unconstrained Matching unter Verwendung der "und"-Verknüpfung und der euklidischen Distanz mit 98,00 % ein etwas besseres Ergebnis als das constrained Matching mit 96,03 %[126].

Neben dem statistischen Fuzzy-Matching wird für dieses Anwendungsbeispiel auch das einfache Matching auf Grundlage der in das Intervall $[0,1]$ normierten Distanzen der Ausgangsdaten durchgeführt. Tabelle 6.29 beinhaltet die Mittelwerte der metrisch skalierten und die Prüfgrößen der χ^2-Homogenitätstests der nominal

[125] Bei allen Regelverknüpfungen werden mindestens 198 unterschiedliche Controls als statistische Zwillinge verwendet.

[126] Unter Verwendung des MinMax-Operators, einem γ von 0,7 und der euklidischen Distanz.

skalierten Matchingvariablen des statistischen constrained Matchings auf Basis der Distanzen der Ausgangsdaten.

Tabelle 6.29: Statistische Zwillinge der Teilnehmer an SN, einfaches statistisches constrained Matching: Mittelwerte der metrisch skalierten und Prüfgrößen der χ^2-Homogenitätstests der nominal skalierten Matchingvariablen ($n = 361$)

Distanz	Alter	Beruf	Dauer der Internetnutzung
abs. Distanz	24,5230	4,0460	20,7642
eukl. Distanz	24,6006	4,0620	20,6705

Das Sample Percent Reduction in Bias ergibt sich gemäß der folgenden Tabelle 6.30:

Tabelle 6.30: Statistische Zwillinge der Teilnehmer an SN, einfaches statistisches constrained Matching: Sample Percent Reduction in Bias ($n = 361$)

Distanz	Alter	Beruf	Dauer der Internetnutzung
abs. Distanz	0,8697	0,99921	0,9993
eukl. Distanz	0,8873	0,99921	0,9903

Die Güte der Angleichungen der Verteilungen der Matchingvariablen der statistischen Zwillinge, die mittels des einfachen unconstrained Matchings ermittelt wurden, sind in den folgenden beiden Tabellen 6.31 und 6.32 zusammengefasst.

Tabelle 6.31: Statistische Zwillinge der Teilnehmer an SN, einfaches statistisches unconstrained Matching: Mittelwerte der metrisch skalierten und Prüfgrößen der χ^2-Homogenitätstests der nominal skalierten Matchingvariablen ($n = 361$)

Distanz	Alter	Beruf	Dauer der Internetnutzung
abs. Distanz	24,7559	5,6810	21,7937
eukl. Distanz	24,7512	5,6810	22,0089

Tabelle 6.32: Statistische Zwillinge der Teilnehmer an SN, einfaches statistisches unconstrained Matching: Sample Percent Reduction in Bias ($n = 361$)

Distanz	Alter	Beruf	Dauer der Internetnutzung
abs. Distanz	0,9225	0,99889	0,9017
eukl. Distanz	0,9214	0,99889	0,8811

Vergleicht man zunächst die Güte der Anpassungen der Verteilungen des statistischen constrained Fuzzy-Matchings mit denen des einfachen constrained Matchings, so erkennt man, dass das Fuzzy-Matching durchschnittlich eine bessere Anpassung des Alters mit 92,91 % gegenüber 87,85 % beim einfachen Matching erreicht. Das einfache Matching erzielt dagegen in der Dauer der Internetnutzung mit 99,48 % eine bessere durchschnittliche Angleichung als das Fuzzy-Matching mit 87,97 %. Beide Matching-Methoden erzielen sehr gute Ergebnisse bei der Angleichung der Matchingvariablen *Beruf/Tätigkeit*. Betrachtet man die durchschnittliche Gesamtangleichung über alle Matchingvariablen, so erzielt das statistische constrained Fuzzy-Matching mit 96,03 %[127] ein etwas besseres Ergebnis als das einfache Matching mit 95,89 % in Verbindung mit der euklidischen Distanz.

Das einfache unconstrained Matching erzielt in allen drei Matchingvariablen schlechtere Anpassungen der Verteilungen als das unconstrained Fuzzy-Matching.[128] Beim einfachen unconstrained Matching werden auch nur 146 bzw. 147 unter-
schiedliche Controls als statistische Zwillinge verwendet im Gegensatz zum unconstrained Fuzzy-Matching, bei dem mindestens 198 unterschiedliche Controls verwendet werden. Betrachtet man das beste Ergebnis der durchschnittlichen Gesamtangleichung über alle Matchingvariablen, so schneidet ebenfalls das unconstrained Fuzzy-Matching unter Verwendung der „und"-Verknüpfung in Verbindung mit der euklidischen Distanz mit 98,00 % besser ab als das einfache unconstrained Matching mit einer durchschnittlichen Gesamtangleichung unter Verwendung der absoluten Distanz von 94,10 %.

[127] Unter Verwendung des MinMax-Operators, einem γ von 0,7 und der euklidischen Distanz.

[128] Durchschnittliche Angleichung der Matchingvariable *Alter*: unconstrained Fuzzy-Matching 94,93 %, einfaches unconstrained Matching 92,19 %. Durchschnittliche Angleichung der Matchingvariable *Dauer der Internetnutzung*: unconstrained Fuzzy-Matching 91,53 %, einfaches unconstrained Matching 89,14 %. Durchschnittliche Angleichung der Matchingvariable *Beruf*: unconstrained Fuzzy-Matching 99,92 %, einfaches unconstrained Matching 99,89 %.

6.2.4 Gewichtung der Matchingvariablen

In diesem Unterabschnitt soll die Möglichkeit der Gewichtung der Matchingvariablen beim statistischen Fuzzy-Matching aufgegriffen und demonstriert werden. Die Vorgehensweise soll den generellen Einsatz der Gewichtung von Matchingvariablen beim statistischen Fuzzy-Matching veranschaulichen. Die erzielten Ergebnisse des statistischen Fuzzy-Matchings unter Verwendung unterschiedlicher Gewichtungen der Matchingvariablen werden präsentiert, ohne die künstlich erzeugten Mengen von Datensätzen inhaltlich zu interpretieren.

Die Gewichtung von Matchingvariablen beim statistischen Fuzzy-Matching ist in Verbindung mit dem algebraischen ProdSum-Operator möglich. Dieser gestattet sowohl besonders starke als auch eher schwache Berücksichtigungen einzelner Matchingvariablen. Es wird hier das statistische constrained Fuzzy-Matching mit dem kompensatorischen ProdSum-Operator unter Minimierung der Gesamtdistanz aller statistischen Zwillinge verwendet. Die Zugehörigkeitsgrade der Ausprägungen des Datensatzes k zur Regel R werden wie folgt bestimmt:[129]

$$\mu^R_{ProdSum}(\xi_k) = \gamma \left(\prod_{p=1}^{n} \left(\mu^R_{t_{pj_p}}(\xi_k^p) \right)^{\delta_p} \right) + (1-\gamma) \left(1 - \prod_{p=1}^{n} \left(1 - \mu^R_{t_{pj_p}}(\xi_k^p) \right)^{\delta_p} \right)$$

mit

$$\sum_{p=1}^{n} \delta_p = 1,\ 0 \leq \delta_p \leq 1 \text{ für } p = 1,\ldots,n \text{ und } 0 \leq \gamma \leq 1.$$

Der Kompensationsgrad wird auf $\gamma = 0,1$ festgelegt, da niedrige Kompensationsgrade eine Verknüpfung näher an der „oder“- als an der „und“-Verknüpfung bedeuten und die „oder“-Verknüpfung bei dem in diesem Abschnitt beschriebenen Anwendungsbeispiel im Zusammenhang mit dem constrained Fuzzy-Matching bessere Ergebnisse in Bezug auf die Güte des Matchings erzielt hat als die „und“-Verknüpfung. Dies wird durch die Ergebnisse bei unterschiedlichen Kompensationsgraden des kompensatorischen ProdSum-Operators des constrained Fuzzy-Matchings in Abschnitt 6.2.3.3 bestätigt, da sich die Güte des Matchings mit steigendem γ etwas verschlechtert. Beim unconstrained Fuzzy-Matching erzielte die „und“-Verknüpfung im Gegensatz dazu etwas bessere Angleichungen der Matchingvariablen als die „oder“-Verknüpfung.

Hohe Gewichte δ_p nahe 1 bewirken eine besonders starke Gewichtung einer Matchingvariablen beim kompensatorischen ProdSum-Operator, da sich der entsprechende Zugehörigkeitsgrad $\left(\mu^R_{t_{pj_p}}(\xi_k^p) \right)^{\delta_p} \in [0,1]$ durch die Potenzierung nur

[129] Vgl. Abschnitt 4.5.3.

wenig im Wert verändert und somit stark in das Produkt $\prod_{p=1}^{n}\left(\mu_{t_{pj_p}}^{R}(\xi_k^p)\right)^{\delta_p}$ eingeht. Niedrige Gewichte δ_p nahe 0 bewirken starke Veränderungen der Werte der Zugehörigkeitsgrade: Je kleiner das Gewicht gewählt wird, desto größer wird $\left(\mu_{t_{pj_p}}^{R}(\xi_k)\right)^{\delta_p}$. Für $\delta_p = 0$ gilt: $\left(\mu_{t_{pj_p}}^{R}(\xi_k)\right)^{\delta_p} = 1$. Somit wirkt sich ein mit einem niedrigen Gewicht versehener Zugehörigkeitsgrad schwächer auf das Ergebnis des Produkts $\prod_{p=1}^{n}\left(\mu_{t_{pj_p}}^{R}(\xi_k^p)\right)^{\delta_p}$ ein als andere Zugehörigkeitsgrade, während ein Zugehörigkeitsgrad mit einer Gewichtung von 0 das Ergebnis der Produktbildung kaum beeinflusst.

In der folgenden Tabelle 6.33 sind für unterschiedliche Gewichtungen der Matchingvariablen analog zu den Ausführungen der vorangegangenen Abschnitte die Mittelwerte der beiden Matchingvariablen *Alter* und *Dauer der Internetnutzung* aufgeführt sowie die Prüfgrößen der χ^2-Homogenitätstests der Matchingvariablen *Beruf*. δ_p, $p = 1,...,5$ stellen die Gewichte aller Matchingvariablen (Alter, Geschlecht, Beruf, Dauer der Internetnutzung und Autor)[130] dar.[131]

Tabelle 6.33: Statistische Zwillinge der Teilnehmer an SN, gewichtetes constrained Fuzzy-Matching: Mittelwerte der metrisch skalierten und Prüfgrößen der χ^2-Homogenitätstests der nominal skalierten Matchingvariablen ($n = 361$)

Gewichte	Alter	Beruf	Dauer der I-nutzung
$\delta_1 =,05, \delta_2 =,1, \delta_3 =,05, \delta_4 =,7, \delta_5 =,1$, abs.	25,1341	0,1880	22,3315
$\delta_1 =,05, \delta_2 =,1, \delta_3 =,05, \delta_4 =,7, \delta_5 =,1$, eukl.	25,1592	0,0360	22,4078
$\delta_1 =,05, \delta_2 =,1, \delta_3 =,7, \delta_4 =,05, \delta_5 =,1$, abs.	25,2944	0,1380	22,5642
$\delta_1 =,05, \delta_2 =,1, \delta_3 =,7, \delta_4 =,05, \delta_5 =,1$, eukl.	25,3278	0,1380	22,5307
$\delta_1 =,05, \delta_2 =,05, \delta_3 =,05, \delta_4 =,8, \delta_5 =,05$, abs.	25,1872	0,1880	22,3596
$\delta_1 =,05, \delta_2 =,05, \delta_3 =,05, \delta_4 =,8, \delta_5 =,05$, eukl.	25,2682	0,0360	22,3883
$\delta_1 =,05, \delta_2 =,05, \delta_3 =,8, \delta_4 =,05, \delta_5 =,05$, abs.	25,0861	0,1380	22,5503
$\delta_1 =,05, \delta_2 =,05, \delta_3 =,8, \delta_4 =,05, \delta_5 =,05$, eukl.	25,2194	0,1380	22,5307

130 Obwohl für die beiden Matchingvariablen Geschlecht und Autor perfect matches verlangt wurden, haben die Gewichtungen dieser Variablen Einfluss auf die Paarbildung statistischer Zwillinge. Die Gewichte werden bei der Bestimmung der Zugehörigkeitsgrade der Datensätze zur Regelbasis verwendet. Die Wahl der Gewichte dieser beiden Variablen wirkt sich direkt auf die Gewichtungen der anderen Matchingvariablen aus und beeinflusst dadurch die Distanzen zwischen Cases und Controls und somit auch die Paarbildung statistischer Zwillinge.

131 Aus Platzgründen wurde bei den Gewichten, die alle zwischen 0 und 1 liegen auf die 0 vor dem Komma verzichtet und es werden nur die Nachkommastellen aufgeführt. In der Tabelle steht also bspw. ,2 statt 0,2.

$\delta_1 =,1, \delta_2 =,1, \delta_3 =,6, \delta_4 =,1, \delta_5 =,1$, abs.	25,0556	0,1690	22,5546
$\delta_1 =,1, \delta_2 =,1, \delta_3 =,6, \delta_4 =,1, \delta_5 =,1$, eukl.	25,1667	0,1380	22,5503
$\delta_1 =,1, \delta_2 =,1, \delta_3 =,1, \delta_4 =,6, \delta_5 =,1$, abs.	25,1425	0,1880	22,3483
$\delta_1 =,1, \delta_2 =,1, \delta_3 =,1, \delta_4 =,6, \delta_5 =,1$, eukl.	25,2368	0,1490	22,4832
$\delta_1 =,15, \delta_2 =,1, \delta_3 =,5, \delta_4 =,15, \delta_5 =,1$, abs.	25,0889	0,1690	22,6050
$\delta_1 =,15, \delta_2 =,1, \delta_3 =,5, \delta_4 =,15, \delta_5 =,1$, eukl.	25,1722	0,1380	22,5838
$\delta_1 =,15, \delta_2 =,1, \delta_3 =,15, \delta_4 =,5, \delta_5 =,1$, abs.	25,2006	0,0360	22,4510
$\delta_1 =,15, \delta_2 =,1, \delta_3 =,15, \delta_4 =,5, \delta_5 =,1$, eukl.	25,2472	0,1380	22,5587
$\delta_1 =,25, \delta_2 =,1, \delta_3 =,25, \delta_4 =,3, \delta_5 =,1$, abs.	25,1309	0,0360	22,4846
$\delta_1 =,25, \delta_2 =,1, \delta_3 =,25, \delta_4 =,3, \delta_5 =,1$, eukl.	25,1444	0,1380	22,5335
$\delta_1 =,25, \delta_2 =,1, \delta_3 =,3, \delta_4 =,25, \delta_5 =,1$, abs.	25,1476	0,0360	22,4846
$\delta_1 =,25, \delta_2 =,1, \delta_3 =,3, \delta_4 =,25, \delta_5 =,1$, eukl.	25,1167	0,1380	22,5559
$\delta_1 =,2, \delta_2 =,1, \delta_3 =,2, \delta_4 =,4, \delta_5 =,1$, abs.	25,1448	0,0360	22,4146
$\delta_1 =,2, \delta_2 =,1, \delta_3 =,2, \delta_4 =,4, \delta_5 =,1$, eukl.	25,2222	0,1380	22,5642
$\delta_1 =,2, \delta_2 =,1, \delta_3 =,4, \delta_4 =,2, \delta_5 =,1$, abs.	25,1253	0,0360	22,6022
$\delta_1 =,2, \delta_2 =,1, \delta_3 =,4, \delta_4 =,2, \delta_5 =,1$, eukl.	25,1556	0,1380	22,5810
$\delta_1 =,2, \delta_2 =,2, \delta_3 =,2, \delta_4 =,2, \delta_5 =,2$, abs.	25,0696	0,0360	22,4286
$\delta_1 =,2, \delta_2 =,2, \delta_3 =,2, \delta_4 =,2, \delta_5 =,2$, eukl.	25,1306	0,1380	22,6201
$\delta_1 =,3, \delta_2 =,1, \delta_3 =,25, \delta_4 =,25, \delta_5 =,1$, abs.	25,1170	0,0360	22,4538
$\delta_1 =,3, \delta_2 =,1, \delta_3 =,25, \delta_4 =,25, \delta_5 =,1$, eukl.	25,0833	0,1380	22,5950
$\delta_1 =,4, \delta_2 =,1, \delta_3 =,2, \delta_4 =,2, \delta_5 =,1$, abs.	25,0056	0,1420	22,4594
$\delta_1 =,4, \delta_2 =,1, \delta_3 =,2, \delta_4 =,2, \delta_5 =,1$, eukl.	25,0833	0,1380	22,5056
$\delta_1 =,5, \delta_2 =,1, \delta_3 =,15, \delta_4 =,15, \delta_5 =,1$, abs.	25,0223	0,1420	22,4902
$\delta_1 =,5, \delta_2 =,1, \delta_3 =,15, \delta_4 =,15, \delta_5 =,1$, eukl.	24,9889	0,0010	22,5531
$\delta_1 =,6, \delta_2 =,1, \delta_3 =,1, \delta_4 =,1, \delta_5 =,1$, abs.	25,0446	0,1420	22,6022
$\delta_1 =,6, \delta_2 =,1, \delta_3 =,1, \delta_4 =,1, \delta_5 =,1$, eukl.	24,9250	0,0010	22,6508
$\delta_1 =,7, \delta_2 =,1, \delta_3 =,05, \delta_4 =,05, \delta_5 =,1$, abs.	24,9385	0,1980	22,7367
$\delta_1 =,7, \delta_2 =,1, \delta_3 =,05, \delta_4 =,05, \delta_5 =,1$, eukl.	24,9192	0,1180	22,5503
$\delta_1 =,8, \delta_2 =,05, \delta_3 =,05, \delta_4 =,05, \delta_5 =,05$, abs.	24,8156	0,1980	22,7339
$\delta_1 =,8, \delta_2 =,05, \delta_3 =,05, \delta_4 =,05, \delta_5 =,05$, eukl.	24,9025	0,1180	22,5726

Zur Beurteilung der Güte des gewichteten statistischen Fuzzy-Matchings wird das Sample Percent Reduction in Bias verwendet, das in der folgenden Tabelle 6.34 dargestellt ist.

Tabelle 6.34: Statistische Zwillinge der Teilnehmer an SN, statistisches constrained Fuzzy-Matching: Sample Percent Reduction in Bias ($n = 361$)

Gewichte	Alter	Beruf	Dauer der I-nutzung
$\delta_1 =,05, \delta_2 =,1, \delta_3 =,05, \delta_4 =,7, \delta_5 =,1$, abs.	0,9918	0,99996	0,8501
$\delta_1 =,05, \delta_2 =,1, \delta_3 =,05, \delta_4 =,7, \delta_5 =,1$, eukl.	0,9861	0,99999	0,8427
$\delta_1 =,05, \delta_2 =,1, \delta_3 =,7, \delta_4 =,05, \delta_5 =,1$, abs.	0,9554	0,99997	0,8277
$\delta_1 =,05, \delta_2 =,1, \delta_3 =,7, \delta_4 =,05, \delta_5 =,1$, eukl.	0,9478	0,99997	0,8309
$\delta_1 =,05, \delta_2 =,05, \delta_3 =,05, \delta_4 =,8, \delta_5 =,05$, abs.	0,9797	0,99996	0,8474
$\delta_1 =,05, \delta_2 =,05, \delta_3 =,05, \delta_4 =,8, \delta_5 =,05$, eukl.	0,9614	0,99999	0,8446
$\delta_1 =,05, \delta_2 =,05, \delta_3 =,8, \delta_4 =,05, \delta_5 =,05$, abs.	0,9973	0,99997	0,8290
$\delta_1 =,05, \delta_2 =,05, \delta_3 =,8, \delta_4 =,05, \delta_5 =,05$, eukl.	0,9724	0,99997	0,8309
$\delta_1 =,1, \delta_2 =,1, \delta_3 =,6, \delta_4 =,1, \delta_5 =,1$, abs.	0,9904	0,99997	0,8286
$\delta_1 =,1, \delta_2 =,1, \delta_3 =,6, \delta_4 =,1, \delta_5 =,1$, eukl.	0,9844	0,99997	0,8290
$\delta_1 =,1, \delta_2 =,1, \delta_3 =,1, \delta_4 =,6, \delta_5 =,1$, abs.	0,9899	0,99996	0,8484
$\delta_1 =,1, \delta_2 =,1, \delta_3 =,1, \delta_4 =,6, \delta_5 =,1$, eukl.	0,9685	0,99997	0,8355
$\delta_1 =,15, \delta_2 =,1, \delta_3 =,5, \delta_4 =,15, \delta_5 =,1$, abs.	0,9980	0,99997	0,8238
$\delta_1 =,15, \delta_2 =,1, \delta_3 =,5, \delta_4 =,15, \delta_5 =,1$, eukl.	0,9831	0,99997	0,8258
$\delta_1 =,15, \delta_2 =,1, \delta_3 =,15, \delta_4 =,5, \delta_5 =,1$, abs.	0,9767	0,99999	0,8386
$\delta_1 =,15, \delta_2 =,1, \delta_3 =,15, \delta_4 =,5, \delta_5 =,1$, eukl.	0,9661	0,99997	0,8282
$\delta_1 =,25, \delta_2 =,1, \delta_3 =,25, \delta_4 =,3, \delta_5 =,1$, abs.	0,9925	0,99999	0,8354
$\delta_1 =,25, \delta_2 =,1, \delta_3 =,25, \delta_4 =,3, \delta_5 =,1$, eukl.	0,9894	0,99997	0,8307
$\delta_1 =,25, \delta_2 =,1, \delta_3 =,3, \delta_4 =,25, \delta_5 =,1$, abs.	0,9887	0,99999	0,8354
$\delta_1 =,25, \delta_2 =,1, \delta_3 =,3, \delta_4 =,25, \delta_5 =,1$, eukl.	0,9957	0,99997	0,8285
$\delta_1 =,2, \delta_2 =,1, \delta_3 =,2, \delta_4 =,4, \delta_5 =,1$, abs.	0,9893	0,99999	0,8421
$\delta_1 =,2, \delta_2 =,1, \delta_3 =,2, \delta_4 =,4, \delta_5 =,1$, eukl.	0,9718	0,99997	0,8277
$\delta_1 =,2, \delta_2 =,1, \delta_3 =,4, \delta_4 =,2, \delta_5 =,1$, abs.	0,9938	0,99999	0,8240
$\delta_1 =,2, \delta_2 =,1, \delta_3 =,4, \delta_4 =,2, \delta_5 =,1$, eukl.	0,9869	0,99997	0,8261
$\delta_1 =,2, \delta_2 =,2, \delta_3 =,2, \delta_4 =,2, \delta_5 =,2$, abs.	0,9936	0,99999	0,8407
$\delta_1 =,2, \delta_2 =,2, \delta_3 =,2, \delta_4 =,2, \delta_5 =,2$, eukl.	0,9926	0,99997	0,8223
$\delta_1 =,3, \delta_2 =,1, \delta_3 =,25, \delta_4 =,25, \delta_5 =,1$, abs.	0,9956	0,99999	0,8383
$\delta_1 =,3, \delta_2 =,1, \delta_3 =,25, \delta_4 =,25, \delta_5 =,1$, eukl.	0,9967	0,99997	0,8247
$\delta_1 =,4, \delta_2 =,1, \delta_3 =,2, \delta_4 =,2, \delta_5 =,1$, abs.	0,9791	0,99997	0,8378
$\delta_1 =,4, \delta_2 =,1, \delta_3 =,2, \delta_4 =,2, \delta_5 =,1$, eukl.	0,9967	0,99997	0,8333
$\delta_1 =,5, \delta_2 =,1, \delta_3 =,15, \delta_4 =,15, \delta_5 =,1$, abs.	0,9829	0,99997	0,8348
$\delta_1 =,5, \delta_2 =,1, \delta_3 =,15, \delta_4 =,15, \delta_5 =,1$, eukl.	0,9753	1,00000	0,8288
$\delta_1 =,6, \delta_2 =,1, \delta_3 =,1, \delta_4 =,1, \delta_5 =,1$, abs.	0,9879	0,99997	0,8240

$\delta_1 =,6, \delta_2 =,1, \delta_3 =,1, \delta_4 =,1, \delta_5 =,1$, eukl.	0,9608	1,00000	0,8194
$\delta_1 =,7, \delta_2 =,1, \delta_3 =,05, \delta_4 =,05, \delta_5 =,1$, abs.	0,9639	0,99996	0,8111
$\delta_1 =,7, \delta_2 =,1, \delta_3 =,05, \delta_4 =,05, \delta_5 =,1$, eukl.	0,9595	0,99998	0,8290
$\delta_1 =,8, \delta_2 =,05, \delta_3 =,05, \delta_4 =,05, \delta_5 =,05$, abs.	0,9360	0,99996	0,8114
$\delta_1 =,8, \delta_2 =,05, \delta_3 =,05, \delta_4 =,05, \delta_5 =,05$, eukl.	0,9557	0,99998	0,8269

Die beste Anpassung des *Alters* wird mit 99,8 % mit der Gewichtung $\delta_1 = 0,15,\ \delta_2 = 0,1,\ \delta_3 = 0,5,\ \delta_4 = 0,15,\ \delta_5 = 0,1$ unter Verwendung der absoluten Distanz erreicht. Dabei wird die Matchingvariable *Alter* mit $\delta_1 = 0,15$ relativ niedrig gewichtet. Ähnlich gute Ergebnisse werden mit einer Angleichung des *Alters* von 99,67 % von der Gewichtung $\delta_1 = 0,3,\ \delta_2 = 0,1,\ \delta_3 = 0,25,\ \delta_4 = 0,25,\ \delta_5 = 0,1$ unter Verwendung der euklidischen Distanz erzielt, mit einer Angleichung von ebenfalls 99,67 % von der Gewichtung $\delta_1 = 0,4,\ \delta_2 = 0,1,\ \delta_3 = 0,2,\ \delta_4 = 0,2,\ \delta_5 = 0,1$ unter Verwendung der euklidischen Distanz, mit einer Angleichung von 99,57 % von der Gewichtung $\delta_1 = 0,25,\ \delta_2 = 0,1,\ \delta_3 = 0,3,\ \delta_4 = 0,25,\ \delta_5 = 0,1$ unter Verwednung der euklidischen Distanz und mit einer Angleichung von 99,56 % von der Gewichtung $\delta_1 = 0,3,\ \delta_2 = 0,1,\ \delta_3 = 0,25,\ \delta_4 = 0,25,\ \delta_5 = 0,1$ unter Verwendung der absoluten Distanz. Die zweitbeste Angleichung des *Alters* von 99,73 % wird allerdings mit der Gewichtung $\delta_1 = 0,05,\ \delta_2 = 0,05,\ \delta_3 = 0,8,\ \delta_4 = 0,05,\ \delta_5 = 0,05$ unter Verwendung der absoluten Distanz erzielt, also einer ebenfalls niedrigen Gewichtung der Matchingvariablen *Alter*. Gewichtet man das *Alter* höher als 0,4, so fallen die Anpassungen mit durchschnittlich 96,53 % immer noch gut, aber etwas schlechter als die besten Angleichungen aus.

Die Anpassungen der nominal skalierten Matchingvariablen *Beruf* fallen bei allen Gewichtungen mit durchschnittlich 99,99 % sehr gut aus. Die besten Anpassungen mit jeweils 100 % entstehen wiederum bei recht niedrigen Gewichten des *Berufs* von 0,15 bzw. 0,1 jeweils unter Verwendung der euklidischen Distanz mit den Gewichtungen $\delta_1 = 0,5,\ \delta_2 = 0,1,\ \delta_3 = 0,15,\ \delta_4 = 0,15,\ \delta_5 = 0,1$ bzw. $\delta_1 = 0,6,\ \delta_2 = 0,1,\ \delta_3 = 0,1,\ \delta_4 = 0,1,\ \delta_5 = 0,1$.

Bei hoher Gewichtung der Matchingvariablen *Dauer der Internetnutzung* werden auch die besten Anpassungen erreicht. Die stärkste Angleichung in Höhe von 85,01 % wird bei der Gewichtung $\delta_1 = 0,05,\ \delta_2 = 0,1,\ \delta_3 = 0,05,\ \delta_4 = 0,7,\ \delta_5 = 0,1$ unter Verwendung der absoluten Distanz erzielt, d. h. bei einer Gewichtung der Matchingvariablen *Dauer der Internetnutzung* von 0,7. Darüber hinaus liefern Gewichte von 0,4, 0,6 und 0,8 für die *Dauer der Internetnutzung* ebenfalls sehr gute Angleichungen der Verteilungen der statistischen Zwillinge.

Die Gleichgewichtung aller Matchingvariablen, wie sie in den vorangegangenen Abschnitten dieses Kapitels verwendet wurde, erzielt unter Verwendung der absoluten Distanz mit Anpassungen von 99,36 % beim *Alter*, 99,99 % beim *Beruf* und

$84,07\,\%$ bei der *Dauer der Internetnutzung* ebenfalls sehr gute Matchingergebnisse. Die durchschnittliche Gesamtanpassung über alle Matchingvariablen fällt mit $94,48\,\%$ nur marginal schlechter aus als die beste Anpassung mit $94,73\,\%$ unter Verwendung der Gewichtung $\delta_1 = 0,05$, $\delta_2 = 0,1$, $\delta_3 = 0,05$, $\delta_4 = 0,7$, $\delta_5 = 0,1$ und der absoluten Distanz. Die Gleichgewichtung erzielt sogar insgesamt die drittbeste durchschnittliche Angleichung über alle Matchingvariablen.

Dieses Anwendungsbeispiel zeigt, dass unterschiedlich hohe Gewichtungen der Matchingvariablen bessere Ergebnisse bzgl. der Güte der Anpassungen der Verteilungen der statistischen Zwillinge in den Matchingvariablen und in der Gesamtanpassung über alle Matchingvariablen liefern kann als die Gleichgewichtung. Hohe Gewichte garantieren aber nicht zwangsläufig bessere Anpassungen der Verteilungen der Matchingvariablen. Natürlich kann es Anwendungsfälle geben, in denen unterschiedliche Gewichtungen der Matchingvariablen sinnvoll sind und auch bessere Ergebnisse liefern als das ungewichtete statistische Fuzzy-Matching. In dem hier vorgestellten Beispiel ergibt sich durch Verändern der Gleichgewichtung aller Matchingvariablen aber keine wesentliche Verbesserung der Matching-Güte. Es muss also im jeweiligen Kontext des zu behandelnden Matchingproblems entschieden werden, ob die Verwendung unterschiedlich hoher Gewichtungen der Matchingvariablen sinnvoll ist oder nicht.

6.2.5 Ergebnisse

In diesem Abschnitt wird die künstlich erzeugte Menge von Datensätzen analysiert, die mit Hilfe des statistischen constrained Fuzzy-Matchings unter Minimierung der Gesamtdistanz aller Paare statistischer Zwillinge aus Teilnehmern der Online-Umfrage zur Nutzung sozialer Online-Netzwerke und der „Wie ich blogge!?"-Umfrage entstanden ist. Es werden die statistischen Zwillinge verwendet, die durch den MinMax-Operator mit einem γ von $0,7$ und der euklidischen Distanz gefunden wurden. Diese Regelverknüpfung erzielte für dieses Anwendungsbeispiel mit $96,03\,\%$ die beste durchschnittliche Gesamtanpassung über alle Matchingvariablen. Durch das constrained Fuzzy-Matching wird gewährleistet, dass in der Menge der statistischen Zwillinge keine Datensätze mehrfach vorhanden sind. Die hier erzielten Ergebnisse sind nicht auf Grundlage einer der beiden zur Fusion verwendeten Mengen von Datensätzen alleine möglich, da die Analysen jeweils eine Kombination von Attributen aus beiden Umfragen enthalten. Für alle Angaben zu Signifikanzen in diesem Abschnitt gilt das Signifikanzniveau von $\alpha = 0,05$.[132]

[132] Die zugehörigen p-Werte sind an den relevanten Stellen im Text aufgeführt.

6.2.5.1 Mitglieder sozialer Online-Netzwerke als Blogger

Von den Teilnehmern der Umfrage zur Nutzung sozialer Online-Netzwerke machen 66,76 % ihre Angaben auf Basis von StudiVZ, 20,22 % bezogen auf Xing, 1,66 % für Lokalisten, 1,38 % für MySpace und 9,98 % für sonstige Online-Netzwerke.[133] Tabelle 6.35 stellt die Mittelwerte und Standardabweichungen der Anzahlen gelesener und der selbst geführter Blogs getrennt nach Online-Netzwerken dar.

Tabelle 6.35: Mittelwerte und Standardabweichungen (in Klammern) gelesener und geführter Blogs nach Online-Netzwerken

Netzwerk	Gelesene Blogs	Geführte Blogs
StudiVZ	8,45 (11,40), n=226	1,39 (0,79), n=89
Xing	7,80 (14,81), n=70	1,08 (0,28), n=13
Lokalisten	12,50 (18,43), n=4	1,00 (0,00), n=1
MySpace	4,20 (3,56), n=5	—, n=0
Sonstige	13,09 (19,70), n=34	1,69 (1,18), n=13

Gemäß Tabelle 6.35 lesen Mitglieder der Plattform StudiVZ im Durchschnitt 8,45 Weblogs und betätigen sich darüber hinaus als Autor von 1,39 Blogs. 36,9 % der StudiVZ-Mitglieder sind Autoren, 63,1 % sind ausschließlich passiv partizipierend, d. h. sie sind potenzielle Blog-Leser. Selbstverständlich können Autoren von Weblogs selbst Leser anderer Weblogs sein. Betrachtet man die Mitglieder des Xing-Netzwerks, so lesen diese im Durchschnitt 7,80 Blogs und führen 1,08 Weblogs als aktive Autoren. Die Gruppe der Xing-Netzwerker teilt sich auf in 17,8 % Autoren gegenüber 82,2 % Nicht-Autoren. Zu beachten sind darüber hinaus noch die Mitglieder sonstiger sozialer Online-Netzwerke, die angeben, 13,09 Blogs zu lesen und 1,69 Blogs aktiv zu führen. Diese Gruppe weist mit 36,1 % Autoren eine ähnliche Verteilung nach aktiv und passiv partizipierenden Nutzern des Web 2.0 auf, wie die Gruppe der StudiVZ-Mitglieder.[134]

Die Mitglieder von Xing bloggen anonymer als die Teilnehmer von StudiVZ.

Betrachtet man die unterschiedlichen Einstellungen zwischen Nutzern von StudiVZ und Xing in Bezug auf Anonymität in ihren eigenen Weblogs, so lassen sich folgende wesentliche Unterschiede erkennen:

[133] Mehrfachnennungen waren an dieser Stelle in der Umfrage nicht möglich. Tabelle 6.35 enthält daher auch keine Überlappungen bei den sozialen Online-Netzwerken.

[134] Unter Zugrundelegung der Aufteilung in Autor und Nicht-Autor.

- 46,1 % der Blogger, die StudiVZ als soziales Online-Netzwerk nutzen, geben in manchen Beiträgen Informationen zu ihrer realen Identität preis. Dies tun nur 23,1 % der Blogger, die das Xing-Netzwerk nutzen.

- 31,5 % der Blogger, die StudiVZ nutzen, schreiben ihre Beiträge stets anonym oder unter Verwendung eines Pseudonyms. Unter den Nutzern des Xing-Netzwerks schreiben immerhin 61,5 % der Blogger die Beiträge in ihren eigenen Weblogs anonym oder unter Verwendung eines Pseudonyms.

- 11,2 % der Teilnehmer des Netzwerks StudiVZ verwenden ihren eigenen Namen im Titel oder in der URL ihres Weblogs. Blogger, die Xing als soziales Online-Netzwerk verwenden, tun dies überhaupt nicht.

Die Mitglieder von StudiVZ und Xing unterscheiden sich signifikant in den Motiven zum Führen eigener Weblogs.

Vergleicht man die Motive, ein Blog als Autor zu führen, zwischen den Mitgliedern der sozialen Online-Netzwerke StudiVZ und Xing, so ergeben sich insgesamt drei signifikante Unterschiede.[135] Die Mitglieder der Plattform StudiVZ führen ihr Blog signifikant häufiger als die Xing-Teilnehmer aus den Gründen heraus, weil sie „gerne schreiben“ ($p = 0,045$) und um „eigene Ideen und Erlebnisse für sich selbst festzuhalten“ ($p = 0,012$). Im Gegensatz dazu sind es die Mitglieder des Netzwerks Xing, die signifikant häufiger den Grund „um mich mit anderen über eigene Ideen und Erlebnisse auszutauschen“ als Motiv für das aktive Führen eines Blogs anführen als die Mitglieder von StudiVZ ($p = 0,026$). Diese Ergebnisse liefern Hinweise darauf, dass die Mitglieder von StudiVZ eher aus Motiven heraus bloggen, die eigene Lust am Veröffentlichen zu stillen und Erlebnisse für sich selbst zu verarbeiten. Sie nehmen dabei scheinbar eine eher „ich-bezogene“ Haltung ein und bloggen weniger aus Gründen heraus, ihr Wissen mit anderen zu teilen, Kontakte zu anderen Personen zu halten oder herzustellen. 74,2 % der Teilnehmer von StudiVZ bloggen nicht, um ihr Wissen in einem Themengebiet anderen zugänglich zu machen, 77,5 % bloggen nicht, um neue Bekanntschaften zu knüpfen und 52,8 % der Teilnehmer des Netzwerks StudiVZ bloggen nicht, um mit Freunden und Bekannten in Kontakt zu bleiben. Die Mitglieder von Xing hingegen scheinen eher auch in ihren Blogs den Austausch mit anderen Onlinern zu suchen.

Die Mitglieder des sozialen Netzwerks Xing schätzen sich als stärkere Trendsetter ein als die Mitglieder von StudiVZ.

---

[135] Die Teilnehmer der „Wie ich blogge!?“-Umfrage konnten aus einer vorgegebenen Liste die für sie am ehesten zutreffenden Motive zum Führen eines Weblogs auswählen. Mehrfachnennungen waren möglich.

Im Rahmen der „Wie ich blogge!?"-Umfrage wurde auch die subjektive Einschätzung jedes Teilnehmers zum Grad seiner Eignung als Trendsetter auf einer fünfstufigen Likert-Skala von *trifft vollständig zu* bis *trifft überhaupt nicht zu* abgefragt. Bei vier der insgesamt neun Items schätzen sich die Nutzer des Xing-Netzwerks als signifikant stärkere Trendsetter ein als die Mitglieder von StudiVZ. Xing-Netzwerker lesen häufiger ausführliche Artikel über neueste Ideen, Trends und Entwicklungen ($p = 0,016$), sie merken öfter, dass sich andere bei neuesten Ideen, Trends und Entwicklungen nach ihnen richten ($p = 0,027$), sie erzählen ihren Freunden und Bekannten häufiger etwas über neueste Ideen, Trends und Entwicklungen ($p = 0,008$) und sie haben öfter den Eindruck, dass sie von ihren Freunden und Bekannten allgemein als eine gute Quelle für Ratschläge bzgl. neuester Ideen, Trends und Entwicklungen betrachtet werden ($p = 0,004$). Für die Nutzer des sozialen Online-Netzwerks Xing scheint es wichtiger zu sein als für die Nutzer von StudiVZ, technisch auf dem neuesten Stand zu sein und von Bekannten und Freunden als Trendsetter anerkannt zu werden.

Personen, die „Geben & Nehmen" und die „Positionierung der eigenen Person" als Kern des Netzwerkens betrachten, schätzen sich als stärkere Trendsetter ein als andere Mitglieder sozialer Online-Netzwerke.

Vergleicht man die persönlichen Einschätzungen zu Eignungen als Trendsetter unabhängig von den genutzten Plattformen, sondern in Bezug auf die Einschätzungen zu den Grundgedanken des Networkings, die in der Umfrage zur Nutzung sozialer Online-Netzwerke enthalten sind, so lesen die Teilnehmer der Umfragen, die in *Geben & Nehmen* den Grundgedanken des Netzwerkens sehen, signifikant häufiger Artikel über neueste Ideen, Trends und Entwicklungen als solche Teilnehmer, die darin nicht den Grundgedanken des Networkings sehen ($p = 0,003$). Personen, die die *Positionierung der eigenen Person* als Kern des Netzwerkens ansehen, haben signifikant öfter den Eindruck, dass sie von ihren Freunden und Bekannten allgemein als eine gute Quelle für Ratschläge bzgl. neuester Ideen, Trends und Entwicklungen angesehen werden als andere Teilnehmer der Umfrage ($p = 0,01$).

Analysiert man die Statements und Kommentare von Autoren zur Zukunft von Weblogs, die in der „Wie ich blogge!?"-Umfrage mittels einer sechsstufigen Likert-Skala[136] abgefragt wurden, anhand der Einschätzungen zu den Grundgedanken des Netzwerkens, so können die folgenden Ergebnisse festgehalten werden.

Autoren mit unterschiedlichen Einschätzungen zu Grundgedanken des Netzwerkens unterscheiden sich signifikant in Statements und Kommentaren zur Zukunft

---

[136] Es standen folgende Antwortmöglichkeiten zur Verfügung: Stimme voll und ganz zu, stimme eher zu, teils-teils, stimme eher nicht zu, stimme überhaupt nicht zu, weiß nicht. Die Antwortmöglichkeit „weiß nicht" wurde bei den Auswertungen zu signifikanten Unterschieden zwischen den Gruppen mittels des Mann-Whitney-Tests als fehlender Wert betrachtet.

von Weblogs.

Autoren, die *Spaß und Zeitvertreib* als Grundgedanke des Networkings ansehen, sind signifikant mehr davon überzeugt als andere Autoren, dass Weblogs eine Mode sind, die in Zukunft wieder an Bedeutung verlieren wird ($p = 0,022$). Auch sind Autoren, die die *Positionierung der eigenen Person* als Kern des Networkings betrachten, signifikant weniger der Meinung als andere Autoren, dass Weblogs in Zukunft als Form des Journalismus wichtiger als heute werden ($p = 0,038$). Solche Autoren, die *Kommunikation* als Grundgedanken des Netzwerkens ansehen, sind signifikant weniger der Meinung als andere Autoren, dass das Weblog einer Person in Zukunft für ihre Bewerbung oder den beruflichen Aufstieg wichtig sein wird ($p = 0,044$). Schließlich sind solche Autoren, die *Inspiration für Strategien/Visionen* als Grundgedanken des Netzwerkens ansehen, signifikant weniger der Meinung als andere Autoren, dass mehr Menschen Probleme mit Kollegen, Freunden oder ihrem Umfeld bekommen werden, weil sie in Weblogs zu offenherzige Texte veröffentlicht haben ($p = 0,029$).

6.2.5.2 Verhalten von Blog-Autoren in sozialen Online-Netzwerken

Um das Verhalten von Blog-Autoren in sozialen Online-Netzwerken genauer zu untersuchen, werden drei verschiedene Ansätze verfolgt. Zunächst sollen die tatsächliche Nutzung von Funktionen, die verfolgten Ziele mit der Teilnahme an Online-Netzwerken, die Erwartungserfüllung der Ziele und Aussagen über die Kontakte in sozialen Netzwerken im Unterschied von Bloggern und Nicht-Bloggern betrachtet werden. Im Anschluss daran werden nur Blogger betrachtet und die tatsächliche Nutzung von Online-Netzwerken, die Ziele der Teilnahme, die Erwartungserfüllung und die Kontakte zum einen nach unterschiedlichen Motiven zum Führen von Weblogs und zum anderen nach behandelten Themen in Weblogs analysiert.

In der Umfrage zur Nutzung sozialer Online-Netzwerke konnten die Fragen zur tatsächlichen Nutzung, zu den Zielen der Teilnahme, zur Erwartungserfüllung und zu den Kontakten auf einer sechsstufigen Likert-Skala beantwortet werden. Im Fall der tatsächlichen Nutzung standen die fünf Antwortmöglichkeiten „gar nicht“ bis „sehr oft“ und als sechste Alternative „nicht möglich“ zur Verfügung. Bei den Auswertungen mittels des Mann-Whitney-Tests wurde die Antwortmöglichkeit „nicht möglich“ in „gar nicht“ umkodiert, denn eine Funktion eines sozialen Online-Netzwerks, die auf der benutzten Plattform nicht angeboten wird, wird vom User auch nicht verwendet. Die verfolgten Ziele zur Teilnahme konnten mit den fünf Alternativen „gar nicht“ bis „sehr stark“ und zusätzlich „nicht beurteilbar“ beantwortet werden, ebenso wie die Erwartungserfüllung, die mit „sehr schlecht“ bis

„sehr gut" und zusätzlich mit „nicht beurteilbar" gekennzeichnet werden konnte. Die Aussagen zu den Kontakten der Teilnehmer an sozialen Online-Netzwerken waren mit „trifft nicht zu" bis „trifft voll und ganz zu" und zusätzlich mit „nicht beurteilbar" beantwortbar. Die Antwortmöglichkeit „nicht beurteilbar" wurde in allen Fällen bei den Signifikanztests als fehlender Wert angesehen.

Blogger unterscheiden sich signifikant von Nicht-Bloggern in der tatsächlichen Nutzung von Online-Netzwerken.

Betrachtet man zunächst die tatsächliche Nutzung sozialer Online-Netzwerke, dann nutzen Blogger folgende Funktionen signifikant häufiger als Nicht-Blogger:

- Profil anlegen,
- Fotos hochladen,
- Über-mich Texte,
- Blog schreiben/lesen,
- Gästebuch,
- Nachrichten verschicken,
- Nachrichten auf die Pinnwand schreiben,
- Gruppenteilnahme,
- Moderation in einer oder mehreren Gruppen,
- Diskussionsbeiträge schreiben,
- Diskussionsbeiträge lesen.

Das bedeutet, dass Blogger auch in sozialen Online-Netzwerken kontaktfreudiger, offener und mitteilsamer sind als Nicht-Blogger. Elf von den insgesamt im Fragebogen enthaltenen 15 Funktionen werden von Bloggern signifikant häufiger genutzt als von Nicht-Bloggern. Dieses Ergebnis unterstützt die Einteilung von Bloggern und Nicht-Bloggern in aktiv und passiv partizipierende Nutzer des Web 2.0. Auch scheinen die Kontakte der Blogger in Netzwerken enger und von gleichen Interessen geprägt zu sein als die von Nicht-Bloggern. Dies kann daraus abgeleitet werden, dass Blogger bei der Frage, inwieweit die folgenden Aussagen auf den Großteil ihrer Kontakte zutreffen, mit signifikant mehr Zustimmung zu allen vorhandenen Items geantwortet haben als Nicht-Blogger. Im Einzelnen waren das die Antwortmöglichkeiten: Meine Kontakte sind emotional eng mit mir verbunden, haben die gleichen Interessen wie ich, haben oft die gleichen Kontakte wie ich, stabiles Engagement / intensive Beziehungspflege und gegenseitige Unterstützung / hohe Erwartungen.

Blogger und Nicht-Blogger unterscheiden sich signifikant in den Zielen der Teilnahme an sozialen Online-Netzwerken.

Bei den Zielen der Netzwerkteilnahme unterscheiden sich Blogger wiederum in sieben von neun vorgegebenen Items signifikant von Nicht-Bloggern. Blogger verfolgen signifikant häufiger die Ziele des Knüpfens neuer Kontakte, des Findens von Personen mit gleichen Interessen und des Wissensaustauschs. Sie verfolgen außerdem signifikant häufiger als Nicht-Blogger die Ziele, Termine zu vereinbaren und Geschäfte anzubahnen, genauso wie Beiträge in Diskussionsforen zu schreiben und zu lesen. Auch die Ziele der Netzwerkteilnahme unterstützen das Bestreben der Blogger, aktiv am Web 2.0 zu partizipieren, indem sie bspw. ihr Wissen mit anderen teilen möchten, Personen mit gleichen Interessen finden wollen und Diskussionsbeiträge lesen und schreiben.

Die Erfüllung der Erwartungen an soziale Online-Netzwerke fällt bei Bloggern signifikant besser aus als bei Nicht-Bloggern.

Die Erwartungen der Blogger an soziale Online-Netzwerke werden allerdings nur in fünf von neun gegebenen Antwortmöglichkeiten signifikant besser erfüllt als die Erwartungen von Nicht-Bloggern. Die Erwartungen an das Finden von Personen mit gleichen Interessen und an den Wissensaustausch werden für Blogger signifikant stärker erfüllt als die Erwartungen der Nicht-Blogger. Darüber hinaus werden die Erwartungen der Blogger in Bezug auf das Schreiben und Lesen von Beiträgen in Diskussionsforen und auf Terminvereinbarungen signifikant besser erfüllt als bei Nicht-Bloggern. Somit scheinen die sozialen Online-Netzwerke nicht alle Erwartungen der Blogger zu erfüllen, die sie sich beim Eintritt in die Netzwerke versprochen haben. Allerdings bieten ihnen die sozialen Online-Netzwerke scheinbar einen sonstigen Nutzen, den sie sich vor der Teilnahme noch nicht vorstellen konnten. Denn sonstige Ziele spielen bei Bloggern keine signifikant stärkere Rolle bei der Teilnahme in Netzwerken als bei Nicht-Bloggern, dennoch werden sonstige Erwartungen an Netzwerke bei Blogger signifikant stärker erfüllt als bei Nicht-Bloggern.

Im Folgenden werden nur aktive Blogger betrachtet und zunächst nach Motiven zum Führen von Weblogs voneinander unterschieden. Es lassen sich die folgenden unterschiedlichen Verhaltensweisen in sozialen Online-Netzwerken unter den Bloggern feststellen:

- Blogger, die bloggen, weil sie gerne schreiben, nehmen signifikant häufiger an Gruppen in sozialen Netzwerken teil, verfolgen signifikant häufiger das Ziel des Knüpfens neuer Kontakte, ihre Erwartungen an das Knüpfen neuer Kontakte und an das Schreiben und Lesen von Beiträgen in Diskussionsforen werden stärker erfüllt als bei Bloggern, die dieses Motiv zum Führen von Blogs nicht anführen. Erstere Blogger scheinen eher eine kontaktfreudige und aufgeschlossene Persönlichkeit zu haben und gehen dem „Schreiben“ auch in sozialen Online-Netzwerken nach.
- Blogger, die in Weblogs ihr Wissen in einem Themengebiet anderen zugäng-

lich machen wollen, nutzen die Funktionen „Nachrichten verschicken" und „Nachrichten auf die Pinnwand schreiben" signifikant seltener als andere Blogger. Sie sind scheinbar eher an Wissen und Fakten als an „Small-Talk" in Form von Nachrichten in Online-Netzwerken interessiert.

- Solche Blogger, die das Motiv verfolgen, neue Bekanntschaften und Kontakte zu knüpfen, nutzen die Funktion des Gästebuchs in sozialen Online-Netzwerken signifikant seltener als andere Blogger. Für diese Personen zählen scheinbar Einträge in Gästebüchern von bislang unbekannten Personen, wie es bspw. in StudiVZ recht ausgeprägt ist, nicht zu den Möglichkeiten, neue Kontakte kennenzulernen.
- Autoren von Weblogs, die sich Gefühle von der Seele schreiben möchten, haben signifikant seltener als andere Blogger Kontakte mit den gleichen Kontakten wie sie selbst. Diese Personen bewegen sich in sozialen Online-Netzwerken also nicht in eher geschlossenen Bekanntschaftskreisen, sondern haben Kontakte, die wiederum hauptsächlich andere Bekannschaftskreise pflegen. Dies könnte eher auf berufliche Online-Netzwerke wie Xing hindeuten, in denen weniger geschlossene Kreise von Bekanntschaften als in privaten Netzwerken herrschen. 69,2 % der Nutzer von Xing verwenden ihr Blog dazu, um sich Gefühle von der Seele zu schreiben.
- Blogger, die ihr eigenes Weblog aus Spaß führen, sind in sozialen Online-Netzwerken häufiger Moderatoren von Gruppen und nutzen die Personensuche häufiger als andere Blogger. Sie nutzen scheinbar das soziale Online-Netzwerk ebenfalls aus Spaß, indem sie Personen finden und Gruppen unterhalten möchten.
- Blogger aus beruflichen Gründen nutzen die Blog-Funktion von Netzwerken signifikant häufiger als andere Blogger und ihre Erwartungen an das Anbahnen von Geschäften werden signifikant stärker erfüllt. Es scheint so zu sein, dass diese Blogger auch ihre Kontakte in sozialen Online-Netzwerken mit Hilfe der Blog-Funktion z. B. über ihre Gedanken oder ihr Tun auf dem Laufenden halten möchten.
- Die Funktion des Hochladens von Fotos in sozialen Online-Netzwerken wird von Bloggern, die ihr Blog betreiben, um mit Freunden und Bekannten in Kontakt zu bleiben, signifikant häufiger als von anderen Bloggern genutzt. Scheinbar pflegen diese User das Foto in ihrem persönlichen Profil im sozialen Online-Netzwerk sehr sorgfältig, um sich ihren Freunden und Bekannten stets aktuell präsentieren zu können.

Blogger unterschiedlicher Themen zeigen auch in sozialen Online-Netzwerken unterschiedliche Verhaltensweisen.

Unterscheidet man die Blogger anhand der Themen, zu denen sie in ihren Weblogs veröffentlichen, dann ergeben sich unterschiedliche Verhaltensmuster in sozialen Online-Netzwerken. Blogger, die Berichte, Episoden oder Anekdoten aus ihrem Privatleben veröffentlichen, haben signifikant häufiger Kontakte mit gleichen Interessen in sozialen Netzwerken und lesen häufiger Beiträge in Diskussionsforen. Im Gegensatz dazu sind die Kontakte in sozialen Online-Netzwerken von Bloggern, die Berichte, Episoden oder Anekdoten aus dem Arbeitsleben in ihren Weblogs veröffentlichen, signifikant stärker durch stabiles Engagement / intensive Beziehungspflege und gegenseitige Unterstützung / hohe Erwartungen gekennzeichnet als bei Bloggern, die nicht zu diesem Thema veröffentlichen. Blogger von Gedichten, Liedtexten oder Kurzgeschichten beschäftigen sich signifikant häufiger mit der Pflege ihrer Fotos in sozialen Netzwerken, sie schreiben signifikant häufiger Nachrichten und nehmen häufiger an Gruppen teil. Ihre Kontakte sind mehr durch stabiles Engagement und gegenseitige Unterstützung gekennzeichnet und sie verfolgen stärker als andere Blogger das Ziel, Freunde in Netzwerken zu suchen. Ihre Erwartungen an das Suchen von Freunden und Bekannten in sozialen Netzwerken werden signifikant stärker erfüllt. Personen, die in ihren eigenen Blogs Links zu Fundstücken im Netz präsentieren, betätigen sich in sozialen Online-Netzwerken signifikant häufiger als Moderatoren von Gruppen, verfolgen stärker das Ziel des Wissensaustauschs und des Lesens und Schreibens von Beiträgen in Foren und ihre Erwartungen an das Schreiben von Beiträgen in Diskussionsforen und das Anbahnen von Geschäften werden signifikant stärker erfüllt als bei Bloggern, die keine Fundstücke im Netz in ihren Weblogs veröffentlichen. Kommentatoren von aktuellen politischen Themen in Blogs sind dadurch gekennzeichnet, dass sie signifikant stärker das Ziel verfolgen, Geschäfte in Online-Netzwerken anzubahnen. Kommentatoren beruflicher Themen in Weblogs sind dagegen dadurch gekennzeichnet, dass sie in sozialen Online-Netzwerken signifikant häufiger Moderatoren von Gruppen sind als andere Blogger, sie haben signifikant weniger emotional verbundene Kontakte und ihre Erwartungen an den Wissensaustausch in sozialen Netzwerken werden signifikant schlechter erfüllt.

6.2.5.3 Verhalten von Blog-Lesern in sozialen Online-Netzwerken

Bestandteil der „Wie ich blogge!?“-Umfrage waren auch Fragen zu den Routinen und Erwartungen von Weblog-Lesern. Die Teilnehmer der Umfrage konnten aus einer Liste von Erwartungen, was ihrer Meinung nach zu einem „typischen“ Weblog gehört, zutreffende Antworten auswählen. Unter den Lesern von Weblogs sind natürlich auch solche Personen, die selbst Autoren von Weblogs sein können. Analysiert man nun die Intensität der Nutzung von verschiedenen Funktionen der sozialen Online-Netzwerke durch Blog-Leser, die Ziele ihres Beitritts zu sozialen Online-Netzwerken und die Erfüllung ihrer Erwartungen an soziale Online-Netzwerke, jeweils unterschieden nach ihren Erwartungen an Weblogs, so können typische passiv partizipierende Nutzer von sozialen Online-Netzwerken erkannt werden. Allerdings können unter den Blog-Lesern auch aktiv partizipierende und hybride Typen identifiziert werden, die zu ähnlich großen Teilen aktiv wie passiv partizipieren.

Blog-Leser, die RSS-Feeds in Weblogs erwarten, partizipieren aktiv an sozialen Online-Netzwerken.

Personen, die die Bereitstellung von RSS-Feeds in Weblogs erwarten, sind signifikant häufiger als andere Weblog-Leser Mitglieder und Moderatoren von Gruppen in sozialen Online-Netzwerken und schreiben und lesen signifikant häufiger Beiträge in Diskussionsforen. Auch treten sie Online-Netzwerken signifikant häufiger mit den Zielen bei, Termine zu vereinbaren und Beiträge in Diskussionsforen zu schreiben. Ferner werden ihre Erwartungen in sozialen Online-Netzwerken an das Schreiben von Beiträgen und das Anbahnen von Geschäften signifikant stärker erfüllt als bei anderen Weblog-Lesern. Diese Gruppe der Weblog-Leser möchte scheinbar kurz und bündig in Weblogs durch das Bereitstellen kompakter Nachrichten informiert werden und verhält sich in sozialen Online-Netzwerken kommunikativ durch rege Teilnahme an Gruppen, deren Moderation und häufiges Betätigen als Autoren und Leser von Beiträgen in Diskussionsforen. Da sie das Veröffentlichen von Beiträgen signifikant häufiger als andere Blog-Leser als Ziel der Teilnahme an sozialen Online-Netzwerken angeben, können sie der Gruppe der aktiv partizipierenden Nutzer an sozialen Online-Netzwerken zugeordnet werden.

Blog-Leser, die täglich aktualisierte Weblogs erwarten, partizipieren passiv an sozialen Online-Netzwerken.

Blog-Leser, die eine tägliche Aktualisierung der Weblogs mit neuen Beiträgen erwarten, treten sozialen Online-Netzwerken signifikant seltener mit dem Ziel bei, selbst Beiträge in Foren zu veröffentlichen. Solche Personen wollen scheinbar täglich mit aktuellen Meldungen versorgt werden, betätigen sich aber nicht aktiv an der Veröffentlichung von Beiträgen. Dieser Typ des Weblog-Lesers ist auch in Online-Netzwerken eher den passiv partizipierenden Nutzern zuzuordnen.

Kommentatoren von Weblogs sind hybride Nutzer des Web 2.0.

Leser von Weblogs, die einzelne Beiträge in Blogs kommentieren möchten, nutzen auch in sozialen Online-Netzwerken signifikant häufiger als andere Blog-Leser die Funktionen des Lesens und Schreibens von Diskussionsbeiträgen und treten diesen Netzwerken auch mit genau diesen Zielen signifikant häufiger bei. Diese

Weblog-Leser stellen scheinbar einen hybriden Typ der Web-2.0-Nutzer dar, indem sie zwar Leser von Weblogs und von Diskussionsbeiträgen in sozialen Online-Netzwerken sind, aber doch Kommentare in Blogs abgeben möchten und Beiträge in Foren von sozialen Online-Netzwerken veröffentlichen.

Passiv partizipierende Nutzer an sozialen Online-Netzwerken sind Blog-Leser, die die persönliche Meinung des Autors in Weblogs erwarten.

Blog-Leser, denen die persönliche Meinung des Autors von Weblogs wichtig ist, nutzen die Gruppenteilnahme und die Funktion des Lesens von Beiträgen in sozialen Online-Netzwerken signifikant häufiger als andere Blog-Leser. Ihre Kontakte in Online-Netzwerken sind im Gegensatz zu anderen Lesern von Weblogs durch gleiche Interessen und einen ähnlichen Bekanntenkreis gekennzeichnet. Sie treten sozialen Netzwerken signifikant häufiger mit dem Ziel bei, Beiträge zu lesen. Sie sind daher der Gruppe der passiv partizipierenden Nutzern des Web 2.0 zuzuordnen.

Blog-Leser, die Trackbacks in Weblogs erwarten, zählen zur Gruppe der aktiv partizipierenden Nutzer von sozialen Online-Netzwerken.

Leser von Weblogs, die Trackbacks[137] in Blogs erwarten, sind in sozialen Online-Netzwerken signifikant häufiger Moderatoren von Gruppen und betätigen sich häufiger als Autoren von Diskussionsbeiträgen als andere Blog-Leser. Sie treten den Online-Netzwerken signifikant häufiger mit dem Ziel bei, Diskussionsbeiträge zu schreiben und zu lesen. Diese Gruppe der Weblog-Leser kann den aktiv partizipierenden Nutzern von sozialen Online-Netzwerken zugeordnet werden, weil sie im Vergleich zu anderen Gruppen von Weblog-Lesern häufiger Beiträge schreiben als lesen und häufiger Moderatoren von Gruppen sind.

Hybride Nutzer des Web 2.0 sind solche Blog-Leser, die ein ausgefeiltes Design in Weblogs erwarten.

Blog-Leser, die ein ausgefeiltes Design der Blogs erwarten, verschicken in sozialen Online-Netzwerken signifikant häufiger Nachrichten, schreiben häufiger Nachrichten auf die Pinnwand, nehmen häufiger an Gruppen teil und lesen häufiger Diskussionsbeiträge in Foren als andere Weblog-Leser. Ihre Kontakte in sozialen Online-Netzwerken sind durch stabiles Engagement und einen ähnlichen Bekanntenkreis gekennzeichnet. Diese Gruppe der Weblog-Leser scheint den hybriden Typen der Web-2.0-Nutzer zuzuordnen zu sein, da sie sowohl signifikant häufiger als andere Weblog-Leser Diskussionsbeiträge lesen als auch Nachrichten schreiben und an Gruppen teilnehmen.

---

[137] Als Trackback wird eine Funktion bezeichnet, mit der Weblogs Informationen über Backlinks in Form von Reaktionen bzw. Kommentaren durch einen automatischen Benachrichtigungsdienst untereinander austauschen können. Sie ermöglicht den Bloggern festzustellen, ob auf ihren eigenen Eintrag in einem anderen Weblog Bezug genommen wird. Vgl. [Sau07], S. 34f. und [Bar07], S. 73.

6.2.6 Zusammenfassung

In den vorangehenden Abschnitten wurde der Einsatz des statistischen Fuzzy-Matchings zur Kombination zweier Online-Umfragen zu unterschiedlichen Themen des Web 2.0 dargestellt. Zusätzlich zur Anwendung aller möglichen Verknüpfungen der Regeln wurde die Vorgehensweise zur Gewichtung von Matchingvariablen beim statistischen Fuzzy-Matching dargestellt. Nach Durchführung des Matchings konnten Verhaltensweisen von aktiven Bloggern und Blog-Lesern in sozialen Online-Netzwerken und umgekehrt die Einstellungen von Nutzern sozialer Online-Netzwerke gegenüber Weblogs beschrieben werden. Da es sich bei den analysierten Datensätzen um eine mit Hilfe des statistischen Fuzzy-Matchings künstlich erzeugte Menge handelt, die aus zwei nicht repräsentativen Umfragen entstanden ist, sind die hier ermittelten Ergebnisse sicher auch nicht als repräsentativ für die Nutzer des Web 2.0 anzusehen. Allerdings können sie gewisse Tendenzen aufzeigen.

Das unterschiedliche Verhalten von Nutzern von StudiVZ und Xing in ihren sozialen Online-Netzwerken, wie es bspw. in der Studie von Maurer et al. (2008) gezeigt wird, konnte in dieser Arbeit auch für Weblogs bestätigt werden. Es konnten signifikante Unterschiede in den Motiven des Bloggens zwischen Nutzern von StudiVZ und Nutzern von Xing als soziale Online-Netzwerke und deutliche Unterschiede in ihren Auffassungen zur Anonymität in Blogs festgestellt werden. Darüber hinaus konnte gezeigt werden, dass sich signifikante Unterschiede in den Statements und Kommentaren zur Zukunft von Weblogs von Autoren ergeben, wenn man diese anhand ihrer Einschätzungen zu den Grundgedanken des Netzwerkens miteinander vergleicht.

Blogger und Nicht-Blogger unterscheiden sich signifikant in der tatsächlichen Nutzung von sozialen Online-Netzwerken, in den Zielen des Beitritts, in der Erwartungserfüllung und in ihren Kontakten. Dies unterstützt die Vermutung, dass sich aktiv partizipierende Nutzer von Weblogs auch in sozialen Online-Netzwerken aktiver verhalten, indem sie die angebotenen Funktionen signifikant häufiger nutzen, dass sie in fast allen vorgegebenen Zielen zum Beitritt in soziale Online-Netzwerke stärker motiviert sind als Nicht-Blogger, dass die Erfüllung ihrer Erwartungen an soziale Online-Netzwerke signifikant positiver ausfällt als bei Nicht-Bloggern und dass sie intensivere Kontakte in sozialen Netzwerken unterhalten als Nicht-Blogger, indem sie alle Fragen zu ihren Kontakten mit signifikant mehr Zustimmung beantwortet haben. Zusätzlich konnte gezeigt werden, dass das Verhalten von Autoren von Weblogs in sozialen Online-Netzwerken von ihren Motiven zum Führen von Weblogs und den Themen der Beiträge in ihren eigenen Blogs abhängt.

Schließlich wurden alle Leser von Weblogs betrachtet und ihre tatsächliche Nutzung der Funktionen von sozialen Online-Netzwerken, die Ziele des Beitritts, die Erfüllung ihrer Erwartungen und ihre Kontakte analysiert. Unterschiedliche Erwartungen der Leser von Weblogs an deren Inhalte resultieren in unterschiedlichem Verhalten und unterschiedlichen Einstellungen gegenüber sozialen Online-Netzwerken. Einigen Gruppen von Blog-Lesern konnte auch in Online-Netzwerken eine passiv partizipierende Rolle zugeordnet werden, andere konnten als hybride Typen identifiziert werden, die zu ähnlich großen Teilen passiv wie aktiv partizipieren, und schließlich wurden sogar Leser von Weblogs identifiziert, die an sozialen Online-Netzwerken hauptsächlich aktiv partizipieren.

7 Zusammenfassung, Fazit und Ausblick

7.1 Zusammenfassung

Ziel der vorliegenden Arbeit war es, eine Methode des statistischen Matchings mit Fuzzy Logic zu entwickeln, um Nachteile traditioneller Ansätze des statistischen Matchings auf Grundlage der Distanzen zwischen den Ausgangsdaten auszugleichen. Dazu wurden in den Kapiteln 2 und 3 die notwendigen Grundlagen des statistischen Matchings und der Fuzzy Logic erläutert.

In Kapitel 4 wurde die Theorie des statistischen Fuzzy-Matchings entwickelt. Dazu wurde zunächst die Anpassung der linguistischen Variablen mit ihren zugehörigen linguistischen Termen an das jeweilige Matchingproblem erörtert. Anschließend wurde die Festlegung der Zugehörigkeitsfunktionen zur Fuzzyfizierung der Ausgangsdaten beschrieben, ehe der Aufbau der zur Bestimmung der statistischen Zwillinge notwendigen Regelbasis betrachtet wurde. Kern des statistischen Fuzzy-Matchings ist die Ermittlung der Distanzen zwischen Datensätzen auf Basis ihrer Zugehörigkeitsgrade zur Regelbasis. Dazu wurden verschiedene Arten der Regelverknüpfung betrachtet und die jeweiligen Berechnungen der Zugehörigkeitsgrade zur Regelbasis erläutert. Abschließend wurde die Vorgehensweise zur Identifikation der statistischen Zwillinge betrachtet. Im letzten Abschnitt dieses Kapitels wurde ein kurzer Blick auf die Eignung von Transformationsfunktionen als möglicher Ersatz für die Fuzzy Logic beim statistischen Matching geworfen.

Nachdem im Kapitel 5 Anwendung, Aufbau und Funktionsweise der entwickelten Software zum statistischen Fuzzy-Matching erläutert wurden, richtete sich der Blick in Kapitel 6 auf zwei praktische Anwendungen des statistischen Fuzzy-Matchings. Im ersten Anwendungsbeispiel wurde auf Grundlage der ALLBUS[1] 2006 der Frage nachgegangen, ob Arbeitslosigkeit zu einer negativen Einstellung zur deutschen Vereinigung führt. Mit Hilfe des statistischen Fuzzy-Matchings wurde die Heterogenität der beiden Vergleichsgruppen beseitigt, indem nicht die beiden Gruppen der Arbeitslosen und aller Erwerbstätigen einander gegenübergestellt wurden, sondern die mittels des statistischen Fuzzy-Matchings gefundenen statistischen Zwillinge aus Arbeitslosen und Erwerbstätigen. Dadurch wurden die

[1] Allgemeine Bevölkerungsumfrage der Sozialwissenschaften, vgl. [Ges06].

Nachteile gewöhnlicher statistischer Analysen[2], die dadurch entstehen, dass zwei nicht vergleichbare Gruppen einander gegenübergestellt werden, dass die Ergebnisse der Analysen primär von der größeren der beiden Gruppen abhängen und dass die Vergleichsgruppe in der Regel heterogen ist, ausgeglichen. Es konnte gezeigt werden, dass sich mit Hilfe des statistischen Fuzzy-Matchings die Qualität statistischer Analysen verbessert, indem die Ergebnisse der Analysen heterogener Vergleichsgruppen durch das Aufheben der Heterogenität teilweise bestätigt, korrigiert oder widerlegt wurden. Mittels des statistischen Fuzzy-Matchings konnte gezeigt werden, dass ostdeutsche Arbeitslose im Vergleich zu ihren statistischen Zwillingen aus der Gruppe der ostdeutschen Erwerbstätigen eine negativere Einstellung zur deutschen Vereinigung haben. Beim Vergleich der westdeutschen Arbeitslosen mit ihren statistischen Zwillingen aus der Gruppe der westdeutschen Erwerbstätigen ließen die Analysen keine klare Aussage zu. Es konnte lediglich die Tendenz festgestellt werden, dass westdeutsche Arbeitslose der deutschen Wiedervereinigung positiver gegenüberstehen als westdeutsche Erwerbstätige.

Im Rahmen des zweiten Anwendungsbeispiels in Abschnitt 6.2 wurde der ursprüngliche Ansatz des statistischen Matchings verfolgt, indem zwei Online-Umfragen zu unterschiedlichen Themen des Web 2.0 miteinander verknüpft wurden. Jedem Datensatz der Umfrage zur Nutzung sozialer Online-Netzwerke wurden Attribute seines statistischen Zwillings aus der Menge der Datensätze der „Wie ich bloggc?!"-Umfrage hinzugefügt. Anschließend wurde die künstlich erzeugte Menge von Datensätzen mit dem besten Matchingergebnis bezüglich der Angleichungen der Matchingvariablen analysiert. Durch die Bestimmung statistischer Zwillinge mit Hilfe des statistischen Fuzzy-Matchings waren sowohl Aussagen über das Verhalten von Nutzern sozialer Online-Netzwerke als Blogger möglich als auch Aussagen über die Einstellungen von Bloggern und Blog-Lesern gegenüber sozialen Online-Netzwerken. Es konnte bspw. gezeigt werden, dass sich Nutzer der sozialen Online-Netzwerke StudiVZ und Xing nicht nur in Online-Netzwerken signifikant unterschiedlich verhalten, sondern auch als Autoren von Weblogs. Ferner konnten signifikante Unterschiede in den Zielen des Beitritts in soziale Online-Netzwerke, in der tatsächlichen Nutzung dieser, in den Kontakten und in der Erfüllung der Erwartungen an soziale Online-Netzwerke zwischen Autoren und Nicht-Autoren von Weblogs ermittelt werden. Auch konnte gezeigt werden, dass das Verhalten von Bloggern in sozialen Online-Netzwerken von den in ihren Weblogs behandelnden Themen und von den Motiven zum Führen von Blogs abhängt.

[2] Bspw. Signifikanztests oder multiple Regressionen mit heterogenen Vergleichsgruppen.

7.2 Fazit

Der Einsatz von statistischem Matching ist in vielen Anwendungsgebieten denkbar. In allen Bereichen, in denen empirische Erhebungen durchgeführt werden, können durch statistisches Matching sowohl die Anzahl der Teilnehmer an den Umfragen als auch die Anzahl der gestellten Fragen durch die Verknüpfung mehrerer Erhebungen gesenkt werden.[3] Das spart zum einen Kosten für Durchführung und Auswertung der Umfragen und zum anderen Zeit für das Beantworten der Fragen. Das statistische Fuzzy-Matching liefert eine einfach anzuwendende Methode des statistischen Matchings. Zur Durchführung müssen lediglich die Anzahl linguistischer Terme für die Matchingvariablen festgelegt und die jeweiligen Zugehörigkeitsfunktionen bestimmt werden. Für diesen Mehraufwand im Vergleich zum traditionellen Distanzmatching werden einige Nachteile dessen ausgeglichen. Fehlende Werte in den Ausgangsdaten oder verweigerte Angaben in empirischen Erhebungen können beim statistischen Fuzzy-Matching im Gegensatz zum traditionellen Distanzmatching differenziert betrachtet werden. Datensätze, die beide einen fehlenden Wert in einer Matchingvariablen aufweisen oder bei denen jeweils keine Angabe zu einer bestimmten Frage der Erhebung gemacht wurde, die sich aber in den anderen Matchingvariablen ähnlich sind, können mit Hilfe des statistischen Fuzzy-Matchings als statistische Zwillinge identifiziert werden. Dabei wird der Kerngedanke des statistischen Matchings zugrunde gelegt, indem angenommen wird, dass Datensätze als statistische Zwillinge angesehen werden können, wenn sie sich in bestimmten Variablen (den Matchingvariablen) ähnlich sind. Das bedeutet, dass fehlende Werte, verweigerte Angaben etc. in den Ausgangsdaten direkt in den Matchingprozess des statistischen Fuzzy-Matchings integriert werden können.

Ferner bietet das statistische Fuzzy-Matching die direkte Einbindung nominal skalierter Matchingvariablen in die Bestimmung der statistischen Zwillinge ohne aufwändige Vorverarbeitungen, wie es bspw. bei traditionellen Distanzverfahren der Fall ist. Dort müssen nominal skalierte Variablen zunächst in mehrere dichotome Variablen, entsprechend der Anzahl Ausprägungen der nominal skalierten Variablen, transformiert werden und anschließend die Distanzen zwischen den Ausprägungen dieser dichotomen Variablen über bspw. „4-Felder-Tafeln“ bestimmt werden.[4] Beim statistischen Fuzzy-Matching kann jede einzelne Kategorie nominal skalierter Variablen durch einen eigenen linguistischen Term mit einer punktförmigen Zugehörigkeitsfunktion dargestellt werden, die der entsprechenden Kategorie einen Zugehörigkeitsgrad von 1 und allen anderen Kategorien den

[3] Vgl. [vKG02], S. 2.

[4] Vgl. [Mar03], S. 247f.

Zugehörigkeitsgrad 0 zuweist. Darüber hinaus ist bei nominal skalierten Variablen natürlich auch die Verwendung von dreiecks- oder trapezförmigen Zugehörigkeitsfunktionen möglich, sofern dies dem Nutzer des statistischen Fuzzy-Matchings inhaltlich sinnvoll erscheint. Die Verarbeitung nominaler Variablen erfordert keinen Mehraufwand im Vergleich zu ordinal oder metrisch skalierten Matchingvariablen.

Schließlich bietet das statistische Fuzzy-Matching die Möglichkeit, in Fällen identischer Distanzen zwischen den Ausgangsdaten, Entscheidungen über statistische Zwillinge zu treffen, wenn traditionelle Distanzmethoden keine Entscheidung finden können. Identischen Abständen zwischen den Ausprägungen einer Variablen können mittels der Festlegung der Zugehörigkeitsfunktionen und der daraus resultierenden Zugehörigkeitsgrade zu linguistischen Termen unterschiedliche Bedeutungen beigemessen werden.

Statistisches Fuzzy-Matching erzielt in beiden dargestellten Anwendungsbeispielen vergleichbar gute bzw. bessere Angleichungen der Verteilungen der Matchingvariablen der statistischen Zwillinge als das traditionelle Distanzmatching, d. h. zusätzlich zu den genannten Vorteilen des statistischen Fuzzy-Matchings ist die Qualität seiner statistischen Zwillinge mindestens so gut wie die des traditionellen Distanzmatchings. Somit liefert die Methode des statistischen Fuzzy-Matchings einen wichtigen Beitrag zur Verbesserung der Qualität statistischer Zwillinge und zum flexiblen Einsatz des statistischen Matchings durch die beschriebenen erweiterten Funktionalitäten im Vergleich zum traditionellen Distanzmatching, die durch die Fuzzyfizierung der Ausgangsdaten entstehen.

Beide in dieser Arbeit ausgeführten Anwendungsbeispiele haben unterschiedliche Einsatzgebiete des statistischen Fuzzy-Matchings aufgezeigt. Ein wichtiges Anwendungsgebiet ist das Gewinnen weiterer Informationen über bereits vorhandene Datensätze durch das Hinzufügen von Attributen statistischer Zwillinge aus anderen Quellen. Die daraus resultierenden neuen bzw. erweiterten Informationen können bspw. für Anwendungen des Marketings wichtig sein. In Zeiten zunehmender Budgetknappheit wird es immer wichtiger, Zielgruppen und Zielpersonen genau zu kennen, um Streuverluste bei Kommunikationsmaßnahmen zu vermeiden und die Trefferquote zu erhöhen.[5] Die Erkenntnisse über das Verhalten von Nutzern sozialer Online-Netzwerke als Blogger und umgekehrt die Einstellungen von Bloggern und Nicht-Bloggern gegenüber sozialen Online-Netzwerken, wie sie im zweiten Anwendungsbeispiel dieser Arbeit herausgearbeitet wurden, können für Zwecke des Zielgruppenmarketings nützlich sein. Die meisten Unternehmen machen noch wenig Gebrauch von Werbung in sozialen Online-Netzwerken und von den in Netzwerken enthaltenen Informationen, wie Utz (2008) berichtet.[6]

---

[5] Vgl. [WHSW03], S. 190.
[6] Vgl. [Utz08], S. 253.

Die in dieser Arbeit beispielhaft erzielten Ergebnisse könnten eine Ermutigung für den verstärkten Einsatz von Zielgruppenwerbung im Web 2.0 darstellen. Denn es wäre zum einen sicherlich denkbar, dass in sozialen Online-Netzwerken gemäß dem jeweiligen Netzwerk, einer bestimmten Gruppenzugehörigkeit, häufiger Nutzung bestimmter Funktionen usw. entsprechende kontextabhängige Werbung für Weblogs platziert würde. Zum anderen, und das wäre vermutlich die realistischere Möglichkeit, könnte gezielte Werbung für die Teilnahme an sozialen Online-Netzwerken oder auch für spezielle Gruppen oder Foren der Online-Netzwerke in ausgewählten Blogs, die bspw. nach den entsprechenden Themen der Autoren ausgesucht werden könnten, geschaltet werden. Konkret könnte das bedeuten, dass eine Zielgruppe dargestellt wird von Blog-Lesern, die in Blogs ein ausgefeiltes Design erwarten und in sozialen Online-Netzwerken signifikant häufiger als andere Blog-Leser Nachrichten verschicken, an Gruppen teilnehmen und Diskussionsbeiträge in Foren lesen und deren Kontakte in sozialen Online-Netzwerken darüber hinaus durch stabiles Engagement bzw. intensive Beziehungspflege gekennzeichnet ist. Es scheint sich bei einer solchen Gruppe um Personen zu handeln, denen aufwändige optische Darstellungen von Websites wichtig sind, die teamfähig und kommunikativ sind und die keine losen, sondern intensive Kontakte pflegen. Für welche Art der Werbung oder für welche Produkte bzw. Dienstleistungen eine solche Gruppe von Personen empfänglich sein könnte, darüber möchte ich an dieser Stelle nicht spekulieren und die Entscheidung lieber Marketingexperten überlassen. Mit Hilfe des statistischen Fuzzy-Matchings lassen sich also Gruppen von Personen finden, die bestimmte Merkmale in unterschiedlichen Bereichen aufweisen und sich so für gezieltes Marketing besonders eignen.

Statistisches Fuzzy-Matching kann auch dabei helfen, Schwierigkeiten im Zusammenhang mit höheren Anforderungen an den Datenschutz zu begegnen. Das Vorhalten tatsächlicher Identitäten in Datensätzen kann problematisch sein. Die Erzeugung künstlicher Mengen von Datensätzen wandelt reale Individuen durch das Hinzufügen weiterer Attribute in künstliche Identitäten um und erleichtert so die weitere Nutzung der Daten in Form statistischer Auswertungen oder durch Anwendung von Data-Mining-Methoden. Außerdem wird durch die Erweiterung der Datensätze mit zusätzlichen Attributen die De-Anonymisierung erschwert, d.h. die Identifikation derjenigen Personen, zu denen die Daten gehören.

Im ersten Anwendungsbeispiel dieser Arbeit ist ein weiteres Einsatzgebiet des statistischen Fuzzy-Matchings dargestellt worden: Die Beseitigung von Heterogenität in Datenmengen zur Erzeugung homogener Vergleichsgruppen für statistische Analysen. Dieser Ansatz kann für viele Disziplinen interessant sein. Stellvertretend seien hier die Sozialwissenschaften genannt, deren Ziel im Erklärbar- und Verstehbarmachen der Eigenschaften von Objekten (Personen, Kleingruppen, Organisationen usw.) durch statistische Datenanalysen liegt.[7] [Hil94] beschreibt die Sozialwissenschaft als solche Wissenschaft, die „auf die empirisch-theoretische Erforschung des sozialen Verhaltens, der sozialen Gebilde, Strukturen und Prozesse ausgerichtet ist".[8] Die Ausführungen in Abschnitt 6.1 haben gezeigt, dass es wichtig sein kann, homogene Vergleichsgruppen einander gegenüberzustellen, um Eigenschaften von Gruppen zu analysieren. Das statistische Fuzzy-Matching liefert dazu neue Möglichkeiten der Verarbeitung von Daten.

7.3 Ausblick

An dieser Stelle soll ein vorsichtiger Ausblick auf die Zukunft des statistischen Fuzzy-Matchings gewagt und es sollen Hinweise auf weitere Forschungsaufgaben gegeben werden. Die Distanzen zwischen Datensätzen werden beim statistischen Fuzzy-Matching durch die Distanzen der Zugehörigkeitsgrade zur Regelbasis bestimmt. Da sich die Regelbasis aus $r = \prod_{i=1}^{n} m_i$ unterschiedlichen Regeln zusammensetzt, wobei n die Anzahl linguistischer Variablen darstellt und m_i die Anzahl linguistischer Terme zu den korrespondierenden linguistischen Variablen, ergibt sich bei großen Anzahlen linguistischer Variablen und Terme eine sehr große Regelbasis. Für theoretische Gesichtspunkte spielt das keine besondere Rolle, wohl aber für die programmtechnische Umsetzung des statistischen Fuzzy-Matchings und dort besonders für die Performance des Programms. Ein Ansatz für zukünftige Überlegungen könnte sein, die Regelbasis zu verkleinern und dadurch die Performance des Programms zu erhöhen. In der Fuzzy-Regelungstechnik werden Regelbasen verwendet, um „wenn-dann-Regeln" anwenden zu können. Zur schnellen und effizienten Erreichung von Sollzuständen werden bspw. genetische Algorithmen verwendet, um die Regelbasis unter Beibehaltung der Fuzzy-Mengen zu verkleinern und somit effizienter zu machen und / oder um die zugrundeliegenden Fuzzy-Mengen unter Beibehaltung der Regelbasis in ihren Werte- und Definitionsbereichen zu verändern bzw. ihre Anzahl zu verkleinern. Im Rahmen zukünftiger Forschungsaufgaben könnte also die Anpassung dieser Art der Optimierung von Regelbasen an die im statistischen Fuzzy-Matching verwendeten Regelbasis untersucht werden.

Die automatisierte Bestimmung von Zugehörigkeitsfunktionen wurde in dieser Arbeit mittels der Fuzzy c-Means Clusteranalyse durchgeführt. Durch die Festlegung auf diese Methode sollte gewährleistet werden, dass immer genauso viele Fuzzy-Mengen entstehen wie bei der manuellen Festlegung der linguistischen

[7] Vgl. [Ben05], S. 1.
[8] Vgl. [Hil94], S. 821.

Terme. Eine Erweiterung des statistischen Fuzzy-Matchings um zusätzliche Clustermethoden würde unter Umständen die Qualität statistischer Zwillinge erhöhen, indem bislang nicht bekannte Informationen der vorliegenden Datenstruktur durch das Clustering gefunden und genutzt werden könnten.

Ein weiterer Aspekt, der im Rahmen künftiger Forschungsarbeiten untersucht werden könnte, betrifft die inhaltliche Qualität statistischer Zwillinge. Neben der Güte der Anpassungen der Verteilungen der statistischen Zwillinge in den Matchingvariablen wären Aussagen über die wahre Qualität statistischer Zwillinge interessant. Im Mittelpunkt solcher Betrachtungen könnte stehen, wie gut die durch statistisches Matching erzeugten Mengen künstlicher Datensätze die Realität abbilden. Dies könnte bspw. durch Gegenüberstellung von künstlich erzeugten Mengen von Datensätzen mit solchen Datensätzen geschehen, die bereits über alle Attribute der Mengen der Cases und Controls verfügen. Ergebnisse dieser Forschungsbemühungen könnten Anforderungen an die für statistisches Matching zu verwendenden Mengen von Datensätzen stellen bzw. weitere als die bislang bekannten Voraussetzungen für das Verwenden der Methoden des statistischen Matchings festlegen, die zum Erzielen inhaltlich guter Matchingergebnisse notwendig sind bzw. eingehalten werden sollten oder müssen.

Die beiden beispielhaft ausgeführten Anwendungsbeispiele zeigen die Vielfalt möglicher Einsatzgebiete der in dieser Arbeit entwickelten Methode des statistischen Fuzzy-Matchings. Die durch Analysen der statistischen Zwillinge erzielten Ergebnisse können für Anwender als Ermutigung für den Einsatz solcher Methoden gesehen werden, ohne dass dabei die Notwendigkeit weiterer Forschungs- und Entwicklungsarbeit unterschätzt werden soll.

Anhang

A Ridit-Werte und Ridit-Test

Die Ridit-Analyse ist eine recht unbekannte Analyse ordinaler Daten, die von Bross (1958) eingeführt wurde.[1] Sie wird in der vorliegenden Arbeit insbesondere im ersten Anwendungsbeispiel im Abschnitt 6.1 verwendet. Zusätzlich zu den Erläuterungen im Abschnitt 6.1.3.2 soll an dieser Stelle das mathematische Fundament der Ridit-Analyse kurz vorgestellt werden.

Es werden Verteilungen mit einer Referenzverteilung verglichen, die aus theoretischen Überlegungen heraus bestimmt werden muss.[2] Seien $x_1,...,x_p$ $(p \in \mathbb{N})$ die geordneten Kategorien einer Skala und $\{p_j : j = 1,...,p\}$ die Häufigkeiten für jede Antwortkategorie. Die Ridits $w_1,...,w_p$ der Referenzgruppe werden wie folgt bestimmt:[3]

$$w_1 = \frac{(1/2)p_1}{n}$$

$$w_j = \frac{1/2p_j + \sum_{k<j} p_k}{n},$$

mit $j = 2,...,p$ und $n = \sum_{l=1}^{p} p_l$.

Die Ridit-Werte für die Vergleichsgruppen $v = 1,...,m$ sind die Summe der Ridits w_k $(k = 1,...,p)$ der Referenzgruppe multipliziert mit den absoluten Häufigkeiten π_{vk} der Vergleichsgruppe v in der Antwortkategorie k, dividiert durch die Anzahl $\pi_v = (\sum_{m=1}^{p} \pi_{vm})$ der Fälle der Vergleichsgruppe v in allen Antwortkategorien:[4]

$$r_v = \sum_{k=1}^{p} \frac{w_k \pi_{vk}}{\pi_v}. \tag{A.1}$$

Die Ridit-Werte der Referenzgruppe ergeben sich durch Einsetzen in (A.1) und sind definitionsgemäß gleich $0,5$.

---

[1] Vgl. [SD96], S. 354.

[2] Vgl. [Bro58], S. 21f.

[3] Vgl. [PQS97], S. 420.

[4] Vgl. [Hol03], S. 46.

Zusätzlich bietet die Ridit-Analyse einen Hypothesentest auf systematische oder zufällige Unterscheidungen in den untersuchten Gruppen.[5] Getestet wird dabei, ob sich der Ridit-Wert r_ν einer Vergleichsgruppe ν systematisch vom Ridit-Wert $0,5$ der Referenzgruppe unterscheidet. Es werden also die folgenden Hypothesen unter der Kruskal-Wallis-Statistik W betrachtet:[6]

$$H_0 : \forall \nu, r_\nu = 0,5$$
$$H_1 : \exists \nu, r_\nu \neq 0,5$$

$$W = 12 \sum_{\nu=1}^{m} \pi_\nu (r_\nu - 0,5)^2 .$$

W folgt einer χ^2-Verteilung mit $(m-1)$ Freiheitsgraden.[7]

B Einstellungen zur deutschen Vereinigung von Arbeitslosen und ihren statistischen Zwillingen

In diesem Abschnitt werden die Einstellungen von arbeitslosen Ost- und Westdeutschen und ihrer statistischen Zwillinge aus der Gruppe der Erwerbstätigen dargestellt, wie sie in Abschnitt 6.1.4 ermittelt wurden. Es werden sowohl die neun Variablen $V491$ bis $V499$ aus der ALLBUS 2006 vorgestellt als auch die drei Faktoren (Faktor1 „Verhalten und Beurteilung des Ostens“, Faktor2 „Verhalten und Beurteilung des Westens“ und Faktor3 „Sozialismus und Stasi“), die mit Hilfe der Faktorenanalyse gewonnen wurden.[8] Für die neun Variablen $V491$ bis $V499$ werden die Ridits ausgewiesen, d. h. die Lage relativ zur Referenzgruppe der Arbeitslosen.[9] Die Faktoren werden durch Mittelwertbildung der Antwortkategorien bestimmt, die in der ALLBUS 2006 mit 1 bis 4 codiert sind. Signifikante Unterschiede in den Einstellungen der Erwerbstätigen gegenüber den Arbeitslosen bzw. der statistischen Zwillinge aus der Gruppe der Erwerbstätigen gegenüber den Arbeitslosen werden bei einem Signifikanzniveau von $\alpha = 0,05$ mittels * gekennzeichnet.

[5] Vgl. [Hol03], S. 47.
[6] Vgl. [Wu07], S. 679f.
[7] Vgl. [Wu07], S. 680.
[8] Vgl. Abschnitt 6.1.4.
[9] Siehe Abschnitt 6.1.3.2 und Anhang A.

In Tabelle B.1 werden zunächst die ostdeutschen Arbeitslosen allen ostdeutschen Erwerbstätigen gegenübergestellt:

Tabelle B.1: Einstellungen zur deutschen Vereinigung: Ostdeutsche Arbeitslose ($n = 127$) und Erwerbstätige ($n = 534$)

	V491	V492	V493	V494	V495	V496
Cases	0,5000	0,5000	0,5000	0,5000	0,5000	0,5000
Controls	0,6070*	0,4560	0,5124	0,3425*	0,4189*	0,6215*

	V497	V498	V499	Faktor1	Faktor2	Faktor3
Cases	0,5000	0,5000	0,5000	2,84	2,29	1,80
Controls	0,5265	0,5366	0,5393	2,62*	2,46*	1,97*

Zur Durchführung der Hypothesentests wurde bei den quantitativen Variablen (Faktoren) bei Annahme der Normalverteilung nach Kolmogorov-Smirnov und bei Varianzhomogenität der gewöhnliche Studentsche T-Test verwendet, bei Varianzheterogenität der T-Test nach Welch. Konnte Normalverteilung nach Kolmogorov-Smirnov nicht angenommen werden, wurde der Mann-Whitney-U-Test verwendet. Für die ordinal skalierten Variablen wurde der Ridit-Test gerechnet. Die folgenden Tabellen B.2 und B.3 enthalten die Ridits der statistischen Zwillinge der ostdeutschen Arbeitslosen nach Durchführung des constrained und unconstrained Fuzzy-Matchings.

Tabelle B.2: Einstellungen zur deutschen Vereinigung: Statistische Zwillinge der ostdeutschen Arbeitslosen, constrained Fuzzy-Matching ($n = 127$)

Verknüpfungsart	V491	V492	V493	V494	V495	V496	V497	V498	V499	Faktor1	Faktor2	Faktor3
und-Verkn., abs.	0,6002*	0,4309	0,5182	0,3624*	0,4142*	0,5857*	0,5045	0,5190	0,4936	2,58*	2,45	1,88
und-Verkn., eukl.	0,5943*	0,4391	0,5101	0,3673*	0,4243*	0,5934*	0,5111	0,5190	0,4993	2,61*	2,43	1,89
oder-Verkn., abs.	0,5602	0,4543	0,5291	0,3822*	0,4212*	0,5950*	0,5048	0,4958	0,4635	2,64*	2,41	1,78
oder-Verkn., eukl.	0,5389	0,4366	0,5241	0,3929*	0,4132*	0,5702	0,5149	0,4931	0,4708	2,63*	2,37	1,80
MinMax-Op., $\gamma = 0,1$, abs.	0,5552	0,4571	0,5316	0,3822*	0,4212*	0,5924*	0,5074	0,4907	0,4635	2,64*	2,40	1,77
MinMax-Op., $\gamma = 0,1$, eukl.	0,5343	0,4334	0,5188	0,3892*	0,4157*	0,5702	0,5149	0,4931	0,4730	2,63*	2,35	1,80
MinMax-Op., $\gamma = 0,3$, abs.	0,5580	0,4561	0,5267	0,3799*	0,4236*	0,5947*	0,5152	0,4888	0,4614	2,65*	2,40	1,76
MinMax-Op., $\gamma = 0,3$, eukl.	0,5389	0,4366	0,5241	0,3929*	0,4132*	0,5702	0,5149	0,4931	0,4708	2,63*	2,37	1,80
MinMax-Op., $\gamma = 0,5$, abs.	0,5602	0,4543	0,5291	0,3822*	0,4212*	0,5950*	0,5048	0,4958	0,4635	2,64*	2,41	1,78
MinMax-Op., $\gamma = 0,5$, eukl.	0,5389	0,4366	0,5241	0,3929*	0,4132*	0,5702	0,5149	0,4931	0,4708	2,63*	2,37	1,80
MinMax-Op., $\gamma = 0,7$, abs.	0,5602	0,4592	0,5291	0,3822*	0,4254*	0,5924*	0,5100	0,4907	0,4635	2,65*	2,41	1,77
MinMax-Op., $\gamma = 0,7$, eukl.	0,5389	0,4255*	0,5306	0,3841*	0,4067*	0,5789*	0,5123	0,4981	0,4801	2,61*	2,38	1,82
MinMax-Op., $\gamma = 0,9$, abs.	0,5531	0,4561	0,5231	0,3859*	0,4110*	0,5851*	0,4956	0,4964	0,4678	2,62*	2,39	1,80
MinMax-Op., $\gamma = 0,9$, eukl.	0,5303	0,4313	0,5223	0,3864*	0,4072*	0,5843*	0,5228	0,4857	0,4778	2,62*	2,35	1,79
Alg. PS-Op., $\gamma = 0,1$, abs.	0,5254	0,4479	0,5063	0,3649*	0,4154*	0,5638	0,5086	0,4994	0,4701	2,60*	2,31	1,82
Alg. PS-Op., $\gamma = 0,1$, eukl.	0,5273	0,4391	0,5015	0,3755*	0,4172*	0,5671	0,5072	0,4952	0,4723	2,61*	2,31	1,81
Alg. PS-Op., $\gamma = 0,3$, abs.	0,5254	0,4479	0,5063	0,3649*	0,4154*	0,5638	0,5086	0,4994	0,4701	2,60*	2,31	1,82
Alg. PS-Op., $\gamma = 0,3$, eukl.	0,5273	0,4391	0,5015	0,3755*	0,4172*	0,5671	0,5072	0,4952	0,4723	2,61*	2,31	1,81
Alg. PS-Op., $\gamma = 0,5$, abs.	0,5254	0,4479	0,5063	0,3649*	0,4154*	0,5638	0,5086	0,4994	0,4701	2,60*	2,31	1,82
Alg. PS-Op., $\gamma = 0,5$, eukl.	0,5273	0,4391	0,5015	0,3755*	0,4172*	0,5671	0,5072	0,4952	0,4723	2,61*	2,31	1,81
Alg. PS-Op., $\gamma = 0,7$, abs.	0,5254	0,4479	0,5063	0,3649*	0,4154*	0,5638	0,5086	0,4994	0,4701	2,60*	2,31	1,82
Alg. PS-Op., $\gamma = 0,7$, eukl.	0,5415	0,4362	0,5055	0,3774*	0,4288	0,5698	0,5072	0,4912	0,4795	2,62*	2,34	1,81
Alg. PS-Op., $\gamma = 0,9$, abs.	0,5254	0,4398	0,5039	0,3659*	0,4132*	0,5638	0,5112	0,5078	0,4784	2,60*	2,31	1,84
Alg. PS-Op., $\gamma = 0,9$, eukl.	0,5624	0,4342	0,5295	0,3782*	0,4166*	0,5827*	0,4833	0,4935	0,4804	2,58*	2,42	1,82
fcm-oder-Verkn., abs.	0,6060*	0,4530	0,5170	0,3180*	0,4090*	0,6500*	0,4930	0,4860	0,5590	2,55*	2,45*	1,91
fcm-oder-Verkn., eukl.	0,6050*	0,4550	0,5110	0,3190*	0,4140*	0,6470*	0,4980	0,4890	0,5560	2,56*	2,45*	1,91
fcm-und-Verkn., abs.	0,5870*	0,4350	0,5090	0,3250*	0,4040*	0,5980*	0,4730	0,4800	0,5080	2,52*	2,40	1,81
fcm-und-Verkn., eukl.	0,6010*	0,4380	0,5140	0,3180*	0,3990*	0,6070*	0,4990	0,4840	0,5190	2,53*	2,44	1,85

Tabelle B.3: Einstellungen zur deutschen Vereinigung: Statistische Zwillinge der ostdeutschen Arbeitslosen, unconstrained Fuzzy-Matching ($n = 127$)

Verknüpfungsart	V491	V492	V493	V494	V495	V496	V497	V498	V499	Faktor1	Faktor2	Faktor3
und, abs.	0,5691	0,4373	0,5323	0,3832*	0,3987*	0,6001*	0,4949	0,4778	0,5021	2,58*	2,44	1,81
und, eukl.	0,5614	0,4454	0,5218	0,3920*	0,4093*	0,5836*	0,4949	0,4834	0,4969	2,60*	2,41	1,81
oder, abs.	0,5159	0,4147*	0,5283	0,4153*	0,4012*	0,5917*	0,4798	0,4636	0,4666	2,59*	2,34	1,73
oder, eukl.	0,5126	0,4260*	0,5166	0,4164*	0,4097*	0,5619	0,4713	0,4710	0,4596	2,60*	2,32	1,74
MinMax-Op., $\gamma = 0,1$, abs.	0,5109	0,4225*	0,5255	0,4176*	0,4012*	0,5917*	0,4798	0,4619	0,4696	2,60*	2,33	1,73
MinMax-Op., $\gamma = 0,1$, eukl.	0,5029	0,4199*	0,5113	0,4128*	0,4057*	0,5592	0,4740	0,4760	0,4617	2,59*	2,30	1,75
MinMax-Op., $\gamma = 0,3$, abs.	0,5137	0,4165*	0,5259	0,4130*	0,4037*	0,5914*	0,4902	0,4570	0,4645	2,60*	2,34	1,71
MinMax-Op., $\gamma = 0,3$, eukl.	0,5076	0,4231*	0,5166	0,4164*	0,4032*	0,5592	0,4740	0,4760	0,4596	2,59*	2,32	1,75
MinMax-Op., $\gamma = 0,5$, abs.	0,5159	0,4147*	0,5283	0,4153*	0,4012*	0,5917*	0,4798	0,4636	0,4666	2,59*	2,34	1,73
MinMax-Op., $\gamma = 0,5$, eukl.	0,5076	0,4231*	0,5166	0,4164*	0,4032*	0,5592	0,4740	0,4760	0,4596	2,59*	2,32	1,75
MinMax-Op., $\gamma = 0,7$, abs.	0,5159	0,4196*	0,5283	0,4153*	0,4054*	0,5890*	0,4850	0,4586	0,4666	2,60*	2,34	1,72
MinMax-Op., $\gamma = 0,7$, eukl.	0,5076	0,4181*	0,5234	0,4128*	0,3984*	0,5656	0,4713	0,4811	0,4658	2,58*	2,33	1,77
MinMax-Op., $\gamma = 0,9$, abs.	0,5137	0,4186*	0,5202	0,4140*	0,3970*	0,5971*	0,4759	0,4676	0,4728	2,58*	2,33	1,75
MinMax-Op., $\gamma = 0,9$, eukl.	0,5095	0,4181*	0,5184	0,4091*	0,3855*	0,5606	0,4647	0,4734	0,4628	2,56*	2,32	1,76
Alg. PS-Op., $\gamma = 0,1$, abs.	0,5338	0,4353	0,5079	0,3787*	0,4187*	0,5641	0,4876	0,4695	0,4517	2,59*	2,34	1,74
Alg. PS-Op., $\gamma = 0,1$, eukl.	0,5305	0,4215*	0,5099	0,3852*	0,4051*	0,5610	0,4706	0,4903	0,4462	2,56*	2,33	1,74
Alg. PS-Op., $\gamma = 0,3$, abs.	0,5338	0,4353	0,5079	0,3787*	0,4187*	0,5641	0,4876	0,4695	0,4517	2,59*	2,34	1,74
Alg. PS-Op., $\gamma = 0,3$, eukl.	0,5305	0,4215*	0,5099	0,3852*	0,4051*	0,5610	0,4706	0,4903	0,4462	2,56*	2,33	1,74
Alg. PS-Op., $\gamma = 0,5$, abs.	0,5243	0,4424	0,5050	0,3833*	0,4204*	0,5730*	0,4850	0,4728	0,4600	2,60*	2,32	1,75
Alg. PS-Op., $\gamma = 0,5$, eukl.	0,5195	0,4215*	0,5079	0,3898*	0,4053*	0,5661	0,4693	0,4886	0,4535	2,56*	2,31	1,76
Alg. PS-Op., $\gamma = 0,7$, abs.	0,5243	0,4424	0,5050	0,3833*	0,4204*	0,5730*	0,4850	0,4728	0,4600	2,60*	2,32	1,75
Alg. PS-Op., $\gamma = 0,7$, eukl.	0,5381	0,4152*	0,4903	0,3873*	0,4040*	0,5585	0,4587	0,4903	0,4609	2,54*	2,31	1,78
Alg. PS-Op., $\gamma = 0,9$, abs.	0,5307	0,4321	0,4946	0,3807*	0,4174*	0,5644	0,4810	0,4852	0,4569	2,57*	2,32	1,78
Alg. PS-Op., $\gamma = 0,9$, eukl.	0,5460	0,4133*	0,4987	0,3687*	0,3959*	0,5648	0,4304	0,4809	0,4612	2,48*	2,35	1,76
fcm-oder-Verkn., abs.	0,5949*	0,4272*	0,5029	0,3109*	0,3881*	0,6193*	0,4839	0,4558	0,5550	2,48*	2,42	1,83
fcm-oder-Verkn., eukl.	0,6025*	0,4282*	0,4954	0,3098*	0,3850*	0,6288*	0,4839	0,4649	0,5562	2,48*	2,42	1,86
fcm-und-Verkn., abs.	0,5584	0,4129*	0,4795	0,3504*	0,4190*	0,5516	0,4953	0,5185	0,5660	2,56*	2,36	2,00*
fcm-und-Verkn., eukl.	0,5074	0,4820	0,4425	0,4111*	0,3404*	0,5008	0,4739	0,4806	0,5971*	2,56*	2,15	2,07*

Da beim statistischen Fuzzy-Matching nur 127 Paare statistischer Zwillinge gefunden wurden, beim Distanzmatching aber zu allen Arbeitslosen ein statistischer Zwilling gefunden wird, enthält die folgende Tabelle B.4 die Gegenüberstellung aller 128 ostdeutschen Arbeitslosen mit allen Erwerbstätigen.

Tabelle B.4: Einstellungen zur deutschen Vereinigung: Ostdeutsche Arbeitslose ($n = 128$) und Erwerbstätige ($n = 534$)

	V491	V492	V493	V494	V495	V496
Cases	0,5000	0,5000	0,5000	0,5000	0,5000	0,5000
Controls	0,6070*	0,4586	0,5098	0,3402*	0,4178*	0,6215*

	V497	V498	V499	Faktor1	Faktor2	Faktor3
Cases	0,5000	0,5000	0,5000	2,84	2,29	1,80
Controls	0,5264	0,5354	0,5388	2,62*	2,46*	1,97*

Die Tabellen B.5 und B.6 stellen den Vergleich der nach constrained und unconstrained Distanzmatching gefundenen statistischen Zwillinge mit den ostdeutschen Arbeitslosen dar.

Tabelle B.5: Einstellungen zur deutschen Vereinigung: Statistische Zwillinge der ostdeutschen Arbeitslosen, constrained Distanzmatching ($n = 128$)

Distanz	V491	V492	V493	V494	V495	V496
Abs. Distanz	0,5604	0,4465	0,4905	0,3544*	0,4198*	0,5829*
Eukl. Distanz	0,5726*	0,4524	0,4825	0,3593*	0,4295	0,5872*

Distanz	V497	V498	V499	Faktor1	Faktor2	Faktor3
Abs. Distanz	0,4718	0,4916	0,5116	2,57*	2,36	1,86
Eukl. Distanz	0,5019	0,5006	0,5073	2,61*	2,37	1,87

Tabelle B.6: Einstellungen zur deutschen Vereinigung: Statistische Zwillinge der ostdeutschen Arbeitslosen, unconstrained Distanzmatching ($n = 128$)

Distanz	V491	V492	V493	V494	V495	V496
Abs. Distanz	0,5689	0,4428	0,4446	0,3752*	0,4328	0,6068*
Eukl. Distanz	0,5671	0,4432	0,4349	0,3724*	0,4239*	0,5991*
Distanz	**V497**	**V498**	**V499**	**Faktor1**	**Faktor2**	**Faktor3**
Abs. Distanz	0,4652	0,4804	0,4922	2,58*	2,31	1,81
Eukl. Distanz	0,4691	0,4887	0,5001	2,58*	2,29	1,84

Zum Vergleich der westdeutschen Arbeitslosen mit den Erwerbstätigen werden in der folgenden Tabelle B.7 die Ridits und Mittelwerte der westdeutschen Erwerbstätigen im Vergleich zu den Arbeitslosen dargestellt.

Tabelle B.7: Einstellungen zur deutschen Vereinigung: Westdeutsche Arbeitslose ($n = 128$) und Erwerbstätige ($n = 1116$)

	V491	V492	V493	V494	V495	V496
Cases	0,5000	0,5000	0,5000	0,5000	0,5000	0,5000
Controls	0,5032	0,4885	0,5230	0,4533	0,5274	0,4755
	V497	**V498**	**V499**	**Faktor1**	**Faktor2**	**Faktor3**
Cases	0,5000	0,5000	0,5000	2,11	3,02	2,21
Controls	0,5037	0,5430	0,5721*	2,06	3,11	2,40*

Die beiden folgenden Tabellen B.8 und B.9 enthalten die Ridits bzw. Mittelwerte der Faktoren der nach statistischem constrained und unconstrained Fuzzy-Matching gefundenen statistischen Zwillinge im Vergleich zur Referenzgruppe der Arbeitslosen.

Tabelle B.8: Einstellungen zur deutschen Vereinigung: Statistische Zwillinge der westdeutschen Arbeitslosen, constrained Fuzzy-Matching ($n = 128$)

Verknüpfungsart	V491	V492	V493	V494	V495	V496	V497	V498	V499	Faktor1	Faktor2	Faktor3
und, abs.	0,4842	0,4774	0,5361	0,4177*	0,5154	0,4319	0,4661	0,5472	0,5520	1,99	3,08	2,35
und, eukl.	0,5044	0,5028	0,5412	0,4140*	0,5239	0,4342	0,4888	0,5263	0,5564	2,03	3,13	2,31
oder, abs.	0,4717	0,4859	0,5720	0,4377	0,5282	0,4446	0,4936	0,5324	0,5150	2,04	3,12	2,24
oder, eukl.	0,4960	0,5068	0,5604	0,4377	0,5223	0,4514	0,4941	0,5198	0,5193	2,05	3,15	2,22
MinMax-Op., $\gamma = 0,1$, abs.	0,4746	0,4881	0,5684	0,4427	0,5348	0,4497	0,4891	0,5310	0,5184	2,05	3,12	2,25
MinMax-Op., $\gamma = 0,1$, eukl.	0,4953	0,5072	0,5596	0,4407	0,5249	0,4505	0,4953	0,5232	0,5208	2,06	3,15	2,23
MinMax-Op., $\gamma = 0,3$, abs.	0,4775	0,4911	0,5684	0,4427	0,5347	0,4480	0,4912	0,5339	0,5234	2,05	3,12	2,26
MinMax-Op., $\gamma = 0,3$, eukl.	0,5049	0,5057	0,5640	0,4364	0,5347	0,4575	0,4941	0,5166	0,5312	2,05	3,17	2,23
MinMax-Op., $\gamma = 0,5$, abs.	0,4717	0,4859	0,5720	0,4377	0,5282	0,4446	0,4936	0,5324	0,5150	2,04	3,12	2,24
MinMax-Op., $\gamma = 0,5$, eukl.	0,4989	0,5098	0,5604	0,4406	0,5223	0,4514	0,4941	0,5242	0,5193	2,06	3,15	2,22
MinMax-Op., $\gamma = 0,7$, abs.	0,4746	0,4859	0,5720	0,4377	0,5282	0,4446	0,4936	0,5353	0,5220	2,04	3,13	2,25
MinMax-Op., $\gamma = 0,7$, eukl.	0,5047	0,5068	0,5633	0,4377	0,5192	0,4486	0,4897	0,5286	0,5262	2,05	3,16	2,25
MinMax-Op., $\gamma = 0,9$, abs.	0,4793	0,4798	0,5747*	0,4377	0,5239	0,4402	0,4835	0,5315	0,5141	2,03	3,14	2,23
MinMax-Op., $\gamma = 0,9$, eukl.	0,4930	0,5046	0,5617	0,4511	0,5251	0,4385	0,4922	0,5352	0,5325	2,07	3,14	2,28
Alg. PS-Op., $\gamma = 0,1$, abs.	0,4916	0,4874	0,5888*	0,4403	0,5291	0,4366	0,5000	0,5370	0,5409	2,05	3,19	2,29
Alg. PS-Op., $\gamma = 0,1$, eukl.	0,4941	0,4947	0,5799*	0,4436	0,5189	0,4396	0,5104	0,5495	0,5491	2,06	3,17	2,35
Alg. PS-Op., $\gamma = 0,3$, abs.	0,4916	0,4874	0,5888*	0,4403	0,5291	0,4366	0,5000	0,5370	0,5409	2,05	3,19	2,29
Alg. PS-Op., $\gamma = 0,3$, eukl.	0,4941	0,4947	0,5799*	0,4436	0,5189	0,4396	0,5104	0,5495	0,5491	2,06	3,17	2,35
Alg. PS-Op., $\gamma = 0,5$, abs.	0,4886	0,4907	0,5822*	0,4403	0,5225	0,4340	0,4934	0,5311	0,5446	2,04	3,17	2,28
Alg. PS-Op., $\gamma = 0,5$, eukl.	0,5030	0,5040	0,5762*	0,4449	0,5205	0,5370	0,5125	0,5387	0,5418	2,07	3,18	2,31
Alg. PS-Op., $\gamma = 0,7$, abs.	0,4886	0,4928	0,5822*	0,4341	0,5225	0,4373	0,4911	0,5283	0,5427	2,03	3,17	2,27
Alg. PS-Op., $\gamma = 0,7$, eukl.	0,5107	0,4985	0,5755*	0,4394	0,5353	0,4564	0,5137	0,5325	0,5320	2,08	3,20	2,28
Alg. PS-Op., $\gamma = 0,9$, abs.	0,4973	0,4982	0,5815*	0,4353	0,5241	0,4387	0,4888	0,5176	0,5395	2,04	3,19	2,25
Alg. PS-Op., $\gamma = 0,9$, eukl.	0,5116	0,5042	0,5549	0,4461	0,5332	0,4538	0,5193	0,5297	0,5124	2,10	3,15	2,24
fcm-oder-Verkn., abs.	0,4860	0,5060	0,5510	0,4530	0,4940	0,4460	0,5160	0,5270	0,5500	2,05	3,11	2,29
fcm-oder-Verkn., eukl.	0,4710	0,4992	0,5308	0,4570	0,5040	0,4320	0,4870	0,5120	0,5350	2,03	3,05	2,23
fcm-und-Verkn., abs.	0,5400	0,4900	0,5770*	0,4290	0,5030	0,4520	0,4790	0,5230	0,5860*	2,00	3,24*	2,36
fcm-und-Verkn., eukl.	0,5470	0,4960	0,5630	0,4490	0,5330	0,4620	0,4990	0,5070	0,5560	2,06	3,25*	2,28

Tabelle B.9: Einstellungen zur deutschen Vereinigung: Statistische Zwillinge der westdeutschen Arbeitslosen, unconstrained Fuzzy-Matching ($n = 128$)

Verknüpfungsart	V491	V492	V493	V494	V495	V496	V497	V498	V499	Faktor1	Faktor2	Faktor3
und, abs.	0,4971	0,4401	0,6007*	0,3858*	0,4800	0,4319	0,4431	0,5371	0,5824*	1,87*	3,21	2,39
und, eukl.	0,5206	0,4786	0,5962*	0,3895*	0,5112	0,4277	0,4632	0,5298	0,5712	1,95	3,25*	2,35
oder, abs.	0,4897	0,4853	0,5749*	0,4332	0,5252	0,4454	0,4913	0,5249	0,5169	2,02	3,15	2,23
oder, eukl.	0,5049	0,5062	0,5683	0,4237*	0,5279	0,4518	0,4975	0,5252	0,5301	2,04	3,18	2,25
MinMax-Op., $\gamma = 0,1$, abs.	0,4878	0,4823	0,5779*	0,4332	0,5288	0,4420	0,4889	0,5282	0,5204	2,02	3,15	2,25
MinMax-Op., $\gamma = 0,1$, eukl.	0,5041	0,5066	0,5675	0,4269	0,5305	0,4509	0,4987	0,5287	0,5314	2,05	3,17	2,26
MinMax-Op., $\gamma = 0,3$, abs.	0,4878	0,4853	0,5779*	0,4332	0,5286	0,4402	0,4911	0,5282	0,5184	2,03	3,15	2,25
MinMax-Op., $\gamma = 0,3$, eukl.	0,5109	0,5062	0,5683	0,4237*	0,5279	0,4570	0,4997	0,5235	0,5320	2,04	3,19	2,25
MinMax-Op., $\gamma = 0,5$, abs.	0,4897	0,4853	0,5749*	0,4332	0,5252	0,4454	0,4913	0,5249	0,5169	2,02	3,15	2,23
MinMax-Op., $\gamma = 0,5$, eukl.	0,5078	0,5093	0,5683	0,4267	0,5279	0,4518	0,4975	0,5298	0,5301	2,04	3,18	2,26
MinMax-Op., $\gamma = 0,7$, abs.	0,4897	0,4853	0,5749*	0,4332	0,5252	0,4454	0,4913	0,5249	0,5169	2,02	3,15	2,23
MinMax-Op., $\gamma = 0,7$, eukl.	0,5107	0,5062	0,5713	0,4237*	0,5246	0,4490	0,4929	0,5314	0,5301	2,03	3,19	2,26
MinMax-Op., $\gamma = 0,9$, abs.	0,4957	0,4853	0,5770*	0,4332	0,5241	0,4420	0,4880	0,5303	0,5231	2,02	3,17	2,25
MinMax-Op., $\gamma = 0,9$, eukl.	0,5020	0,5035	0,5754*	0,4432	0,5284	0,4429	0,4872	0,5386	0,5448	2,05	3,19	2,31
Alg. PS-Op., $\gamma = 0,1$, abs.	0,4975	0,4802	0,5930*	0,4470	0,5286	0,4268	0,4934	0,5254	0,5504	2,03	3,21	2,28
Alg. PS-Op., $\gamma = 0,1$, eukl.	0,4914	0,4843	0,5854*	0,4482	0,5237	0,4334	0,5183	0,5467	0,5459	2,06	3,17	2,31
Alg. PS-Op., $\gamma = 0,3$, abs.	0,4975	0,4802	0,5930*	0,4470	0,5286	0,4268	0,4934	0,5254	0,5504	2,03	3,21	2,28
Alg. PS-Op., $\gamma = 0,3$, eukl.	0,4914	0,4843	0,5854*	0,4482	0,5237	0,4334	0,5183	0,5467	0,5459	2,06	3,17	2,31
Alg. PS-Op., $\gamma = 0,5$, abs.	0,4975	0,4802	0,5930*	0,4470	0,5286	0,4268	0,4934	0,5254	0,5504	2,03	3,21	2,28
Alg. PS-Op., $\gamma = 0,5$, eukl.	0,4914	0,4873	0,5884*	0,4461	0,5262	0,4334	0,5183	0,5405	0,5437	2,06	3,17	2,30
Alg. PS-Op., $\gamma = 0,7$, abs.	0,5022	0,4802	0,5937*	0,4408	0,5262	0,4330	0,4843	0,5222	0,5466	2,02	3,22	2,26
Alg. PS-Op., $\gamma = 0,7$, eukl.	0,5030	0,4891	0,5894*	0,4440	0,5381	0,4488	0,4980	0,5246	0,5198	2,06	3,20	2,21
Alg. PS-Op., $\gamma = 0,9$, abs.	0,5050	0,4802	0,5996*	0,4358	0,5222	0,4336	0,4798	0,5130	0,5396	2,01	3,23	2,23
Alg. PS-Op., $\gamma = 0,9$, eukl.	0,5032	0,4867	0,5822*	0,4432	0,5381	0,4584	0,5150	0,5400	0,5177	2,08	3,19	2,25
fcm-oder-Verkn., abs.	0,4945	0,4865	0,5581	0,4537	0,5222	0,4324	0,4778	0,5227	0,5699	2,02	3,13	2,35
fcm-oder-Verkn., eukl.	0,4851	0,4981	0,5416	0,4615	0,5314	0,4256	0,4991	0,5369	0,5661	2,07	3,08	2,37
fcm-und-Verkn., abs.	0,4926	0,5042	0,5372	0,4629	0,5282	0,4205*	0,4933	0,5369	0,5727	2,07	3,08	2,38
fcm-und-Verkn., eukl.	0,4950	0,5082	0,5338	0,4692	0,5269	0,4285	0,4862	0,5282	0,5550	2,07	3,09	2,32

In den abschließenden beiden Tabellen B.10 und B.11 werden die nach statistischem constrained und unconstrained Distanzmatching gefundenen statistischen Zwillinge mit der Referenzgruppe der Arbeitslosen verglichen.

Tabelle B.10: Einstellungen zur deutschen Vereinigung: Statistische Zwillinge der westdeutschen Arbeitslosen, constrained Distanzmatching ($n = 128$)

Distanz	V491	V492	V493	V494	V495	V496
Abs. Distanz	0,5161	0,4817	0,5727	0,4620	0,4838	0,4544
Eukl. Distanz	0,5270	0,4880	0,5700	0,4640	0,4900	0,4700
Distanz	**V497**	**V498**	**V499**	**Faktor1**	**Faktor2**	**Faktor3**
Abs. Distanz	0,4835	0,5235	0,5671	2,00	3,19	2,32
Eukl. Distanz	0,4900	0,5170	0,5560	2,03	3,18	2,29

Tabelle B.11: Einstellungen zur deutschen Vereinigung: Statistische Zwillinge der westdeutschen Arbeitslosen, unconstrained Distanzmatching ($n = 128$)

Distanz	V491	V492	V493	V494	V495	V496
Abs. Distanz	0,5304	0,4828	0,5842*	0,4774	0,4975	0,4474
Eukl. Distanz	0,5154	0,4828	0,5648	0,4779	0,5059	0,4605
Distanz	**V497**	**V498**	**V499**	**Faktor1**	**Faktor2**	**Faktor3**
Abs. Distanz	0,5066	0,5110	0,5754	2,03	3,26*	2,29
Eukl. Distanz	0,5267	0,5032	0,5642	2,06	3,20	2,27

C Quellcode des Programms zum statistischen Fuzzy-Matching

In diesem Abschnitt wird der Quellcode der wichtigsten Teile des Programms zum statistischen Fuzzy-Matching vorgestellt. Der gesamte Quellcode ist auf der beiliegenden CD-ROM enthalten. Kommentare innerhalb des Quellcodes sind mit einem vorangestellten %-Zeichen gekennzeichnet.

Statistisches Matching mit Fuzzy-Logic

```
% Ablauf des ganzen Programms:

% Definition aller notwendigen Variablen:
definition_variablen;
% Laden der Daten und Abfragen aller notwendigen Parameter:
load_data_gui;
% Warten, bis das GUI mit "OK" geschlossen wird, damit mit den
% erzeugten Variablen und Daten weiter gerechnet werden kann:
uiwait(load_data_gui);
% Abfangen des Falls, dass der Benutzer das Programm abbricht.
% Kein Abbrechen durch den Benutzer bei den Angaben zu den Daten:
if abbruch==0;
   % Bestimmen der ling. Terme, berechnen der Zugehörigkeits-
   % funktionen und fuzzyfizieren der Ausgangsdaten.
   zugehoerigkeitsfunktionen;
   % Kein Abbrechen durch den Benutzer bei der Eingabe der
   % ling. Terme:
   if abbruch==0;
     % Mitteilung, dass die Berechnung gestartet wurde
     h=msgbox(['Das statistische Fuzzy-Matching berechnet die...
     ...statistischen Zwillinge. Je nach Größe der Ausgangsdaten...
        ...kann dies etwas Zeit in Anspruch nehmen!']);
        % Berechnen der Regelbasis
        regelbasis;
        % Bestimmen der Distanzmatrix
        distanzen;
        % Ermitteln der stat. Zwillinge
        matching;
        % Ausgeben der Datensätze der stat. Zwillinge
        stat_zwillinge;
        h=msgbox(['Die statistischen Zwillinge sind ermittelt...
        ...worden!']);
    else
        % Abbruch des Programms
        msgboxText = (['Abbruch des Programms!']);
        % Das Programm wartet bis die Messagebox geschlossen wird.
        uiwait(msgbox(msgboxText));
    end;
else % Abbruch des Programms
   msgboxText = (['Abbruch des Programms!']);
   %Das Programm wartet bis die Messagebox geschlossen wird.
```

```
  uiwait(msgbox(msgboxText));
end;
```

Bestimmen der linguistischen Terme und berechnen der Zugehörigkeitsfunktionen
Es werden die Bestimmung der linguistischen Terme und die Berechnung der Zugehörigkeitsfunktionen für bis zu drei linguistische Terme pro Matchingvariable dargestellt. Für mehr als drei linguistische Terme verlaufen die Berechnungen analog. Darüber hinaus wird die automatische Bestimmung von Zugehörigkeitsfunktionen durch die Fuzzy c-Means Clusteranalyse gezeigt.

```
% Festlegen der ling. Terme und berechnen der Zugehörigkeits-
% funktionen.
% Bestimmen der Anzahlen Cases und Controls
Anz_Cases=length(Case_Daten(:,1));
Anz_Controls=length(Control_Daten(:,1));
% Die Matrizen, die später die fuzzyfizierten Ausgangsdaten in den
% Matchingvariablen aufnehmen sollen, werden zunächst pre-allokiert.
mu_Cases=zeros(Anz_Cases,max(Anz_LingTerme),Anz_Matchingvar);
mu_Controls=zeros(Anz_Controls,max(Anz_LingTerme),Anz_Matchingvar);

% Sortieren der Case- und Controldaten in eine zufällige Reihenfolge:
r=randperm(Anz_Cases)';
% Erzeugt einen Spaltenvektor mit zufälliger Anordnung der Zahlen
% von 1 bis Anz_Cases.
Case_Daten=Case_Daten(r,:);
% Sortiert die Case_Daten entsprechend der Reihenfolge der Zeilen
% in r.
r=randperm(Anz_Controls)';
% Erzeugt einen Spaltenvektor mit zufälliger Anordnung der Zahlen
% von 1 bis Anz_Controls.
Control_Daten=Control_Daten(r,:);
% Sortiert die Control_Daten entsprechend der Reihenfolge der
% Zeilen in r.
if fcmund_verkn==0 & fcmoder_verkn==0
    global form1; global form2; global form3;global form4;global
    form5; global form6;global form7; global form8; global form9;
    global ecken1_1;global ecken1_2;global ecken1_3;global ecken1_4;
    global ecken2_1;global ecken2_2;global ecken2_3;global ecken2_4;
    global ecken3_1;global ecken3_2;global ecken3_3;global ecken3_4;
    global ecken4_1;global ecken4_2;global ecken4_3;global ecken4_4;
    global ecken5_1;global ecken5_2;global ecken5_3;global ecken5_4;
```

```
global ecken6_1;global ecken6_2;global ecken6_3;global ecken6_4;
global ecken7_1;global ecken7_2;global ecken7_3;global ecken7_4;
global ecken8_1;global ecken8_2;global ecken8_3;global ecken8_4;
global ecken9_1;global ecken9_2;global ecken9_3;global ecken9_4;

% Abfragen der ling. Terme für alle Matchingvariablen:
for index1=1:Anz_Matchingvar
  if Anz_LingTerme(index1,1)==1
   % Ausgeben der Meldung zur Eingabe der linguistischen Terme
   % für die index1-te Matchingvariable
   msgboxText = (['Bitte geben Sie die Parameter der...
   ...linguistischen Terme für die ' num2str(index1) '. ...
      ...Matchingvariable ein.']);
   % Das Programm wartet mit der weiteren Ausführung so lange,
   % bis die Messagebox geschlossen wird:
   uiwait(msgbox(msgboxText,'Eingabe ling. Terme'));
   % Aufruf des entsprechenden Eingabefensters:
   lingterme_1;
   % Der Ablauf des Programms wird an dieser Stelle so lange
   % gestoppt, bis der Benutzer seine Eingabe gemacht hat.
   uiwait(lingterme_1);
   % Entsprechend der Form des ling. Terms werden die Arrays
   % mit den Informationen über die Ecken geschrieben.
   if form1==1
      ecken1=[ecken1_1 ecken1_2 ecken1_3 ecken1_4];
      % Trapezfunktion
      mu_1=@(x)trapmf(x,[ecken1]);
   elseif form1==2
      ecken1=[ecken1_1 ecken1_2 ecken1_3];
      mu_1=@(x)trimf(x,[ecken1]);
   elseif form1==3
      ecken1=[ecken1_1 ecken1_1 ecken1_1];
      mu_1=@(x)trimf(x,[ecken1]);
   end;
   % Fuzzyfizieren der Ausgangsdaten
   % Die fuzzyfizierten Daten der Cases und Controls werden in
   % zwei unterschiedlichen Matrizen gespeichert. Für jede
   % Matchingvariable werden die fuzzyfizierten Daten in eine
   % neue "dritte" Dimension der Matrix geschrieben.
   mu_Cases(:,1:Anz_LingTerme(index1,1),index1)=...
   ...[mu_1(Case_Daten(:,Matchingvar_Cases(index1)))];
   mu_Controls(:,1:Anz_LingTerme(index1,1),index1)=...
```

```
  ...[mu_1(Control_Daten(:,Matchingvar_Controls(index1)))];
elseif Anz_LingTerme(index1,1)==2
 % Ausgeben der Meldung zur Eingabe der linguistischen Terme
 % für die index1-te Matchingvariable:
 msgboxText = (['Bitte geben Sie die Parameter ...
 ...der linguistischen Terme für die ' num2str(index1) '. ...
    ...Matchingvariable ein.']);
 % Das Programm wartet mit der weiteren Ausführung so lange,
 % bis die Messagebox geschlossen wird:
 uiwait(msgbox(msgboxText,'Eingabe ling. Terme'));
 lingterme_2;
 uiwait(lingterme_2);
 % Entsprechend der Form des ling. Terms werden die Arrays mit
 % den Informationen über die Ecken geschrieben.
 if form1==1
    ecken1=[ecken1_1 ecken1_2 ecken1_3 ecken1_4];
    % Trapezfunktion
    mu_1=@(x)trapmf(x,[ecken1]);
 elseif form1==2
    ecken1=[ecken1_1 ecken1_2 ecken1_3];
    mu_1=@(x)trimf(x,[ecken1]);
 elseif form1==3
    ecken1=[ecken1_1 ecken1_1 ecken1_1];
    mu_1=@(x)trimf(x,[ecken1]);
 end;
 %Fuzzyfizieren der Ausgangsdaten
 if form2==1
    ecken2=[ecken2_1 ecken2_2 ecken2_3 ecken2_4];
    mu_2=@(x)trapmf(x,[ecken2]);
 elseif form2==2
    ecken2=[ecken2_1 ecken2_2 ecken2_3];
    mu_2=@(x)trimf(x,[ecken2]);
 elseif form2==3
    ecken2=[ecken2_1 ecken2_1 ecken2_1];
    mu_2=@(x)trimf(x,[ecken2]);
 end;
 %Fuzzyfizieren der Ausgangsdaten
 mu_Cases(:,1:Anz_LingTerme(index1,1),index1)=...
 ...[mu_1(Case_Daten(:,Matchingvar_Cases(index1))) ...
    ...mu_2(Case_Daten(:,Matchingvar_Cases(index1)))];
 mu_Controls(:,1:Anz_LingTerme(index1,1),index1)=...
 ...[mu_1(Control_Daten(:,Matchingvar_Controls(index1))) ...
```

```
        ...mu_2(Control_Daten(:,Matchingvar_Controls(index1)))];
    elseif Anz_LingTerme(index1,1)==3
     % Ausgeben der Meldung zur Eingabe der linguistischen Terme
     % für die index1-te Matchingvariable:
     msgboxText = (['Bitte geben Sie die Parameter ...
     ...der linguistischen Terme für die ' num2str(index1) '. ...
        ...Matchingvariable ein.']);
     % Das Programm wartet mit der weiteren Ausführung so lange,
     % bis die Messagebox geschlossen wird:
     uiwait(msgbox(msgboxText,'Eingabe ling. Terme'));
     lingterme_3;
     uiwait(lingterme_3);
     % Entsprechend der Form des ling. Terms werden die Arrays
     % mit den Informationen über die Ecken geschrieben.
     if form1==1
        ecken1=[ecken1_1 ecken1_2 ecken1_3 ecken1_4];
        % Trapezfunktion
        mu_1=@(x)trapmf(x,[ecken1]);
     elseif form1==2
        ecken1=[ecken1_1 ecken1_2 ecken1_3];
        mu_1=@(x)trimf(x,[ecken1]);
     elseif form1==3
        ecken1=[ecken1_1 ecken1_1 ecken1_1];
        mu_1=@(x)trimf(x,[ecken1]);
     end;
     %Fuzzyfizieren der Ausgangsdaten
     if form2==1
        ecken2=[ecken2_1 ecken2_2 ecken2_3 ecken2_4];
        mu_2=@(x)trapmf(x,[ecken2]);
     elseif form2==2
        ecken2=[ecken2_1 ecken2_2 ecken2_3];
        mu_2=@(x)trimf(x,[ecken2]);
     elseif form2==3
        ecken2=[ecken2_1 ecken2_1 ecken2_1];
        mu_2=@(x)trimf(x,[ecken2]);
     end;
     % Fuzzyfizieren der Ausgangsdaten
     if form3==1
        ecken3=[ecken3_1 ecken3_2 ecken3_3 ecken3_4];
        mu_3=@(x)trapmf(x,[ecken3]);
     elseif form3==2
        ecken3=[ecken3_1 ecken3_2 ecken3_3];
```

```
            mu_3=@(x)trimf(x,[ecken3]);
        elseif form3==3
            ecken3=[ecken3_1 ecken3_1 ecken3_1];
            mu_3=@(x)trimf(x,[ecken3]);
        end;
        %Fuzzyfizieren der Ausgangsdaten
        mu_Cases(:,1:Anz_LingTerme(index1,1),index1)=...
        ...[mu_1(Case_Daten(:,Matchingvar_Cases(index1)))
            ...mu_2(Case_Daten(:,Matchingvar_Cases(index1))) ...
                ...mu_3(Case_Daten(:,Matchingvar_Cases(index1)))];
        mu_Controls(:,1:Anz_LingTerme(index1,1),index1)=...
        ...[mu_1(Control_Daten(:,Matchingvar_Controls(index1)))
            ...mu_2(Control_Daten(:,Matchingvar_Controls(index1))) ...
                ...mu_3(Control_Daten(:,Matchingvar_Controls(index1)))];
      end;%if
    end;%for

else % fcmund_verkn==1 | fcmoder_verkn==1
    % Fuzzy Clustering: FCM
    Anzahl_Cluster = Anz_LingTerme;
    for index=1:Anz_Matchingvar
        data = [Case_Daten(:,Matchingvar_Cases(index));...
        ...Control_Daten(:,Matchingvar_Controls(index))];
        [center,U,obj_fcn] = fcm(data, Anzahl_Cluster(index));
        U=U';
        U_Cases{1,index}=[U(1:Anz_Cases,1:Anzahl_Cluster(index))];
        U_Controls{1,index}=U((Anz_Cases+1):...
        ...(Anz_Cases+Anz_Controls),1:Anzahl_Cluster(index));
    end;%for
end;%if
```

Berechnen der Zugehörigkeitsgrade der Datensätze zur Regelbasis

```
% Grundlage bilden die Matrizen mit den fuzzyfizierten Ausgangsdaten.
% Es werden die Zugehörigkeitsgrade eines bestimmten Cases oder eines
% bestimmten Controls zu den jeweiligen ling. Variablen resp. Termen
% betrachtet.

%Berechnen der Anzahl Regeln und initialisieren der Variablen:
Anz_Regeln=1;
for index=1:Anz_Matchingvar
    % Die Anzahl Regeln ergibt sich aus dem Produkt der Anzahlen
```

```
   % ling. Terme:
   Anz_Regeln=Anz_Regeln*Anz_LingTerme(index);
end;
C={};% Hilfsvariable C

% Falls beim prod-sum-Operator keine Gewichte vom Nutzer angegeben
% werden, wird die Gleichgewichtung aller Variablen verwendet.
% Mittels der Funktion repmat wird ein Zeilenvektor erzeugt, der
% das Gewicht (1/n) so oft repliziert, wie Matchingvariablen
% vorhanden sind:
if isempty(gewichte) % keine Gewichte angegeben
   delta=repmat(1/Anz_Matchingvar,1,Anz_Matchingvar);
   delta=delta';
else
    delta=gewichte;
end;
mu_Regelbasis_Cases_ges=zeros(Anz_Cases,Anz_Regeln);% Preallocation
if fcmund_verkn==0 & fcmoder_verkn==0
   for index1=1:Anz_Cases
      for index2=1:Anz_Matchingvar
         % Es werden die Zeilen der Matrix mu_Cases verwendet, die
         % den fuzzyfizierten Ausgangsdaten jedem Datensatz der
         % Cases entsprechen. Die Matrix C ist ein CellArray und
         % speichert die Datensätze aus mu_Cases entsprechend der
         % Anzahl ling. Terme für die jeweilige Matchingvariable in
         % der ersten Zeile:
         C(1,index2)={mu_Cases(index1,1:Anz_LingTerme(index2),...
         ...index2)};
      end;
      % Die Funktion allcomb berechnet alle möglichen Kombinationen
      % zwischen den Vektoren von C. Zur Bestimmung der "und"-
      % Verknüpfung wird das Minimum jeder möglichen Kombination
      % gebildet. Da nur die erste Zeile des Cellarrays C besetzt
      % ist, muss nur diese bei der Ermittlung aller möglichen
      % Kombinationen berücksichtigt werden.
      if und_verkn==1
        % Bestimmung des Minimums
        mu_Regelbasis_Cases_ges(index1,:) = min(allcomb(C{1,:})');
      elseif oder_verkn==1
        % Bestimmung des Maximums
        mu_Regelbasis_Cases_ges(index1,:) = max(allcomb(C{1,:})');
      elseif minmax_verkn==1
```

```
        % Bestimmung der Linearkombination aus Minimum und
        % Maximum zur Berechnung der kompensatorischen
        % "minmax"-Verknüpfung
        mu_Regelbasis_Cases_ges(index1,:)=...
        ...Kompensationsgrad*min(allcomb(C{1,:})')+...
           ...(1-Kompensationsgrad)*max(allcomb(C{1,:})');
      elseif prodsum_verkn==1
        dummy1=[];% Hilfsvariable dummy1
        dummy1=allcomb(C{1,:})';
        % Bestimmung der Linearkombination aus alg. Produkt und
        % alg. Summe zur Berechnung der kompensatorischen
        % "prodsum"-Verknüpfung. Zunächst wird eine Matrix mit
        % den Gewichten delta mittels der Funktion repmat
        % erzeugt. Dabei wird der Spaltenvektor der Gewichte so
        % oft repliziert, wie Anzahlen ling. Terme vorhanden
        % sind. Dann werden die Zugehörigkeitsgrade zu den mit
        % allcomb erzeugten möglichen Kombinationen der ling.
        % Terme mit den Gewichten potenziert, das Produkt
        % und abschließend die Linearkombination gebildet.
        dummy2=[];
        dummy2=repmat(delta,1,Anz_Regeln);
        mu_Regelbasis_Cases_ges(index1,:)=...
        ...Kompensationsgrad*prod(dummy1.^dummy2)+...
           ...((1-Kompensationsgrad)*...
              ...(1-(prod((1-dummy1).^dummy2))));
      end;
   end;
elseif fcmund_verkn==1
   for index1=1:Anz_Cases
      % Bestimmung des Minimums
      for index2=1:Anz_Matchingvar
        dummy2=U_Cases{1,index2};
        C(1,index2)={dummy2(index1,:)};
      end;
      mu_Regelbasis_Cases_ges(index1,:) = min(allcomb(C{1,:})');
   end;
else % fcmoder_verkn=1
   for index1=1:Anz_Cases
      % Bestimmung des Maximums
      for index2=1:Anz_Matchingvar
        dummy2=U_Cases{1,index2};
        C(1,index2)={dummy2(index1,:)};
```

```
      end;
      mu_Regelbasis_Cases_ges(index1,:) = max(allcomb(C{1,:})');
   end;
end;

% Und das gleiche noch einmal für die Controls...
%Preallocation
mu_Regelbasis_Controls_ges=zeros(Anz_Controls,Anz_Regeln);
if fcmund_verkn==0 & fcmoder_verkn==0
   for index1=1:Anz_Controls
      for index2=1:Anz_Matchingvar
        % Es werden die Zeilen der Matrix mu_Controls verwendet,
        % die den fuzzyfizierten Ausgangsdaten jedem Datensatz der
        % Controls entsprechen.
        C(1,index2)={mu_Controls(index1,1:Anz_LingTerme(index2),...
        ...index2)};
      end;
      if und_verkn==1
        %Bestimmung des Minimums
        mu_Regelbasis_Controls_ges(index1,:) = ...
            ... min(allcomb(C{1,:})');
      elseif oder_verkn==1
        % Bestimmung des Maximums
        mu_Regelbasis_Controls_ges(index1,:) = ...
            ... max(allcomb(C{1,:})');
      elseif minmax_verkn==1
        % Bestimmung der Linearkombination aus Minimum und Maximum
        % zur Berechnung der kompensatorichen "minmax"-Verknüpfung
        mu_Regelbasis_Controls_ges(index1,:)=...
        ...Kompensationsgrad*min(allcomb(C{1,:})')+...
            ...(1-Kompensationsgrad)*max(allcomb(C{1,:})');
      elseif prodsum_verkn==1
        dummy1=[]; % Hilfsvariable dummy1
        dummy1=allcomb(C{1,:})';
        dummy2=[];
        dummy2=repmat(delta,1,Anz_Regeln);
        mu_Regelbasis_Controls_ges(index1,:)=...
        ...Kompensationsgrad*prod(dummy1.^dummy2)+...
            ...((1-Kompensationsgrad)*...
                ...(1-(prod((1-dummy1).^dummy2))));
      end;
   end;
```

```
elseif fcmund_verkn==1
   for index1=1:Anz_Controls
      % Bestimmung des Minimums
      dummy2=[];
      for index2=1:Anz_Matchingvar
         dummy2=U_Controls{1,index2};
         C(1,index2)={dummy2(index1,:)};
      end;
      mu_Regelbasis_Controls_ges(index1,:) = min(allcomb(C{1,:})');
   end;
else %fcmoder_verkn=1
   for index1=1:Anz_Controls
      % Bestimmung des Maximums
      for index2=1:Anz_Matchingvar
         dummy2=U_Controls{1,index2};
         C(1,index2)={dummy2(index1,:)};
      end;
      mu_Regelbasis_Controls_ges(index1,:) = max(allcomb(C{1,:})');
   end;
end;
```

Bestimmen der Distanzen

```
% In jeder Spalte stehen die Distanzen zwischen einem Case und
% allen Controls. D.h. in Spalte 1 stehen die Distanzen zwischen
% Case 1 und allen Controls. Diese Art der Speicherung ist
% notwendig für die folgende Bestimmung der Distanzen.
dist = zeros(Anz_Controls,Anz_Cases);%Preallocation
% Bestimmung der absoluten Distanz:
if abs_dist==1
   for index=1:Anz_Cases
      % Ausschneiden einer Zeile der Cases
      zeile=mu_Regelbasis_Cases_ges(index,:);
      % Bestimmen der Distanz indem die ausgeschnittene Zeile auf
      % die Anzahl Controls repliziert wird und anschließend die
      % absolute Differenz zwischen den Zeilen der so erzeugten
      % Matrizen bestimmt werden. Ergebnis ist ein Zeilenvektor,
      % der die Distanz von einem Case zu allen Controls
      % beinhaltet.
      dist(:,index)=nansum(abs(zeile(ones(1,Anz_Controls),:)-...
      ...mu_Regelbasis_Controls_ges),2);
   end;
```

```
% Bestimmung der euklidischen Distanz:
elseif eukl_dist==1
   for index=1:Anz_Cases
     zeile=mu_Regelbasis_Cases_ges(index,:);
     dist(:,index)=sqrt(nansum((zeile(ones(1,Anz_Controls),:)-...
     ...mu_Regelbasis_Controls_ges).^2,2));
   end;
end;
```

Identifizieren der statistischen Zwillinge

```
% Einlesen der IDs der Cases und Controls
Case_IDs=Case_Daten(:,Case_ID);
Control_IDs=Control_Daten(:,Control_ID);

% Vorbereitungen, falls Perfect Matches vorkommen:
if length(perfect_matches)>0
   for index1=1:length(perfect_matches)
     for index=1:Anz_Cases
       % Bestimmen der Indizes der kritischen Variablen in der
       % Menge der Matchingvariablen der Cases.
       index2(index1)=...
       ...find(Matchingvar_Cases==perfect_matches(index1));
       % Aufbau der Matrix mit den Daten der kritischen Variablen
       % der Cases.
       PMCases=Case_Daten(:,Matchingvar_Cases(index2(index1)));
       % Aufbau der Matrix mit den Daten der kritischen Variablen
       % der Controls.
       PMControls=...
       ...Control_Daten(:,Matchingvar_Controls(index2(index1)));
       % Der Wert der Cases in der kritischen Matchingvariablen
       % wird mittels repmat so oft dupliziert, wie Controls vor-
       % handen sind und davon dann die Ausprägungen der Controls
       % in der kritischen Variablen subtrahiert. In der Ergebnis-
       % matrix stehen also an den Stellen Nullen, wo Case und
       % Control in der kritischen Variablen übereinstimmen. Die
       % Cases sind in den Spalten untergebracht, die Controls
       % in den Zeilen. In Spalte 1 stehen also die Differenzen
       % in der kritischen Variablen von Case 1 zu allen Controls.
       PMMatrix(:,index)=...
       ...abs(repmat(PMCases(index,1),Anz_Controls,1)-PMControls);
       % Mit Hilfe des Befehls "find" werden die Positionen der
```

```
        % Nullen in der Matrix ausgemacht. Diese stellen die Basis
        % für die Suche nach einem stat. Zwilling dar. Controls,
        % die keine Übereinstimmung mit dem jeweiligen Case in der
        % krit. Variablen haben, werden aus der weiteren Untersu-
        % chung ausgeschlossen, indem ihr Eintrag in der Distanz-
        % Matrix als "inf" gekennzeichnet wird.
        i=find(PMMatrix(:,index)~=0);
        dist([i],index)=inf;
      end;
    end;
% Ein Else-Pfad ist an dieser Stelle nicht notwendig.
end;
Stat_Zwillinge=zeros(Anz_Cases,2);%Preallocation
if constrained==1% Constrained Matching
   if minimierung==1 %Minimierung der Gesamtdistanz
      % Falls NaN in dist vorkommen, werden diese zu inf gemacht:
      i=0;
      i=find(isnan(dist)~=0);
      dist(i)=inf;
      % Aufruf der Funktion assignmentoptimal mit der Distanzmatrix
      % zur Bestimmung der optimalen Zuweisung nach dem
      % Kuhn-Munkres-Algorithmus:
      [assignment, cost] = assignmentoptimal(dist);
      zaehler=0;
      for index=1:Anz_Controls
        % Die Funktion assignmentoptimal weist jedem Control einen
        % Case oder 0 zu. Betrachtet werden nur die Fälle, in denen
        % ein Case zugewiesen wurde:
        if assignment(index)>0
          zaehler=zaehler+1;
          % In der ersten Spalte von Stat_Zwillinge steht die
          % Case-ID, in der zweiten Spalte die Control-ID.
          Stat_Zwillinge(zaehler,1:2)=...
          ...[Case_IDs(assignment(index)) Control_IDs(index)];
        end;%drittes if
      end;%for
      % Die Liste der stat. Zwillinge wird nach den Case-IDs sortiert.
      Stat_Zwillinge=sortrows(Stat_Zwillinge,1);
   else %Keine Minimierung der Gesamtdistanz
      % Dürfen Controls nicht mehrfach als stat. Zwillinge verwendet
      % werden und wird die Gesamtdistanz nicht minimiert, dann
      % werden die Distanzen zwischen Cases und Controls zunächst
```

```
% aufsteigend sortiert und jeweils die geringste Distanz zuerst
% betrachtet.
for index=1:Anz_Cases
  % A ist ein Zeilenvektor und speichert die Werte der minimalen
  % Distanzen zwischen einem Case und allen Controls.
  % I1 speichert die zugehörigen Indizes.
  [A,I1]=min(dist);
  % A wird aufsteigend sortiert, d.h. die kleinste Distanz
  % zwischen einem Case und einem Control steht vorne, während
  % die größte Distanz am Ende steht. IX enthält die Indizes,
  % die der ursprünglichen Stelle in A entsprechen.
  [A1,IX]=sort(A);
  % Die tatsächlichen IDs der Cases und Controls müssen
  % entsprechend neu sortiert werden und es muss der Fall
  % abgefangen werden, dass keine Übereinstimmung in den krit.
  % Variablen vorkommt.
  if isnan(A1(1)) | isinf(A1(1)) % A1(1) enthält keinen Wert
    Case_IDs_neu(index,1)=Case_IDs(IX(1),1);
    Case_IDs(IX(1),:)=[];
    % Es wird kein Control zu einem Case gefunden, wenn es
    % keine Übereistimmung in den kritischen Variablen gibt.
    Control_IDs_neu(index,1)=NaN;
  else
    Case_IDs_neu(index,1)=Case_IDs(IX(1),1);
    Case_IDs(IX(1),:)=[];
    % Hier werden die Controls zu den Cases bestimmt anhand
    % der Reihenfolge der geringsten Distanzen.
    [A2(index),I2(index)]=min(dist(:,IX(1)));
    % Anschließend werden der gematchte Case und Control aus
    % der Matrix der Distanzen gelöscht:
    dist(I2(index),:)=[];
    dist(:,IX(1))=[];
    % Control_IDs_neu enthält die IDs der verwendeten Controls
    Control_IDs_neu(index,1)=Control_IDs(I2(index),1);
    % Die gematchte ID wird aus der Liste entfernt:
    Control_IDs(I2(index),:)=[];
  end;
  % Die Variablen A, I1, A1 und IX werden im nächsten
  % Schleifen-Durchlauf neu bestimmt.
  clear A;clear I1;clear A1;clear IX;
end; % for
Stat_Zwillinge=[Case_IDs_neu Control_IDs_neu];
```

```
      Stat_Zwillinge=sortrows(Stat_Zwillinge,1);
    end;% zweites if
else % Unconstrained Matching
    for index=1:Anz_Cases
      [A,I1]=min(dist);
      [A1,IX]=sort(A);
      if isnan(A1(1)) | isinf(A1(1))
        Case_IDs_neu(index,1)=Case_IDs(IX(1),1);
        Case_IDs(IX(1),:)=[];
        Control_IDs_neu(index,1)=NaN;
      else
        Case_IDs_neu(index,1)=Case_IDs(IX(1),1);
        Case_IDs(IX(1),:)=[];
        % Hier werden die Controls zu den Cases bestimmt anhand der
        % Reihenfolge der geringsten Distanzen:
        [A2(index),I2(index)]=min(dist(:,IX(1)));
        % Anschließend wird der Case aus der Matrix der
        % Distanzen gelöscht:
        dist(:,IX(1))=[];
        % Control_IDs_neu enthält die ID der verwendeten Controls
        Control_IDs_neu(index,1)=Control_IDs(I2(index),1);
      end;%if
      clear A;clear I1;clear A1;clear IX;
    end;%for
    Stat_Zwillinge=[Case_IDs_neu Control_IDs_neu];
    Stat_Zwillinge=sortrows(Stat_Zwillinge,1);
end; % if
```

Ausgabe der Ergebnisse

```
% Aufbau der Datenmatrix der Statistischen Zwillinge.
% Die Matrix der Cases entspricht der nach Case-IDs aufsteigend
% sortierten Ausgangsmatrix der Case_Daten, da jeder Case zum
% Matching verwendet wird. Die Matrix der Controls ist ein
% Ausschnitt aus der ursprünglichen Matrix der Control_Daten,
% da nicht alle Controls zum Matching verwendet werden bzw.
% manche sogar mehrfach.
Stat_Zwillinge_Cases=sortrows(Case_Daten,Case_ID);
Stat_Zwillinge_Cases_IDs=Stat_Zwillinge_Cases(:,Case_ID);
Stat_Zwillinge_Controls=...
...zeros(size(Stat_Zwillinge,1),size(Control_Daten,2));
for i=1:size(Stat_Zwillinge,1)
```

```
    for j=1:size(Control_Daten,1)
        if Stat_Zwillinge(i,2)==Control_Daten(j,Control_ID)
            Stat_Zwillinge_Controls(i,:) = Control_Daten(j,:);
        elseif isnan(Stat_Zwillinge(i,2))
            Stat_Zwillinge_Controls(i,:) = NaN;
        end;
    end;
end;
Stat_Zwillinge_Controls_IDs=Stat_Zwillinge_Controls(:,Control_ID);
csvwrite('Stat_Zwillinge_Cases.csv',Stat_Zwillinge_Cases);
csvwrite('Stat_Zwillinge_Controls.csv',Stat_Zwillinge_Controls);
xlswrite('Stat_Zwillinge_Cases_IDs.xls',Stat_Zwillinge_Cases_IDs);
xlswrite('Stat_Zwillinge_Controls_IDs.xls',...
...Stat_Zwillinge_Controls_IDs);
```

Literaturverzeichnis

[AB84] ALDENDERFER, M. S. und R. K. BLASHFIELD: *Cluster Analysis*. Quantitative Applications in the Social Sciences. Sage Publications, Inc., Newbury Park, 1984.

[AB08] ALPAR, P. und S. BLASCHKE: *Einleitung*. In: ALPAR, P. und S. BLASCHKE (Herausgeber): *Web 2.0 - Eine empirische Bestandsaufnahme*, Seiten 3–14. Vieweg + Teubner, Wiesbaden, 2008.

[ABK07] ALPAR, P., S. BLASCHKE und S. KESSLER: *Web 2.0: Neue erfolgreiche Kommunikationsstrategien für kleine und mittlere Unternehmen*. Hessen-Media Band 57. Hessen Agentur GmbH, Wiesbaden, 2007.

[ABRW07] ANGERMANN, A., M. BEUSCHEL, M. RAU und U. WOHLFARTH: *Matlab - Simulink - Stateflow*. Oldenbourg, München, 5. Auflage, 2007.

[ACA93] ABDULGHAFOUR, M., T. CHANDRA und M. A. ABIDI: *Data Fusion Through Fuzzy Logic Applied to Feature Extraction from Multi-Sensory Images*. In: *IEEE International Conference on Robotics and Automation*, Band 2, Seiten 359–366, 1993.

[AH05] AGARWAL, S. und P. HITZLER: *Modeling Fuzzy Rules with Description Logics*. In: *Proceedings of Workshop on OWL Experiences and Directions*, Seiten 1–10, Galway, 2005.

[Alb05] ALBRECHT, C.: *Automatisierte Daten-Transformation im GALA-Projekt*. Interner Bericht FZJ-ZAM-IB-2005-13, Forschungszentrum Jülich, 2005. Online verfügbar unter `http://www.fz-juelich.de/jsc/math/RD/projects/gruenenthal/Claudia-Albrecht-Autom-Datentransformation.pdf`, abgerufen am 18.10.2008.

[Alp04] ALPAR, P.: *What Data Is Necessary to Data Mine for Knowledge?* In: *ICEB International Conference on Electronic Business*, Seiten 1219–1223, 2004.

[AN00] ALPAR, P. und J. NIEDEREICHHOLZ: *Einführung zu Data Mining*. In: ALPAR, P. und J. NIEDEREICHHOLZ (Herausgeber): *Data Mining im praktischen Einsatz*, Seiten 1–28. Vieweg, Braunschweig, 2000.

[AP02] ALMUS, M. und S. PRANTL: *Die Auswirkungen öffentlicher Gründungsförderung auf das Überleben und Wachstum junger Unternehmen*. Jahrbücher für Nationalökonomie und Statistik, 222(2):161–185, 2002.

[AR05] ANTON, H. und C. RORRES: *Elementary Linear Algebra*. John Wiley & Sons, Inc., Hoboken, 9. Auflage, 2005.

[Arb08] ARBEITSGEMEINSCHAFT ONLINE-FORSCHUNG E.V.: *Berichtsband Teil 1 zur internet facts 2008-I*, 2008. Online verfügbar unter `http://www.agof.de/studie.353.html`, abgerufen am 21.09.2008.

[Att06] ATTESLANDER, P.: *Methoden der empirischen Sozialforschung*. Erich Schmidt Verlag GmbH & Co., Berlin, 11. Auflage, 2006.

[B93] BÖHME, G.: *Fuzzy Logik: Einführung in die algebraischen und logischen Grundlagen*. Springer, Berlin u.a., 1993.

[BA94] BLAND, J. M. und D. G. ALTMAN: *Statistic Notes: Matching*. BMJ, 309:1128, 1994.

[Bac02] BACHER, J.: *Statistisches Matching: Anwendungsmöglichkeiten, Verfahren und ihre praktische Umsetzung in SPSS*. ZA-Informationen, 51:38–66, 2002.

[Bar07] BARTEL, R.: *Blogs für alle: Das Weblog-Kompendium*. Smart Books Publishing AG, Baar, 2007.

[Bau02] BAUNE, A. K.: *Dynamische Clusteranalyse-Verfahren, ihre Bewertung und deren Anwendung im medizinischen Umfeld*. Dissertation, Fakultät für Informatik der Universität Ulm, 2002.

[BB07] BOJADZIEV, G. und M. BOJADZIEV: *Fuzzy Logic for Business, Finance, and Management*. World Scientific Publishing Co. Pte. Ltd., Singapur, 2. Auflage, 2007.

[BC64] Box, G. E. P. und D. R. Cox: *An Analysis of Transformation*. Journal of the Royal Statistical Society, Series B(26):211–252, 1964.

[BD86] Bonissone, P. P. und K. S. Decker: *Selecting Uncertainty Calculi and Granularity: An Experiment in Trading-off Precision and Complexity*. In: Kanal, L. N. und J. F. Lemmer (Herausgeber): *Uncertainty in Artificial Intelligence*, Seiten 217–247. North-Holland, Amsterdam, 1986.

[BD02] Bortz, J. und N. Döring: *Forschungsmethoden und Evaluation*. Springer, Heidelberg, 2002.

[BE07] Bontschev, G. und M. Eling: *Wo investieren Distressed-Securities-Hedgefonds? Ein Asset-based Style-Faktorenmodell*. Working Papers on Risk Management and Insurance No. 47, Institute of Insurance Economics, Universität St. Gallen, St. Gallen, 2007.

[Bed90] Beder, J. H.: *On the Use of RIDIT Analysis*. Psychometrika, 55(4):603–616, 1990.

[Ben01] Benker, H.: *Statistik mit MATHCAT und MATLAB*. Addison-Wesley, Berlin, 2001.

[Ben05] Benninghaus, H.: *Einführung in die sozialwissenschaftliche Datenanalyse*. Oldenbourg, München, 2005.

[BEPW06] Backhaus, K., B. Erichson, W. Plinke und R. Weiber: *Multivariate Analysemethoden: Eine anwendungsorientierte Einführung*. Springer, Berlin u.a., 11. Auflage, 2006.

[Bez73] Bezdek, J. C.: *Fuzzy Mathematics in Pattern Classification*. Dissertation, Applied Math. Center, Cornell University Ithaca, 1973.

[BG93] Bandemer, H. und S. Gottwald: *Einführung in Fuzzy-Methoden*. Akademie Verlag, Berlin, 4. Auflage, 1993.

[Bie97] Biewer, B.: *Fuzzy-Methoden: Praxisrelevante Rechenmodelle und Fuzzy-Programmiersprachen*. Springer, Berlin, 1997.

[BIT08] BITKOM: *Deutschland holt bei Breitband auf*, 2008. Online verfügbar unter `http://www.bitkom.org/de/presse/30739_52242.aspx`, abgerufen am 15.09.2008.

[BKI00] BEIERLE, C. und G. KERN-ISBERNER: *Methoden wissensbasierter Systeme*. Vieweg, Wiesbaden, 2000.

[BKKN03] BORGELT, C., F. KLAWONN, R. KRUSE und D. NAUCK: *Neuro-Fuzzy-Systeme*. Vieweg, Wiesbaden, 2003.

[BL71] BOURGEOIS, F. und J.-C. LASSALLE: *An Extension of the Munkres Algorithm for the Assignment Problem to Rectangular Matrices*. Communications of the ACM, 14(12):802–804, 1971.

[Bla01] BLASIUS, J.: *Korrespondenzanalyse*. Oldenbourg, München, 2001.

[Ble04] BLEIHOLDER, J.: *Techniken des Data Merging in Integrationssystemen*. In: SAMIA, M. und S. CONRAD (Herausgeber): *Tagungsband zum 16. GI-Workshop über Grundlagen von Datenbanken*, Seiten 23–27. Institute of Computer Science, Heinrich-Heine Universität Düsseldorf, 2004.

[Blo05] BLOHM, M.: *Die Allgemeine Bevölkerungsumfrage der Sozialwissenschaften (ALLBUS)*. In: GRÖZINGER, G. und W. MATIASKE (Herausgeber): *Deutschland regional. Sozialwissenschaftliche Daten im Forschungsverbund*, Seiten 43–55. Hampp Verlag, München, 2005.

[Boc74] BOCK, H. H.: *Automatische Klassifikation: Theoretische und praktische Methoden zur Gruppierung und Strukturierung von Daten*. Vandenhoeck & Ruprecht, Göttingen, 1974.

[Bon95] BONITZ, H.: *Aristoteles: Philosophische Schriften*, Band 5. Meiner Verlag, Hamburg, 1995.

[Bos98] BOSCH, K.: *Statistik Taschenbuch*. Oldenbourg, München, 3. Auflage, 1998.

[Bos07] BOSCH, K.: *Basiswissen Statistik*. Oldenbourg, München, 2007.

[Bro58] BROSS, I. D. J.: *How to use Ridit Analysis*. Biometrics, 14:18–38, 1958.

[Bro06] BRODA, S.: *Marktforschungspraxis: Konzepte, Methoden, Erfahrungen*. Gabler, Wiesbaden, 2006.

[BT99] BILGIÇ, T. und I. B. TÜRKSEN: *Measurement of Membership Functions: Theoretical and Empirical Work.* In: DUBOIS, D. und H. PRADE (Herausgeber): *Handbook of Fuzzy Sets and Systems*, Band 1, Seiten 195–232. Kluwer, Boston, London, Dordrecht, 1999.

[BTK03] BORGELT, C., H. TIMM und R. KRUSE: *Unsicheres und vages Wissen.* In: GÖRZ, G., C.-R. ROLLINGER und J. SCHNEEBERGER (Herausgeber): *Handbuch der künstlichen Intelligenz.* Oldenbourg, München, 2003.

[BVW04] BUHL, H. U., S. VOLKERT und V. WINKLER: *Individualisierte Anlageberatung: Axiomatische Fundierung von Zielfunktionen zur Bewertung von Anlagealternativen.* Technischer Bericht Diskussionspapier WI-150, Lehrstuhl für Betriebswirtschaftslehre, Wirtschaftsinformatik & Financial Engineering Kernkompetenzzentrum IT & Finanzdienstleistungen, Augsburg, 2004.

[CCK+00] CHAPMAN, P., J. CLINTON, R. KERBER, T. KHABAZA, T. REINARTZ, C. SHEARER und R. WIRTH: *CRISP-DM 1.0: Step-by-Step Data Mining Guide.* The CRISP-DM Consortium, Seiten 1–78, 2000. Online verfügbar unter `http://www.crisp-dm.org/CRISPWP-0800.pdf`, abgerufen am 28.11.2008.

[Cle08] CLEFF, T.: *Deskriptive Statistik und moderne Datenanalyse.* Gabler, Wiesbaden, 2008.

[Coc53] COCHRAN, W. G.: *Matching in Analytical Studies.* Journal of the American Public Health Association, 43(6):684–691, 1953.

[Cod70] CODD, E. F.: *A Relational Model of Data for Large Shared Data Banks.* Communications of the ACM, 13(6):377–387, 1970.

[Cox94] COX, E.: *The Fuzzy Systems Handbook: A Practitioner's Guide to Building, Using, and Maintaining Fuzzy Systems.* AP Professional, Boston, 1994.

[Cro51] CRONBACH, L. J.: *Coefficient Alpha and the Internal Structure of Tests.* Psychometrika, 16:297–334, 1951.

[Cun06] CUNNINGHAM, J.: *Determining an Optimal Membership Function Based on Community Consensus in a Fuzzy Database System.* In: *Proceedings of the 44th Annual Southeast Regional Conference,*

Seiten 632–637, New York, 2006. ACM Press. Session: Database Systems and Computer Vision.

[D'A98] D'AGOSTINO, R. B.: *Tutorial in Biostatics: Propensity Score Methods for Bias Reduction in the Comparison of a Treatment to a Non-Randomized Control Group.* Statistics in Medicine, 17:2265–2281, 1998.

[DKV+04] DRIGAS, A., S. KOUREMENOS, S. VRETTOS, J. VRETTAROS und D. KOUREMENOS: *An Expert System for Job Matching of the Unemployed.* Expert Systems with Applications, 26:217–224, 2004.

[DL97] DEZA, M. M. und M. LAURENT: *Geometry of Cuts and Metrics.* Springer, Berlin u.a., 1997.

[DP80] DUBOIS, D. und H. PRADE: *Fuzzy Sets and Systems: Theory and Applications*, Band 144 der Reihe *Mathematics in Science and Engineering.* Academic Press, New York, 1980.

[DP85] DUBOIS, D. und H. PRADE: *A Review of Fuzzy Set Aggregation Connectives.* Information Science, 36:85–121, 1985.

[dTC06] DE CARVALHO DE A.T., F., C. P. TENÓRIO und N. L. CAVALCANTI: *Partitional Fuzzy Clustering Methods Based on Adaptive Quadratic Distances.* Fuzzy Sets and Systems, 157:2833–2857, 2006.

[Dun73] DUNN, J.C.: *A Fuzzy Relative of the ISODATA Process and its use in Detecting Compact Well-Separated Clusters.* Journal of Cybernetics, 3:32–57, 1973.

[DW02] DEHEJIA, R. H. und S. WAHBA: *Propensity Score-Matching Methods For Nonexperimental Causal Studies.* The Review of Economics and Statistics, 84(1):151–161, 2002.

[DZS01] D'ORAZIO, M., M. DI ZIO und M. SCANU: *Statistical Matching: a Tool for Integrating Data in National Statistical Institutes.* In: *Second International Seminar of Exchange of Technology and Know-How / Fourth New Techniques and Technologies for Statistics Seminar*, Seiten 433–440, Crete, 2001.

[DZS06] D'ORAZIO, M., M. DI ZIO und M. SCANU: *Statistical Matching: Theory and Practice.* John Wiley & Sons, Ltd., West Sussex, 2006.

[Eic95] EICHLER, M.: *Methoden zur automatischen Klassifikation gekoppelter Meßgrößen.* Seminararbeit am Institut für Phonetik, Johann Wolfgang Goethe Universität Frankfurt, 1995. Online verfügbar unter `http://www.informatik.uni-frankfurt.de/~ifb/exphon/ss95/martin01.html`, abgerufen am 07.07.2007.

[EKR02] ECKEY, H.-F., R. KOSFELD und M. RENGERS: *Multivariate Statistik.* Gabler, Wiesbaden, 2002.

[ELL01] EVERITT, B. S., S. LANDAU und M. LEESE: *Cluster Analysis.* Arnold, London, 2001.

[Eng01] ENGEL, D.: *Höheres Beschäftigungswachstum durch Venture Capital?* Discussion Paper No. 01-34, Zentrum für Europäische Wirtschaftsforschung GmbH (ZEW), Mannheim, 2001.

[Fai97] FAIR, M. E.: *Record Linkage in an Information Age Society.* In: ALVEY, W. und B. JAMERSON (Herausgeber): *Record Linkage Techniques*, Seiten 427–441, Washington D.C., 1997.

[Fel06] FELDBUSCH, F.: *Intelligente Datenanalyse.* Vorlesungsskript, Universität Karlsruhe, Sommersemster 2006. Online verfügbar unter `http://ces.univ-karlsruhe.de/teaching/IDA_s05/folien/ida-3a-fuzzy.pdf`, abgerufen am 24.01.2007.

[FG08] FISCH, M. und C. GSCHEIDLE: *Mitmachnetz 2.0: Rege Beteiligung nur in Communitys.* Media Perspektiven, 7:356–364, 2008.

[FM03] FRANKE, K.-H. und T. MACHLEIDT: *Farbpixelklassifikation mittels partitionierender Clusteralgorithmen und Vergleich mit neuronalen Ansätzen.* Wissenschaftlicher Beitrag, Technische Universität Ilmenau, 2003.

[FMV08] FUEGLISTALLER, U., C. A. MÜLLER und T. VOLERY: *Entrepreneuership.* Gabler, Wiesbaden, 2. Auflage, 2008.

[For93] FORSTER, O.: *Analysis 2.* Vieweg, Braunschweig, 1993.

[FPSS96a] FAYYAD, U., G. PIATETSKY-SHAPIRO und P. SMYTH: *From Data Mining to Knowledge Discovery in Databases.* American Association for Artificial Intelligence, Fall 1996:37–54, 1996.

[FPSS96b] FAYYAD, U., G. PIATETSKY-SHAPIRO und P. SMYTH: *From Data Mining to Knowledge Discovery in Databases: An Overview.* In: FAYYAD, U., G. PIATETSKY-SHAPIRO, P. SMYTH und R. UTHURUSAMY (Herausgeber): *Advances in Knowledge Discovery and Data Mining*, Seiten 1–30. 1996.

[Fra02] FRANK, H.: *Fuzzy-Methoden in der Wirtschaftsmathematik.* Vieweg, Wiesbaden, 2002.

[Fre04] FREISTÄTTER, J.: *Wissensmanagement als Basis für wissensbasiertes Management.* Vielfalt in Uniform, 4:1–70, 2004.

[Fro07] FROESE, N.: *Aristoteles: Logik und Methodik in der Antike*, 2007. Online verfügbar unter `http://www.antike-griechische.de/Aristoteles.pdf`, abgerufen am 10.03.2008.

[GBG04] GUO, S., R. BARTH und C. GIBBONS: *Introduction to Propensity Score Matching: A New Device for Program Evaluation.* Workshop Presented at the Annual Conference of the Society for Social Work Research, New Orleans, 2004. Online verfügbar unter `http://ssw.unc.edu/VRC/Lectures/PSM_SSWR_2004.pdf`, abgerufen am 28.02.2007.

[GD04] GANGL, M. und T. DIPRETE: *Kausalanalyse durch Matchingverfahren.* DIW- Diskussionspapiere 401, Deutsches Institut für Wirtschaftsforschung (DIW), Berlin, 2004.

[Ger96] GERNERT, D.: *Fuzzy Logic.* Betriebswirtschaftliches Seminar in Automation, Robotik und betriebliche Auswirkungen, Technische Universität München, 1996.

[Ges06] GESELLSCHAFT SOZIALWISSENSCHAFTLICHER INFRASTRUKTUREINRICHTUNGEN: *Datenhandbuch 2006.* Technischer Bericht, Zentralarchiv für empirische Sozialforschung an der Universität zu Köln und Zentrum für Umfragen, Methoden und Analysen ZUMA in Mannheim, 2006. Online verfügbar unter `http://www.gesis.org/Datenservice/ALLBUS/index.htm`, abgerufen am 24.05.2008.

[Ges07] GESELLSCHAFT SOZIALWISSENSCHAFTLICHER INFRASTRUKTUREINRICHTUNGEN: *Die allgemeine Bevölkerungsumfrage der*

Sozialwissenschaften - ALLBUS, 2007. Online verfügbar unter `http://www.gesis.org/Dauerbeobachtung/Allbus`, abgerufen am 24.05.2008.

[GF07] GSCHEIDLE, C. und M. FISCH: *Onliner 2007: Das "Mitmach-Netz" im Breitbandzeitalter.* Media Perspektiven, 8:393–405, 2007.

[Gol06] GOLIN, M. J.: *Bipartite Matching & the Hungarian Method.* Course Notes, Hong Kong University of Science and Technology, Hong Kong, 2006.

[Gro02] GROSSMANN, S.: *Fuzzy Clusteranalyse zur automatischen Erzeugung von Fuzzy-Modellen in praktischen Anwendungen.* Diplomarbeit, Institut für innovative Informatik-Anwendungen, Fachhochschule Trier, November 2002.

[Gru02] GRUNDMANN, W.: *Operations Research.* Vieweg Verlag, Wiesbaden, 2002.

[Grz08] GRZEGORZEWSKI, P.: *Trapezoidal Approximations of Fuzzy Numbers Preserving the Expectes Interval - Algorithms and Properties.* Fuzzy Sets and Systems, 159:1354–1364, 2008.

[GSB05] GENSLER, S., B. SKIERA und M. BÖHM: *Einsatzmöglichkeiten der Matching Methode zur Berücksichtigung von Selbstselektion.* Journal für Betriebswirtschaft, 55(1):37–62, 2005.

[Göt07] GÖTHLICH, S. E.: *Zum Umgang mit fehlenden Daten in großzahligen empirischen Erhebungen.* In: ALBERS, S., D. KLAPPER, U. KONRADT, A. WALTER und J. WOLF (Herausgeber): *Methodik der empirischen Forschung*, Seiten 119–134. Gabler, Wiesbaden, 2. Auflage, 2007.

[Gut54] GUTTMAN, L.: *Some Necessary Conditions for Common Factor Analysis.* Psychometrika, 19:149–161, 1954.

[Hae03] HAENDEL, L.: *Clusterverfahren zur datenbasierten Generierung interpretierbarer Regeln unter Verwendung lokaler Entscheidungskriterien.* Dissertation, Fakultät für Elektrotechnik und Informationstechnik der Universität Dortmund, 2003.

[Haf00] HAFNER, R.: *Statistik für Sozial- und Wirtschaftswissenschaftler.* Band 1. Springer, Wien, 2000.

[Hai06] HAIR, J. F.: *Multivariate Data Analysis*. Prentice Hall, Upper Saddle River, 6. Auflage, 2006.

[Häd06] HÄDER, M.: *Empirische Sozialforschung: Eine Einführung*. CRRS Publications, Toronto, 2006.

[Höf04] HÖFLER, M.: *Statistik in der Epidemiologie psychischer Störungen*. Springer, Berlin, 2004.

[HH07] HARTMANN, P. H. und I. HÖHNE: *MNT 2.0 - Zur Weiterentwicklung der MedienNutzerTypologie*. Media Perspektiven, 5:235–241, 2007.

[Hil94] HILLMANN, K.-H.: *Wörterbuch der Soziologie*. Alfred Kröner Verlag, Stuttgart, 4. Auflage, 1994.

[Hir01] HIRJI, K. K.: *Exploring Data Mining Implementation*. Communications of the ACM, 44(7):87–93, 2001.

[HIT97] HECKMAN, J. J., H. ICHIMURA und P. TODD: *Matching as an Econometric Evaluation Estimator: Evidence from Evaluating a Job Training Program*. Review of Economic Studies, 64:605–654, 1997.

[HIT98] HECKMAN, J. J., H. ICHIMURA und P. TODD: *Matching as an Econometric Evaluation Estimator*. Review of Economic Studies, 65:261–294, 1998.

[HK00] HÖPPNER, F. und F. KLAWONN: *Obtaining Interpretable Fuzzy Models from Fuzzy Clustering and Fuzzy Regression*. In: *Proceedings of the 4th Int. Conf. on Knowledge-Based Intelligent Engineering Systems & Allied Technologies*, Seiten 162–165. Innovation in Knowledge-Based & Intelligent Engineering Systems, 2000.

[HK06] HAN, J. und M. KAMBER: *Data Mining*. Morgan Kaufmann Publishers, San Franscisco, 2006.

[HKK97] HÖPPNER, F., F. KLAWONN und R. KRUSE: *Fuzzy-Clusteranalyse: Verfahren für die Bilderkennung, Klassifikation und Datenanalyse*. Vieweg, Braunschweig, Wiesbaden, 1997.

[HKK04] HARTMANN, W., R. KREUTZER und H. KUHFUSS: *Kundenclubs & More*. Gabler, Wiesbaden, 2004.

[Hof04] HOFFMANN, O.: *Fuzzy Logik und neuronale Netze*. Vorlesungsskript, Fachhochschule Gießen-Friedberg, 2004. Online verfügbar unter `http://homepages.fh-giessen.de/~hg14032/Skripte/S5_NNFuzzyLogic_Skript.pdf`, abgerufen am 16.06.2008.

[Hol98] HOLZ, R.: *Rating, Ranking, Scoring und Fuzzy Sets: Eine Methoden (Stilelement)-Zusammenführung am Beispiel von LV-Produktratings*. Blätter der DGVFM, 23(4):363–384, 1998.

[Hol03] HOLM, K.: *Almo Statistik-System Handbuch Teil 3b*. Linz, 2003.

[HRL05] HAM, J. C., P. B. REAGAN und X. LI: *Propensity Score Matching, a Distance-Based Measure of Migration, and the Wage Growth of Young Men*. IEPR Working Paper 05.13, University of Southern California, Institute of Economic Policy Research, Los Angeles, 2005.

[HTGK07] HAAS, S., T. TRUMP, M. GERHARDS und W. KLINGLER: *Web 2.0: Nutzer und Nutzertypen*. Media Perspektiven, 4:215–222, 2007.

[HW06] HUPPERT, B. und W. WILLEMS: *Lineare Algebra*. Teubner, Wiesbaden, 2006.

[IOST00] INGRAM, D. D., J. O'HARE, F. SCHEUREN und J. TUREK: *Statistical Matching: A New Validation Case Study*. In: *Proceedings of the Survey Research Methods Section*, Seiten 746–751. American Statistical Association, 2000.

[Iwe00] IWE, H.: *Einführung in die Fuzzy-Technologie*. Vorlesungsskript, Hochschule für Technik und Wirtschaft Dresden, 2000. Online verfügbar unter `http://www.informatik.htw-dresden.de/~iwe/lvfuzzy/FuzzySkript.pdf`, abgerufen am 24.01.2007.

[Jan98] JANTZEN, J.: *Neuro-Fuzzy Modelling*. Technical Report 98-H-874, Technical University of Denmark, Lyngby, 1998.

[JM96] JAANINEH, G. und M. MAIJOHANN: *Fuzzy-Logik und Fuzzy-Control*. Vogel Buchverlag, Würzburg, 1996.

[Kad78] KADANE, J. B.: *Some Statistical Problems in Merging Data Files*. Compendium of Tax Research, Washington, D.C., Seiten 159–179, 1978.

[KD59] KAISER, H. F. und K. DICKMAN: *Analytic Determination of Common Factors*. American Psychological Reports, 14:425–437, 1959.

[KF88] KLIR, G. J. und T. A. FOLGER: *Fuzzy Sets, Uncertainty, and Information*. Prentice Hall, Englewood Cliffs, 1988.

[KGG08] KHAN, S., A. R. GANGULY und A. GUPTA: *Data Mining and Data Fusion for Enhanced Decision Support*. In: BURSTEIN, F. und C. W. HOLSAPPLE (Herausgeber): *Handbook on Decision Support Systems*, Seiten 581–608. Springer, Berlin, 2008.

[KGK93] KRUSE, R., J. GEBHARDT und F. KLAWONN: *Fuzzy-Systeme*. B. G. Teubner, Stuttgart, 1993.

[KH03a] KLAWONN, F. und F. HÖPPNER: *An Alternative Approach to the Fuzzyfier in Fuzzy Clustering to Obtain Better Clustering Results*. In: *Proceedings of 3rd EUSFLAT*, Seiten 730–734, Zittau, 2003.

[KH03b] KLAWONN, F. und F. HÖPPNER: *What is Fuzzy About Fuzzy Clustering? - Understanding and Improving the Concept of the Fuzzifier*. In: BERTHOLD, M. R., H.-J. LENZ, E. BRADLEY, R. KRUSE und C. BORGELT (Herausgeber): *Advances in Intelligent Data Analysis V.*, Seiten 254–264. Springer, Berlin, 2003.

[KI92] KACPRZYK, J. und C. IWANSKI: *Fuzzy Logic with Linguistic Quantifiers in Inductive Learning*. In: ZADEH, L. und J. KACPRZYK (Herausgeber): *Fuzzy Logic for the Management of Uncertainty*, Seiten 465–478. John Wiley & Sons, Inc., New York, 1992.

[KL94] KOVACEVIC, M. S. und T.-P. LIU: *Statistical Matching of Survey Datafiles: A Simulation Study*. In: *Proceedings of the Survey Research Methods Section, American Statistical Association*, Seiten 479–484, 1994.

[Kla04] KLAWONN, F.: *Fuzzy-Clusteranalyse*. CS Research Seminar Data and Knowledge Engineering, Otto-von-Guericke-Universität, Magdeburg, Mai 2004.

[KM93] KIRCHNER, F. und C. MICHAELIS: *Wörterbuch der Philosophischen Grundbegriffe*. Verlag der Dörr'schen Buchhandlung, Leipzig, 5. Auflage, 1993.

[KMMW06] KUHLENKAMP, A., S. MANOUCHEHRI, I. MERGEL und U. WINAND: *Privatsphäre versus Erreichbarkeit bei der Nutzung von Social Software*. HMD - Praxis der Wirtschaftsinformatik, 252:27–35, 2006.

[KMN+02] KANUNGO, T., D. M. MOUNT, N. S. NETANYAHU, C. D. PIATKO, R. SILVERMAN und A. Y. WU: *An Efficient k-Means Clustering Algorithm: Analysis and Implementation*. IEEE Transactions on Pattern Analysis and Machine Intelligence, 24(7):881–892, 2002.

[KNK97] KRUSE, R., D. NAUCK und F. KLAWONN: *Neuronale Fuzzy-Systeme*. Spektrum der Wissenschaften: Kopf oder Computer, 4:92–99, 1997.

[Kno96] KNORZ, G.: *Datenbank-Entwurfsmethoden*. In: BUDER, M., W. REHFELD und T. SEEGER (Herausgeber): *Grundlagen der praktischen Information und Dokumentation*, Band 2, Seiten 664–687. K.G. Saur, München, 4. Auflage, 1996.

[Koh03] KOHLER, T. C.: *Wirkungen des Produktdesigns: Analyse und Messung am Beispiel Automobildesign*. Deutscher Universitätsverlag, Wiesbaden, 2003.

[Koz82] KOZELKA, R. M.: *How to Work Through a Clustering Problem*. In: H. C. HUDSON (Herausgeber): *Classifying Social Data*, Seiten 1–12. Jossey-Bass, San Francisco, 1982.

[KR05] KLEINSCHMIDT, P. und C. RANK: *Relationale Datenbanksysteme: Eine praktische Einführung*. Springer, Berlin, 2005.

[KR06] KIESL, H. und S. RÄSSLER: *How Valid Can Data Fusion Be?* Technischer Bericht Discussionpaper No. 15/2006, Bundesagentur für Arbeit, Institut für Arbeitsmarkt- und Berufsforschung, Nürnberg, 2006.

[KSM+07] KUMAR, B. P., J. SELVAM, V. S. MEENAKSHI, K. KANTHI, A. L. SUSEELA und V. L. KUMAR: *Business Decision Making, Management and Information Technology*. Ubiquity, 8(8):1–20, 2007.

[Kuh55] KUHN, H. W.: *The Hungarian Method for the Assignment Problem*. Naval Research Logistics Quarterly, 2:83–97, 1955.

[Kun00] KUNCHEVA, L. I.: *How Good are Fuzzy If-Then Classifiers.* IEEE transactions on Systems, MAN and Cybernetics - Part B: Cybernetics, 30(4):501–509, 2000.

[KW69] KANTOR, S. und W. WINKELSTEIN: *The Rationale and Use of Ridit Analysis in Epidemiologic Studies on Blood Pressure.* American Journal of Epidemiology, 90(3):201–213, 1969.

[KWHS01] KOCH, A., M. WASMER, J. HARKNESS und E. SCHOLZ: *Konzeption und Durchführung der "Allgemeinen Bevölkerungsumfrage der Sozialwissenschaften" ALLBUS 2000.* ZUMA-Methodenbericht 2001-05, ZUMA, Mannheim, 2001.

[Lec98] LECHNER, M.: *Mikroökonomische Evaluationsstudien: Anmerkungen zu Theorie und Praxis.* In: PFEIFFER, F. und W. POHLMEIER (Herausgeber): *Qualifikation, Weiterbildung und Arbeitsmarkterfolg*, ZEW-Wirtschaftsanalysen, Seiten 13–38. Nomos-Verlag, Baden-Baden, 1998.

[Lit00] LITZ, H. P.: *Multivariate statistische Methoden.* Oldenbourg, München, 2000.

[LSC05] LUELLEN, J. K., W. R. SHADISH und M. H. CLARK: *Propensity Scores: An Introduction and Experimental Test.* Evaluation Review, 29(6):530–558, 2005.

[LW67] LANCE, G. N. und W. T. WILLIAMS: *Mixed-Data Classificatory Programs I - Agglomerative Systems.* Australian Computer Journal, 1(1):15–20, 1967.

[Mah36] MAHALANOBIS, P. C.: *On the Generalised Distance in Statistics.* In: *Proceedings of the National Institute of Science of India*, Seiten 49–55, 1936.

[MAN08] MAURER, T., P. ALPAR und P. NOLL: *Nutzertypen junger Erwachsener in sozialen Online-Netzwerken in Deutschland.* In: ALPAR, P. und S. BLASCHKE (Herausgeber): *Web 2.0 - Eine empirische Bestandsaufnahme*, Seiten 207–232. Vieweg + Teubner, Wiesbaden, 2008.

[Mar03] MARTENS, J.: *Statistische Datenanalyse mit SPSS für Windows.* Oldenbourg, München, 2. Auflage, 2003.

[Mau07] MAURER, T.: *Mehrwert sozialer Online-Netzwerke aus Benutzersicht: Eine empirische Untersuchung.* Diplomarbeit, Institut für Wirtschaftsinformatik, Philipps-Universität Marburg, Juli 2007.

[MB01] MIELKE, P. W. und K. J. BERRY: *Permutation Methods: A Distance Function Approach.* Springer, New York u.a., 2001.

[Men51] MENGER, K.: *Ensembles flous et fonctions aléatoires.* Comptes Rendus Académie des Sciences, 37:2001–2003, 1951.

[MH01] MILLER, H. J. und J. HAN: *Georaphic Data Mining and Knowledge Discovery: An Overview.* In: MILLER, H. J. und J. HAN (Herausgeber): *Geographic Data Mining and Knowledge Discovery.* Taylor & Francis, London, New York, 2001.

[Miz89] MIZUMOTO, M.: *Pictorial Representations of Fuzzy Connectives, Part 1: Cases of t-Norms, t-Conorms and Averaging Operators.* Fuzzy Sets and Systems, 31:217–242, 1989.

[MKB79] MARDIA, K. V., J. T. KENT und J. M. BIBBY: *Multivariate Analysis.* Academic Press, London, 1979.

[MS00] MENDES, M. E. S. und L. SACKS: *Assessment of the Performance of Fuzzy Cluster Analysis in the Classification of RFC Documents.* In: *Proceedings of the London Communications Symposium*, London, 2000.

[MS01] MORIARITY, C. und F. SCHEUREN: *Statistical matching: A Paradigm for Assessing the Uncertainty in the Procedure.* Journal of Official Statistics, 17:407–422, 2001.

[MS03] MORIARITY, C. und F. SCHEUREN: *Statistical Matching with Assessment of Uncertainty in the Procedure: New Findings.* In: *Proceedings of the Survey Research Methods Section, American Statistical Association*, Seiten 2904–2909, 2003.

[MS04] MÜLLER-SCHOLZ, W. K.: *Die stille Transformation.* Gabler, Wiesbaden, 2004.

[MW03] MERKL, R. und S. WAACK: *Bioinformatik interaktiv.* Wiley-VCH, Weinheim, 2003.

[NA07] NOLL, P. und P. ALPAR: *A Methodology for Statistical Matching with Fuzzy Logic*. In: *Proceedings of NAFIPS 2007, Fuzzy Information Processing Society*, Seiten 73–78, San Diego, 2007.

[NKAJ59] NEWCOMBE, H., J. KENNEDY, S. AXFORD und A. JAMES: *Automatic linkage of vital records*. Science, 130:954–959, 1959.

[Oeh07] OEHMICHEN, E.: *Die neue MedienNutzerTypologie MNT 2.0*. Media Perspektiven, 5:226–234, 2007.

[OS04] OEHMICHEN, E. und C. SCHRÖTER: *Die OnlineNutzerTypologie (ONT)*. Media Perspektiven, 8:386–393, 2004.

[OS07] OEHMICHEN, E. und C. SCHRÖTER: *Zur typologischen Struktur medienübergreifender Nutzungsmuster*. Media Perspektiven, 8:406–421, 2007.

[Paa85] PAASS, G.: *Disclosure Risk and Disclosure Avoidance for Microdata*. Journal of Business and Economic Statistics, 6:487–500, 1985.

[Pd00] PAJARES, G. und J. M. DE LA CRUZ: *A new Learning Strategy for Stereo Matching Derived from a Fuzzy Clustering Method*. Fuzzy Sets and Systems, 110:413–427, 2000.

[Pet05] PETERSOHN, H.: *Data Mining*. Oldenbourg, München, 2005.

[Pil08] PILGRIM, R. A.: *Munkres' Assignment Algorithm. Modified for Rectangular Matrices*. Course Notes, Murray State University, Murray, 2008. Online verfügbar unter `http://csclab.murraystate.edu/bob.pilgrim/445/munkres.html`, abgerufen am 06.10.2008.

[Pow00] POWER, D. J.: *Decision Support Systems Hyperbook*, 2000. Online verfügbar unter `http://dssresources.com/dssbook/ch1sbdm.pdf`, abgerufen am 16.11.2008.

[PQS97] POUPLARD, N., E. M. QANNARI und S. SIMON: *Use of RIDITS to Analyse Categorical Data in Preference Studies*. Food Quality and Preference, 8(5/6):419–422, 1997.

[PU03] PERNUL, G. und R. UNLAND: *Datenbanken im Unternehmen: Analyse, Modellbildung und Einsatz*. Oldenbourg, München, 2. Auflage, 2003.

[RÖ2] RÄSSLER, S.: *Statistical Matching: A Frequentist Theory, Practical Applications and Alternative Bayesian Approaches*. Springer, New York u.a., 2002.

[RÖ4a] RÄSSLER, S.: *Data Fusion*. Präsentation University of Ljubljana 21./22.05.2004, Ljubljana, 2004.

[RÖ4b] RÄSSLER, S.: *Data Fusion: Identification Problems, Validity, and Multiple Imputation*. Australian Journal of Statistics, 33:153–171, 2004.

[RD81] RODGERS, W. L. und E. B. DEVOL: *An Evaluation of Statistical Matching*. In: *Proceedings of the Survey Research Methods Section, American Statistical Association*, Seiten 128–132, 1981.

[Red03] REDWAY, H.: *Data Fusion by Statistical Matching*. In: *International Microsimulation Conference on Population, Ageing and Health: Modelling our Future*, Seiten 1–18, Canberra, 2003.

[RF98] RÄSSLER, S. und K. FLEISCHER: *Aspects Concerning Data Fusion Techniques*. ZUMA-Nachrichten, Spezial No. 4:317–333, 1998.

[Rön01] RÖNZ, B.: *Computergestützte Statistik 1*, 2001. Online verfügbar unter `http://www.quantlet.com/mdstat/scripts/cs1/cs1-html/index.html`, abgerufen am 18.10.2008.

[Rod84] RODGERS, W. L.: *An Evaluation of Statistical Matching*. Journal of Business and Economic Statistics, 2(1):91–102, 1984.

[RP02] ROHWER, G. und U. PÖTTER: *Methoden sozialwissenschaftlicher Datenkonstruktion*. Juventa Verlag, Weinheim, 2002.

[RR83] ROSENBAUM, P. R. und D. B. RUBIN: *The Central Role of the Propensity Score in Observational Studies for Causal Effects*. Biometrika, 70(1):41–55, 1983.

[RS06] REINOWSKI, E. und B. SCHULTZ: *Microeconometric Evaluation of Selected ESF-Funded ALMP-Programmes*. IWH Dicussion Paper 17, Institut für Wirtschaftsforschung, Halle, 2006.

[Rub74] RUBIN, D. B.: *Estimating Causal Effects of Treatments in Randomized and Nonrandomized Studies*. Journal of Educational Psychology, 66:688–701, 1974.

[Rub76] RUBIN, D. B.: *Inference and Missing Data.* Biometrika, 63:581–592, 1976.

[Rub78] RUBIN, D. B.: *Bayesian Inference for Causal Effects.* Annals of Statistics, 6:34–58, 1978.

[Rub79] RUBIN, D. B.: *Using Multivariate Matched Sampling and Regression Adjustment to Control Bias in Observational Studies.* Journal of the American Statistical Association, 74:318–328, 1979.

[Rus23] RUSSEL, B.: *Vagueness.* Australian Journal of Psychology and Philosophy, 1:84–92, 1923.

[San06] SANGHI, S.: *Determining the Membership Values to Optimize Retrieval in a Fuzzy Relational Database.* In: *Proceedings of the 44th Annual Southeast Regional Conference*, Seiten 537–542, New York, 2006. ACM Press. Session: Database Systems II.

[Sap00] SAPORTA, G.: *Data Fusion and Data Grafting.* In: *NMDM2000 International Meeting on Nonlinear Methods and Data Mining*, Rom, 2000.

[Sau04] SAUER, J.: *Neuronale Netze und Fuzzy Control-Systeme.* Vorlesungsskript, Fachhochschule Regensburg, März 2004. Online verfügbar unter `http://fbim.fh-regensburg.de/~saj39122/vhb/NN-Script/script/gen/title.html#link1`, abgerufen am 24.01.2007.

[Sau07] SAUER, M.: *Weblogs, Podcasting & Online-Journalismus.* O'Reilly, Köln, 2007.

[SCC02] SHADISH, W. R., T. D. COOK und D. T. CAMPBELL: *Experimental and Quasi-Experimental Designs for Generalized Causal Inference.* Houghton Mifflin Company, Boston, New York, 2002.

[Sch74] SCHMID, H. J.: *Eine geometrische Deutung der Ungarischen Methode.* Mathematische Zeitschrift, 138:213–218, 1974.

[Sch93] SCHULTE, U.: *Einführung in die Fuzzy-Logik: Fortschritte durch Unschärfe.* Franzis-Verlag GmbH, München, 1993.

[Sch00] SCHLITTGEN, R.: *Einführung in die Statistik: Analyse und Modellierung von Daten.* Oldenbourg, München, 9. Auflage, 2000.

[Sch03] SCHWENKER, F.: *Data Mining*. Vorlesungsskript, Universität Ulm, 2003. Online verfügbar unter `http://www.informatik.uni-ulm.de/ni/Lehre/WS03/DMM/dmm.html`, abgerufen am 11.05.2007.

[Sch04] SCHENDERA, C. F. G.: *Datenmanagement und Datenanalyse mit dem SAS-System*. Oldenbourg, München, 2004.

[Sch06] SCHULTZ, B.: *Möglichkeiten und Grenzen des Matching-Ansatzes: Am Beispiel der betrieblichen Mitbestimmung*. IWH-Diskussionspapiere 15, Institut für Wirtschaftsforschung Halle, Juli 2006.

[Sch07a] SCHMIDT, J.: *Umfrage "Wie ich blogge?!"*, 2007. Online verfügbar unter `http://www.schmidtmitdete.de/lebenslauf-aktivitaten-publikationen/umfrage-wie-ich-blogge`, abgerufen am 22.07.2008.

[Sch07b] SCHMIDT, J.: *WIB 2005-Daten werden freigegeben*, 2007. Online verfügbar unter `http://www.bamberg-gewinnt.de/wordpress/archives/791`, abgerufen am 22.07.2008.

[Sch07c] SCHMIDTHALS, J.: *Technologiekooperationen in radikalen Innovationsvorhaben*. DUV, Wiesbaden, 2007.

[Sch08] SCHMIDT, J.: *Geschlechterunterschiede in der deutschsprachigen Blogosphäre*. In: ALPAR, P. und S. BLASCHKE (Herausgeber): *Web 2.0 - Eine empirische Bestandsaufnahme*, Seiten 73–86. Vieweg + Teubner, Wiesbaden, 2008.

[SD96] SERMEUS, W. und L. DELESIE: *Ridit Analysis on Ordinal Data*. Western Journal of Nursing Research, 18:351–359, 1996.

[SG02] SCHAFER, J. L. und J. W. GRAHAM: *Missing Data: Our View of the State of the Art*. Psychological Methods, 7(2):147–177, 2002.

[Sia01] SIANESI, B.: *Implementing Propensity Score Matching Estimators with STATA*. Presentation for UK Stata Users Group, VII Meeting, London, 2001. Online verfügbar unter `http://fmwww.bc.edu/RePEc/usug2001/psmatch.pdf`, abgerufen am 28.02.2007.

[Sim74] SIMS, C. A.: *Comment*. Annals of Economic and Social Measurement, 3:395–397, 1974.

[Smi97] SMITH, H. L.: *Matching with Multiple Controls to Estimate Treatment Effects in Observational Studies.* Sociological Methodology, 27:325–353, 1997.

[SN91] SAXENA, P. C. und K. NAVANEETHAM: *The Effect of Cluster Size, Dimensionality, and Number of Clusters on Recovery of True Cluster Structure Through Chernoff-Type Faces.* The Statistician, 40(4):415–425, 1991.

[SS07] SCHIRMER, T. und K. SIEMER: *Excel 2007 für Späteinsteiger.* Franzis Verlag, Poing, 2007.

[Sud03] SUDARYANTO: *A Fuzzy Multi-Attribute Decision Making Approach for the Identification of the Key Sectors of an Economy: The Case of Indonesia.* Dissertation, Rheinisch-Westfälische Technische Hochschule Aachen, 2003. Online verfügbar unter `http://darwin.bth.rwth-aachen.de/opus3/volltexte/2003/591/pdf/03_121.pdf`, abgerufen am 16.06.2008.

[SW06] SCHMIDT, J. und M. WILBERS: *Wie ich blogge?! Erste Ergebnisse der Weblogbefragung 2005.* Bericht 06-01, Forschungsstelle “Neue Kommunikationsmedien”, Bamberg, 2006. Online verfügbar unter `http://nbn-resolving.de/urn:nbn:de:0168-ssoar-9874`, abgerufen am 23.07.2008.

[TH08] TOUTENBURG, H. und C. HEUMANN: *Deskriptive Statistik.* Springer, Berlin, 6. Auflage, 2008.

[Tim02] TIMM, H.: *Fuzzy Clusteranalyse: Methoden zur Exploration von Daten mit fehlenden Werten sowie klassifizierten Daten.* Dissertation, Fakultät für Informatik der Otto-von-Guericke-Universität Magdeburg, 2002.

[TNS06] TNS INFRATEST: *Dokumentation Fragebogen ALLBUS 2006*, 2006. Online verfügbar unter `http://www.za.uni-koeln.de/data/allbus/fragebogen/za4500fb1.pdf`, abgerufen am 26.05.2008.

[TPT01] TOLIAS, Y. A., S. M. PANAS und L. H. TSOUKALAS: *Generalized Fuzzy Indices for Similarity Matching.* Fuzzy Sets and Systems, 120:255–270, 2001.

[Tra94] TRAEGER, D. H.: *Einführung in die Fuzzy-Logik.* B.G. Teubner, Stuttgart, 1994.

[TS04] THOMAS, O. und A.-W. SCHEER: *Referenzmodellbasiertes Customizing unter Berücksichtigung unscharfer Daten.* Technischer Bericht Heft 177, Institut für Wirtschaftsinformatik im Deutschen Forschungszentrum für Künstliche Intelligenz, Saarbrücken, 2004. Online verfügbar unter http://www.iwi.uni-sb.de/Download/iwihefte/Thomas_Scheer_IWi-Heft_177.pdf, abgerufen am 16.06.2008.

[Unb08] UNBEHAUEN, H.: *Regelungstechnik I.* Vieweg Verlag, Wiesbaden, 2008.

[Utz08] UTZ, S.: *(Selbst-)marketing auf Hyves.* In: ALPAR, P. und S. BLASCHKE (Herausgeber): *Web 2.0 - Eine empirische Bestandsaufnahme*, Seiten 233–258. Vieweg + Teubner, Wiesbaden, 2008.

[van00] VAN DER PUTTEN, P.: *Data Fusion for Data Mining.* Coil Seminar 2000, Chios, Juni 2000.

[vF05] VAN EIMEREN, B. und B. FREES: *Nach dem Boom: Größter Zuwachs in internetfernen Gruppen.* Media Perspektiven, 8:362–379, 2005.

[vF07] VAN EIMEREN, B. und B. FREES: *Internetnutzung zwischen Pragmatismus und YouTube-Euphorie.* Media Perspektiven, 8:362–378, 2007.

[VH06] VIERTL, R. und D. HARETER: *Beschreibung und Analyse unscharfer Informationen: Statistische Methoden für unscharfe Daten.* Springer, Wien, 2006.

[Vie02] VIERTL, R.: *Allgemeine Informationstheorie und Statistik.* In: DUTTER, R. (Herausgeber): *Festschrift 50 Jahre österreichische statistische Gesellschaft*, Seiten 105–114. Österreichische Statistische Gesellschaft, Wien, 2002.

[vKG02] VAN DER PUTTEN, P., J. N. KOK und A. GUPTA: *Data Fusion through Statistical Matching.* MIT Sloan Working Paper 185, Cambridge, MA, 2002.

[Voß04] VOSS, W.: *Taschenbuch der Statistik*. Carl Hanser Verlag, München, 2. Auflage, 2004.

[von04] VON HOYNINGEN-HOENE, J.: *Integration nach Unternehmensakquisitionen*. DUV, Wiesbaden, 2004.

[Wal08] WALDFORST, S.: *Die Wirkung von Zielen auf die Arbeitsleistung von Akteuren*. Gabler, Wiesbaden, 2008.

[WB05] WEBER, S. und A. BRAKE: *Internetbasierte Befragung*. In: KÜHL, S., P. STRODTHOLZ und A. TAFFERTSHOFER (Herausgeber): *Quantitative Methoden der Organisationsforschung*. VS Verlag für Sozialwissenschaften, Wiesbaden, 2005.

[Web99] WEBER, K.: *Industriebetriebslehre*. Springer, Berlin, 1999.

[WG99] WILLIAMSON, M. und K. J. GASTON: *A Simple Transformation for Sets of Range Sizes*. Ecography, 22:674–680, 1999.

[WHSW03] WENZLAU, A., U. HOFER, M. SIEGERT und S. WOHLRAB: *Kundenprofiling*. Publicis Corporate Publishing, Erlangen, 2003.

[Wie98] WIEDEN, E.-A.: *Prototypische Realisierung von Fuzzy-Zugriffen auf relationale Datenbanken im PIA*. Vortrag im STS Oberseminar, Technische Universität Hamburg-Harburg, November 1998. Online verfügbar unter `http://www.sts.tu-harburg.de/slides/1998/11-98-Wied-OS-DA.pdf`, abgerufen am 24.01.2007.

[Win95] WINKLER, W. E.: *Matching and Record Linkage*. In: COX, B. G. (Herausgeber): *Business Survey Methods*, Seiten 374–403. John Wiley & Sons, Inc., 1995.

[Wu07] WU, C.-H.: *On the Application of Grey Relational Analysis and RIDIT Analysis to Likert Scale Surveys*. International Mathematical Forum, 2(14):675–687, 2007.

[WZ01] WIEDENBECK, M. und C. ZÜLL: *Klassifikation mit Clusteranalyse: Grundlegende Techniken hierarchischer und K-means-Verfahren*. ZUMA How-To, 10:1–18, 2001.

[YA99] YOSHIZOE, Y. und M. ARAKI: *Statistical Matching of Household Survey Files*. Working Paper No. 10, Aoyama Gakuin University, Tokyo, 1999.

[Yan98] YANG, Y.: *Rechnergestützte Östrusüberwachung bei Milchkühen unter Anwendung der Fuzzy-Logic-Methode.* Herbert Utz Verlag, München, 1998.

[Zad65a] ZADEH, L. A.: *Fuzzy Sets.* Information and Control, 8(3):338–353, 1965.

[Zad65b] ZADEH, L. A.: *Fuzzy Sets and Systems.* In: FOX, J. (Herausgeber): *System Theory*, Seiten 29–39. Polytechnic Press, New York, 1965.

[Zad66a] ZADEH, L. A.: *Abstraction and Pattern Classification.* Journal of Mathematical Analysis and Applications, 13(1):1–7, 1966.

[Zad66b] ZADEH, L. A.: *Shadows of Fuzzy Sets.* Problems in Transmission of Information, 2:37–44, 1966.

[Zad71] ZADEH, L. A.: *Towards a Theory of Fuzzy Systems.* In: KALMAN, R. E. und R. N. DECLAIRIS (Herausgeber): *Aspects of Networks and System Theory*, Seiten 469–490. Holt, Rinehart & Winston, New York, 1971.

[Zad73] ZADEH, L. A.: *The Concept of a Linguistic Variable and its Application to Approximate Reasoning.* Memorandum ERL-M 411 Berkeley, 1973.

[Zad76] ZADEH, L. A.: *The Linguistic Approach and its Application to Decision Analysis.* In: HO, Y. C. und S. K. MITTER (Herausgeber): *Directions in Large Scale Systems*, Seiten 339–370. Plenum Press, New York, 1976.

[Zad81] ZADEH, L. A.: *PRUF-A Meaning Representation Language for Natural Languages.* In: MAMDANI, E. H. und G. R. GAINES (Herausgeber): *Fuzzy Reasoning and its Applications*, Seiten 1–66. Academic Press, London, New York, Toronto, 1981.

[Zen04] ZENTRUM FÜR EUROPÄISCHE WIRTSCHAFTSFORSCHUNG GMBH: *Allgemeine Bevölkerungsumfrage der Sozialwissenschaften ALLBUS*, 2004. Online verfügbar unter `http://www.zew.de/de/publikationen/dfgflex/allbus.html`, abgerufen am 24.05.2008.

[ZG91] ZIMMERMANN, H.-J. und L. GUTSCHE: *Multi-Criteria Analyse: Einführung in die Theorie der Entscheidungen bei Mehrfachzielsetzungen*. Springer, Berlin, 1991.

[Zim93] ZIMMERMANN, H.-J.: *Fuzzy Sets, Decision Making, and Expert Systems*. Kluwer Academic Publishers, Boston, 4. Auflage, 1993.

[Zim94] ZIMMERMANN, H.-J.: *Fuzzy Set Theory: And its Applications*. Kluwer Academic Publishers, Boston, 2. Auflage, 1994.

[ZL96] ZHANG, T. und R. RAMAKRISHNAN M. LIVNY: *BIRCH: An Efficient Data Clustering Method for Very Large Databases*. In: *Proceedings of the 1996 ACM SIGMOD International Conference on Management of Data*, Seiten 103–114, Montreal, 1996.

[ZZ80] ZIMMERMANN, H.-J. und P. ZYSNO: *Latent Connectives in Human Decision Making*. Fuzzy Sets and Systems, 4:37–51, 1980.

Sachverzeichnis

MIX
Papier aus verantwortungsvollen Quellen
Paper from responsible sources
FSC® C105338

If you have any concerns about our products,
you can contact us on
ProductSafety@springernature.com

In case Publisher is established outside the EU,
the EU authorized representative is:
Springer Nature Customer Service Center GmbH
Europaplatz 3, 69115 Heidelberg, Germany

Printed by Libri Plureos GmbH
in Hamburg, Germany